U0924636

富国的逻辑

于是今 著

中国人民大学出版社

· 北京 ·

前　言

过去的30多年不仅是中国经济快速增长的30多年，也是国际政治经济格局发生重大变化的30多年，更是中国人对世界和自身认知不断深化的30多年。在此风云际会的时代，如何更为深刻全面认识社会发展和世界格局，是决定社会思想状态的一个重要方面。

23年前1991年1月的一天晚上，在学生宿舍里当收音机中传来老布什总统的讲话，宣布美国率领多国部队开始攻打侵略科威特的伊拉克军队时，我们从床上跳下来，冲出房门，整个筒子楼走廊里立刻充满了欢呼的呐喊声；那时，作为大学生，我们真心为美国在国际上伸张正义而感到欣喜和敬佩，美国被当作是世界的领航者。

11年前的2003年8月，当电视上出现美国又一次进攻伊拉克的画面时，我们却有一种如鲠在喉的失落感。我们并非萨达姆的朋友，但在美国以较12年前更强大、更先进的军事力量对伊拉克进行摧枯拉朽的打击时，连普通人都格外清楚，小布什根本没有攻击伊拉克的正当理由，而是恃强凌弱的侵略。

自从苏联解体后，美国似乎占据了道义和制度的制高点，它逐渐将普世价值作为国际交往的标准，将全球化自由主义作为经济秩序的追求目标，在这20年中，美国成为历史中独一无二的世界帝国。

直到20多年前，中国才承认市场经济的合法性，那时的我们，连买辆普通自行车都要斟酌再三，更不要幻想拥有汽车、手机和出国旅行了。但是仅仅 20 多年，我们的生活就发生了巨大变化，对此，我们归功于市场经济的发展，归功于改革开放。有趣的是，很多人认为这是理所当然的历史发展，而不是作为发展中国家的中国对特定发展道路建设性规划的结果。随着市场经济发展而衍生出来的各种社会腐败现象，国外势力与部分社会精英越来越以普世价值作为根除问题的灵丹妙药，西方思想在社会中普遍蔓延。

20 多年前，我们也是普世价值的信奉者，对于普世价值所宣扬的标准，我们认为，它适用于整个人类，是放之四海而皆准的真理。但是，随着生活工作经验的增加，社会现象引起人们不断地思考：为什么西方社会如此富裕，而发展中国家的人民如此勤奋，却又如此贫穷？是西方民主自由制度导致的差别吗？如果真是如此，中国发展为何又如此迅速呢？

带着这些疑问我广泛地寻求答案，渐渐地，从各自独立的理论中发现，政治经济关系需要在更加宏大的背景下，用更宏观的逻辑去分析。社会工作既需要像地质工作者那样拿着小锤在山中敲打山石分析岩层，也需要在几十公里之外了解它的整个轮廓。好在各领域的理论家们已经做了大量的工作，我们在他们的研究成果上提出理解问题的新角度，就能发现另一个不同的世界。随着研究的深入，我越来越认识到，西方普世价值与其货币金融霸权之间存在着完整的逻辑链条，普世价值成为向其经济体系输送利益的纽带和桥梁。西方普世价值的表面逻辑与其实践效果是矛盾的，而发展中国家在这种矛盾中却受到经济损失和社会伤害。这种逻辑过于广阔，身在其中却难以全面了解，很多人没有认识到这点，往往在对简单概念完全崇拜的基础上，以为普世价值就代表了正义和真理。我们要告诉中国青年：在刚接触普世价值概念时就不相信，他就没有纯洁的正义感；但如果仅仅抱着几个简单概念而盲目崇拜，那就是幼稚无知了。

本书仅仅提供了一个新的视角，试图论述宏观逻辑的各个方面，其中任何组成部分都可能构成其所在领域宏大、严肃的课题，作者自知才疏学浅，无法面面俱到地阐述，但相信，如果本书提出的论点具有价值的话，一定能够得到各方面理论专家们更为精确、深刻的阐述。

在此，我要感谢在我的生命中激发思想、启迪思路和提供帮助的朋友们、同学们，感谢家人对我躲进小楼成一统的容忍，感谢同学王丹石、徐莉的支持，感谢英华出版社刘君女士的帮助，更感谢中国人民大学出版社曹沁颖女士为本书完成付出了极大精力、提供了不少建议和帮助！

于是今

2013 年 11 月 15 日

目　录

第一章
元权力——货币金融权力

货币金融权力是继西方国家三权分立以来新崛起的、一种缺少实质制衡的权力。

权力是以自我意志影响他人并使之服从的能力。现代西方国家多数实行三权分立，即将国家的立法权、行政权和司法权分别授予三个不同的机构，在三个机构之间形成制衡、制约关系，防止一个机构独揽三方面的权力而形成专制和独裁。

三权分立为西方民主政治提供了良好机制，从政治层面为西方国家的经济社会发展提供了制度保障。值得注意的是，在近现代世界发展史上，一种新的独立于“三权”之外的第四种权力正在崛起，它就是货币金融权力。

货币金融权力体系是以西方国家货币制度为核心、以美联储等中央银行为决策中心、以国际货币基金组织和世界银行等国际组织为纽带、以西方垄断金融机构为主体的体系，形成对世界各国经济、政治等重要领域的影响力。它虽然是虚拟经济的主要操盘手，但却以具备跨越空间和时间的功能成为掌控实体经济的绝对力量。货币在社会日常生活、经营活动中无处不在，是一种功能性、服务性的媒介，同时，它也成为社会主体追求的目标，实际具有影响人类意志的能力。人类对货币的认可赋予它强大的心理意义，使其具备复杂而精细的力量。在历史中，货币具有宗教般神秘的力量，它是必需的并被所有人接受，因此它成为一种“信仰”，象征着财富、自由，以及权力！拥有大量货币的主体能够主宰和控制囊中羞涩的人，货币拥有量和控制量是划分社会阶层的基本尺度。货币不仅能够在当下发挥效能，而且能够以储蓄和持有方式保持对未来的权力，甚至控制人死后的利益安排。另外，货币本身能够衍生出货币，这更激发了人们对它的渴望。经营货币的体系本身成为它所代表的权力的代理人，同时由于它与权力核心的紧密联系，变相成为货币权力的化身。

货币金融权力是普遍存在、附着于一切的权力，可以称之为元权力。之所以用这种形象的说法，是因为任何人、任何政体都无法摆脱它的影响。西方民主制度在货币金融权力所规划的范围内以其所规划的方式运转，威权社会需要在它的规则内维持秩序。在现代社会，货币金融权力能够突破国家疆界、跨越社会等级创造、转移社会财富。在货币金融体系内部，核心决策的小小微调能够在世界范围内产生巨大影响，在它的传播过程中，力量以几何级的强度增大，如同平衡大师①置于木杆顶端的羽毛，决定了整个体系的运转方式。可以说，商业社会的定价权并不在商业主体手中，而在遥远的金融权力中心，股价、房价、工资和黄金、石油等大宗商品价格均受到它的制约。更为重要的是，它决定所有权的分配，成为决定社会财富分布的终极力量。

当代西方货币金融权力，在市场经济中拥有了影响他人服从自身逻辑的能力。这是一种没有任何制约的力量，包括西方民主中的三权也无法触动它的灵魂。在2008年金融海啸后，美国立法机构、行政部门对其运转方式未能进行任何深入改革。伴随着西方几百年来资本主义发展历史，货币金融权力主体的形态从走街串巷的小小货币兑换商逐渐成长为现代化工业及经济的支柱，但其权力本身并没有停下生长的脚步，它从幼苗长成擎天支柱，又从擎天支柱生发出四处蔓延、遮天蔽日，不断自我复制、自我繁殖的毒藤巨蔓，企图享受所有阳光、攫取所有营养、占据所有财富。既然绝对权力导致绝对腐败，那么，货币金融权力也无法逃离这种宿命。

货币金融权力动摇了西方民主制度的基础，让三权依附于货币金融霸权之上，

---

① 在视频网站的视频中做平衡表演的演员，他将羽毛平衡地放在一根木棒上，再在此木棒的平衡点支起新的木棒，依次累积，最后需要一根巨大的木棒支起整个平衡的架构，但是，一根羽毛的飘落就能够破坏整个系统的平衡。

西方民主大厦已经从牢固的地基上被这种霸权力量缓缓托起。它让西方民主错幻了时空，折射了对焦的光线，却依旧陶醉在自我欣赏的美好感觉中。它把过度福利化社会粉饰为民主圣地，却对“圣地”之所以成其为“圣地”讳莫如深，它使西方社会贪婪地吸吮世界财富，以无数国家赖以生存的营养打造着自己的钢筋铁骨。

但是，并非所有国家的金融力量都有“资格”成为呼风唤雨的霸主，只有那些具有特殊地位的西方国家货币金融势力，才有可能成长为统驭万邦的实际上的统治者。鉴于美国是西方国家中的代表，而且美元在世界经济中具有独一无二的地位，本书大部分观点将以美国作为讨论重点和分析对象。

货币形态简史

在分析货币金融权力之前，我们有必要先对货币的基本形态和发展历程进行了解，从中理解货币如何成为一种权力来源和利益代表。

我们抛开古老实物货币产生的交换历史，直接从贵金属货币的属性开始。简单地看，人类历史中主要存在三种货币形态：贵金属货币、以贵金属为基础储备的金银汇兑货币、完全以国家权力指令为依据的主权货币（也称信用货币）。

贵金属货币就是以黄金和白银或者以它们的衍化物金币或者银币为物质原形的货币。在政治经济学中“货币天然是金银”，指的就是这样的货币形态。从自然界中提取贵金属本身需要付出格外艰辛的劳动，同时，金银的物理等属性使人们产生了追求幻想，希望拥有它所展现的美丽和代表的富贵。因为它具有实物特性，占有它就是最可靠的，因此它具有了全人类所共同认可的价值。但是，贵金属作为货币在成色、磨损和安全等问题上为商品交易带来不便，各国之间的金银币同样需要兑换成本，随着资本主义社会财富喷涌而出和大量交易需要，金银实物货币越来越无法适应社会发展的需要。同时，贵金属货币自身以实物交换实物，在物质财富大量增加时，货币存量相比过少，也导致交易不畅、通货紧缩。

金银汇兑货币的最初形式是银行在储存客户金属货币、向外贷出货币过程中逐步发展起来的，银行发现只需要储备少部分实物金银就能贷出多倍的货币。为追求利润，银行自然会在一定程度上释放多于所储备的贵金属的货币，这种货币形式是以银行汇票的形式发出的，由于不用担心自己发出的汇票会立即、同时得到提现，银行利用发行票据的条件实行杠杆化运作就不可避免。尽管如此，这种以贵金属为基础的货币仍可以称为金本位[①]。逐渐地，金银流转被代表金银的汇票等银行票据流转所取代，社会也出现了交割各个银行之间票据的结算中心，每天大量交易主要在票据中心通过银行之间的票据轧清余额，实际不必需要汇票上标明的金银交割。这大大提高了商业交易效率，避免了实物金属自身的诸多问题，人们持有票据，相信随时能够获取其代表的贵金属，所以对此能够坦然接受。如果社会中的银行都采取这种杠杆化操作的话，不可避免地，整个社会中银行通过倍乘效应[②]放大了货币供应量，即存在一个单位的金银，可能在社会中释放了十个单位的货币量。杠杆化在增大银行运营资产的同时，也带来了万一遭到挤兑而无法向储户兑现的风险。为救济暂时缺乏短期流动性的金融机构，一种公共社会需求产生了，这就导致中央银行的设立，它为避免全社会发生金融危机提供了保障。

在 17 世纪末，英国为对抗法国，财政入不敷出，成立了英格兰银行，国王向英格兰银行借款。英格兰银行由股东出资设立，其初始资本为 120 万英镑。随后英国经历了铸币改革、金银币改革，最终由牛顿帮助确立了金本位。从 1717 年开始，英国步入了稳定的金本位时代，并保持了近 200 年。但这种金本位主要是以英格兰银行为最后保证人的金汇兑本位制，即流通的英镑纸币可以兑换黄金，纸币中具有含金量的担保。

随着英国经济的发展及其影响力的不断延伸，到 20 世纪初英镑一直是世界上信用最高的货币。人们在提到信用可靠时，往往说“像英镑一样可靠”，逐渐地，法国、美国等也开始实行金本位制，同样是以黄金作为货币的储备而发行纸币，是变相的金汇兑体制。

历史上，一种观点认为这种金汇兑制度保证了经济的稳定发展，它稳定了货

---

① 即金本位制，金本位制就是以黄金为本位币的货币制度。在金本位制下，每单位的货币价值等同于若干重量的黄金（即货币含金量）；当不同国家使用金本位时，国家之间的汇率由它们各自货币的含金量之比——金平价来决定。金本位制于 19 世纪中期开始盛行。在历史上，曾有过三种形式的金本位制：金币本位制、金块本位制、金汇兑本位制。

② 倍乘效应是中央银行投放货币后在银行体系形成扣除缴纳中央银行储备金的新贷款，而新贷款并未离开银行体系，它成为新存款后又需要缴纳储备金，剩余金额依然贷给市场，依次类推，形成中央银行投放货币后在整个市场中增加相应倍数的货币总量。

币尺度，在各国之间实现了外汇平衡，黄金储备少的国家货币贬值，利率提高，进口下降，出口上升，黄金会回流；相反地，黄金储备多的国家货币升值，进口上升，出口下降，黄金会流出。最重要的，金本位制保证了货币价值的稳定性，避免了通货膨胀，甚至它为实行金本位的国家“提供了一种集体感、自豪感和永恒感”①。黄金成为国际间公认的最终支付手段。在这种情况下，“一旦金本位制粉墨登场，纸币、银行存款以及外汇就仅仅被视为黄金的方便替代物，资产的可接受度，完全是由其兑换为黄金的便利性所决定的。”② 在这种体制下，货币与黄金的固定比率决定了各国之间的汇率也是稳定的，如果一国金融系统发生危机，其他国家相信它将维持固定汇率，帮助陷于困境的银行系统，在未来就会得到它以黄金或等值货币的正当偿还，所以其他国家或经济体就会愿意施救，出现问题的银行或者一国金融系统也可以相信，自己维护汇率稳定的决心将使自身得到其他国家中央银行或者金融巨头的帮助。而在汇率波动体制下，一国金融系统发生问题反而导致其他金融机构无法相信汇率稳定，为自保而采取避险的逃离措施，危机极可能成为金融巨头进一步操纵并放大危机而谋取利益的工具。英国经济的长期发展和繁荣是金本位成功的最好佐证。从英国确立金本位起的 200 多年，是资本主义发展迅速的阶段与金本位制相重合的历史。

另一种观点认为，金本位本身并非促进经济发展的原因，反而是各种条件恰好成全了金本位的光荣历史，金本位的成功是一种偶然：大量黄金的开采、工业化动力的强劲、经济的增长、和平环境的配合，使金本位能够长期发挥有益作用。用 19 世纪英国著名政治家本杰明·迪斯累利的话说，“将我们在商业上取得的优势和英国的繁荣归因于金本位制，是世间最大的错觉。我们实行的金本位制并非我们取得的商业繁荣的原因，而是结果。”③ 无论是实物金本位还是汇兑金本位，都存在一个重要的自然限制：黄金是有限的。尽管金融的发展导致大多数商业交易完成并不需要铸币，信用证、票据、支票以及其他类似工具在商业活动中的比重不断上升，黄金越来越成为“窖藏货币”④，但是，黄金就像这些衍生货币最终的锚一样将货币的价值固定下来。尤其在发生战争或者金融危机期间，人们担心

---

① ［美］彼得·L·伯恩斯坦：《黄金简史》，276 页，上海，上海财经大学出版社，2008。

② 同上，277 页。

③ 同上，292 页。

④ 意指封存货币，即并不频繁交割使用的货币。

市场上货币发行量过大，总是希望获取实物金银作为储藏手段。在金汇兑情况下，实际上是国家和银行金融机构对金属货币进行杠杆化发行，而兑现贵金属相当于去杠杆化，所以，为防止货币崩盘，国家在战争期间总是实行货币管控。在拿破仑战争期间的英国、南北战争期间的美国，以及一战期间的各国，暂停货币与贵金属之间的兑换，都表现出这种特点。金汇兑体制只是在正常情况下运行良好的体制，一旦遇到危机，政府意志一定会突破固有规则的限制，解决当前危机。将规则暂时放置一边成为任何政府都无法避免的路径选择。

经济的快速增长需要流动性与之相适应，可金融危机将货币流通像严冬时的冰块一样冻结，导致经济大幅波动。好在 19 世纪中期到 20 世纪初，在资本主义经济迅速发展的同时，美国加利福尼亚、澳大利亚、俄国和南非先后发现大量金矿或者对淘金术有了重大的技术突破，黄金源源不断的产出缓解了货币流通的不足，这也是金本位能够借此延续如此长久的原因之一。

排除利率、贫富悬殊、货币的国际流动等原因外，金本位的一个重要特点是维持货币购买力的稳定。难道维持货币购买力稳定不好吗？我们认为，货币现象的一个决定性因素在于技术进步和生产率的提高。大量商品的涌现需要对应货币量的增长，而如果货币量不能相应增加，必然产生通货紧缩的趋势，而这对于生产和投资将产生抑制作用，从而压制技术进步和经济发展。一战之后，英国为恢复往日荣光，硬性恢复一战之前英镑与黄金的汇兑比率，结果英国经济举步维艰。虽然金融体系能够衍生出市场所需要的所有货币总量，但是，一旦发生经济波动，以黄金为锚的货币就会受到去杠杆化的影响，社会的金融系统就可能面临崩溃。从这个意义上看，金本位已经不适应于当今飞速发展的科技水平和巨大的社会财富创造能力了。

在此，我们有必要澄清一下通货膨胀的误区。一般地，人们认为通货膨胀是不好的，是悄无声息地偷窃人民财富。实际上，对通货膨胀应当具体分析：那种因为战争或者经济危机，或者因为外部因素输入而导致的通货膨胀，是为了转移社会成本而滥发货币导致的恶性通货膨胀，对普通人民当然是噩梦，因为它不存在生产性投入，发行货币的目的仅在于填补政府支出，或弥补实有资本不足。但如果通货膨胀是经济发展的正常结果，是社会投入和生产率提高带来的缓和的通货膨胀，那么它就是促进投资和就业的良好帮手。通货膨胀是对既往历史大量投入的补偿，是对技术进步所导致的收入分配差距的调整。社会投入必然有相当部分是失败的，这种投入构成无效投资，同样将增加社会需求，在成功的投资中应体现失败投入的成本和社会必要成本。这样的通货膨胀由技术进步予以化解，同时技术进步促使商品价格结构发生变化，一些商品供应增加，价格下降，而人力、社会服务等刚性成本上升，反映为社会总体价格水平温和上升。我们都在享用前人所创造的既有文明成果，才能拥有当下的良好生活水平，同样，我们也在不断创造新的文明成果，对于新技术的社会投入必然作为社会现象反映到价格因素上来。虽然大多数国家在经历了30多年的发展后，都会经历商品价格大幅上涨，但是，很少有人会觉得生活水平在不断下降，这是通过通货膨胀对商品价格结构的调整，而这种调整需要社会付出巨大的成本。同样地，我们今天的巨大投入和任何进步，都为后代提供了更为美好的既有生活基础。所以，当今时代某些通货膨胀与古罗马时期、中国改朝换代时社会的通货膨胀不同，那时社会整体技术进步缓慢，通货膨胀超过社会技术进步水平，它是统治者转移社会成本的手段；而现代以来的通货膨胀很多情况是对社会破坏性创造的补偿。

通货膨胀是金本位的死敌，金本位以稳定的标准套住了通货膨胀这匹野马，但是，当真正发生恶性通货膨胀、社会整体陷入危机的时候，金本位的王位也并不稳固，它又会为应对紧急情况而被权宜取代。在大萧条时代，在现在很多人称道的美国保护私有产权制度下，却发生了授予罗斯福政府要求民众上缴所持的一切金币、金条以及黄金券（完全由黄金担保）的权力，同时授予罗斯福管制、禁止金银的出口或窖藏的权力。[①] 脱离黄金的货币预期并没有导致恶性通货膨胀，相反却创造出更多的财富和更多有消费能力的社会，形成了新的循环。这为二战之后以美元为基础的金汇兑体制打下了基础。

二战以后，在金汇兑本位制中间又加入了一个传导体，这就是美元。各国货币与美元挂钩，美元再与黄金挂钩，黄金的地位进一步沉沦，直至1971年，布雷顿森林体系[②]崩溃，世界主要国家货币成为政府的主权信用货币。在这一过程中，美国将兑换黄金的义务变成了使用货币武器的权力。

对于政府信用货币、主权货币（也称之为法币），中国可以说是相当有发言权

---

① 参见［美］彼得·L·伯恩斯坦：《黄金简史》，349页，上海，上海财经大学出版社，2008。

② 指二战后以美元为中心的国际货币体系。1944年7月，西方主要国家的代表在联合国国际货币金融会议上确立了该体系，因此次会议是在美国新罕布什尔州布雷顿森林举行的，所以称之为“布雷顿森林体系”。

的。早在马可·波罗的游记中，就记载中国元朝皇帝具有神奇的本领，仅仅发行纸币就能够起到拥有黄金一样的效果，元朝的官员在忽必烈大汗的纸币上加盖印章，“仿佛它们真的是用真金白银铸就一般”[①]。中国在宋代就发明了纸币“交子”，但在中国古代，政府从来没有成功地运用这种手段管理过经济。[②] 中国历史中没有成体系地发展出由商业金融机构衍生出类似西方汇票的银行货币，在晚清时期虽出现了山西票号，但却落后于西方金融体系，最后没有能够与国家政权结合。在现代，可以说世界一统于主权信用货币，各国政府都是根据自身经济发展需要凭借政权的强制力而发行货币，少数地区却依托大国货币发行纸币（比如中国香港）。

在布雷顿森林体系崩溃之前的大部分历史中，黄金等贵金属作为货币最终标准制约了货币金融的发展空间，贵金属的有限性决定了货币发行的有限性，贵金属产量虽然存在波动，但是天然存量限制使以其为基础的货币无法自我创造到失去控制的程度。同时，自然经济缓慢发展也与贵金属货币的缓慢增长相适应，两者之间不存在对立性矛盾。在金本位牵引下，经济既无法发展得过快过高，金融杠杆也难以因为过度使用而发生系统性崩溃。只有到了资本主义高度发达阶段，金融杠杆才无法适应经济发展的总量。

在金本位为代表的贵金属货币时代，只要国家政权没有恶意地、明显地破坏货币体系，比如强行推行纸币、掺假贵金属等，民间经济就可以按照贵金属的存量和流量进行自我平衡和控制。国家政权对经济的影响力实际上存在限度，王权无法代替人们心目中固有的货币概念。当专制权力成为过度压榨的力量的时候，货币本身起到了保障权利、维护平等的作用。掌握了实物货币等于掌握了财富，任何力量通过不法手段抢夺都将付出极大代价。马克思说过“商品是天生的平等派”，那么，货币就是商品社会中平等派的绝对代表。

货币是国家权力的代表

货币始终代表国家统治者的权力，货币的统一是人们交易的需要，同时也是

---

① ［美］彼得·L·伯恩斯坦：《黄金简史》，207页，上海，上海财经大学出版社，2008。

② 参见王巍：《金融可以颠覆历史：挑战世界观的金融故事》，22～29页，北京，中国友谊出版公司，2013。

统治者确立统治权威的需要；当统治者拥有高度权威时，在平常情况下，贵金属货币与纸币之间似乎不存在区别，两者都能实现统一支付、结算。不管货币以何种形式存在，政府的作用都是至关重要的。从古罗马时期到近代以来，即便是金属实物货币同样需要政府的认可和强制使用，货币成为国家统一和民族认同的重要标志。秦王朝统一中国时首先需要统一货币，而在抗战时期中国共产党在陕甘宁边区也有自己的独立货币（也称边币）。货币制度成为国家的基础制度。

政府在制造金银货币的过程中，如果缺少贵金属，往往会通过减少货币中的贵金属含量而变相抽取铸币税，这样做的后果就是导致通货膨胀、经济紊乱，最后国力消退。所以，政府既是货币最坚定的后盾，也是摧毁货币信用的最终推手。国家权力在建立和维系货币价值方面具有关键性作用。国家和政府无法摆脱的命运是人类历史必将遭遇战争或者经济萧条等事件。黄金与纸币之间的对应关系在发生危机时由政府强行扭断，强令纸币等于黄金。这样一种强令是保证社会经济运转所必需的，但也是政府权力进入货币领域的终极行动。在面对战争等重大挑战的时候，国家或政府为解决当下燃眉之急，往往通过货币手段避免挤兑或筹集费用，比如立法明确禁止兑换贵金属，或者发行新的纸币；同时，战争期间社会大部分生产投入以赢得战争为目标，而战争的毁灭性又破坏了大量社会财富，所以，投入货币缺少相对应的有效产出，通货膨胀成为战争期间的普遍现象。

随着生产力迅速提高和经济总量扩张，充足的货币供应成为经济发展的必然要求，贵金属货币受限于存量逐渐不能适应这种情况。虽然通过金融机构循环可以倍生出新的货币总量，但无法避免金融机构的自我保护行为对经济总体产生强烈冲击。1929 年发生的大萧条是一种极为极端的情况，是贵金属货币存量对经济发展的强行矫正导致的极度通缩。这在客观上产生了国家对经济进行刺激和调节的需要。在 20 世纪大萧条时，凯恩斯主义在美国得到了具体实践，货币成为国家的一种调控力量和手段，货币的供应逐渐从客观天然存量向人为调节转变。

过去，缓慢的社会发展使商品总量限制在货币的限度和范围内，而现在，货币成为经济发展总量的跟随者，它既要刺激经济发展，又要限制自我膨胀。从权力角度看，它已经从一种自在之物转化为自为之物，从古代王权的对立之物转化为现代国家政权的操控之物了。在这样的变化下，控制、发行及运营货币成为一种绝对的权力，发行货币、控制利率水平成为经济领域的终极权力。一方面，法定货币为经济发展提供了无限空间，经济总量将以自身能力追求成长，大量财富被源源不断地创造出来；但另一方面，金融力量并没有从属于实体经济发展，而是成为一股独立力量，遵循自身的发展逻辑。由于金融与实业的过分脱离，很可能发生高空坠落事故。

到底是金本位货币更适合经济发展，还是法定信用货币更适合？每种体制都有利弊。凯恩斯说黄金是野蛮时代的遗迹，对此夸张的说法倒不必认真。黄金毕竟以其光彩夺目的外表征服了人们的内心。有人说，它只不过是具有美观的作用，实际并没有实用价值，如果这种观点成立，那么世界上众多美丽产业都将成为毫无必要的浪费。要知道，姣好俊美的容貌尚且人人追求，美丽物质自有其心理价值。金本位有其缺点，它在一定情形下导致通货紧缩，社会发展空间受到货币空间的限制；但它又有明显的优点，即它是一种稳定的、可以具有具体标准的货币制度，财富的多少、转移、消费能够被准确衡量，标准是世界统一的，货币的平等代表着各国人民劳动的平等。而法币是依赖于政府信用发行的，政府作为必要的权力机构，它一方面通过货币政策主动介入，调整经济发展的节奏，刺激经济发展的脉搏，但同时，只要是人为控制的事物，总会出现失误或者有意避免当下损失但却造成长期不良影响的情形，而从长远来看，往往人为的自信可能成为未来失败的种子。从目前来看，只要科学技术还在不断发展，社会整体生产率还在不断快速提高，政府控制货币发行就永远存在空间和必要。这也构成了主权信用货币的逻辑困境，它能够充分发挥人类的主观意志，对自我发展方向的掌握给予人们过度的自信。但也因为这种自信，埋下了未来一定时刻政策失调、无法控制的危机。

美元成为主权货币后，其发行本身就代表着“创造财富”。在此，先明确一下铸币税的概念。“铸币”，原本是用在金属货币的环境下，古代社会将打造货币称为铸币。铸币时需要在原有贵金属之上付出相当的劳动和管理成本，在贵金属价值之上增加的这部分成本即是铸币税最初的原型，但铸造货币的统治者发现，降低货币的贵金属含量，而币值的表面价值不变超值发行，能够给自己带来更多收益，于是铸币税演化为统治者凭借特权在铸造金属货币中获得的收益。但不论怎样，统治者还需要在货币中掺杂贵金属、付出劳动。随着金融的发展，现在铸币税泛指钞票的面值与钞票发行成本的差额，或中央政府在货币发行业务中获得的利润。铸币税在任何主权法定货币国家都存在，但美元由于其作为世界货币的特殊身份而具有不同意义。美国发行美元是在向世界征收铸币税，但其他国家的人民却没有任何投票权。借用美国独立战争期间的口号"无代表不纳税"，如果以此作为民主的基本原则，那么各国确实应该依照持有美元的多少在美国货币政策部门派出维权代表了。

在众多主权货币中，在从金银铸币到主权货币甚至电子货币时代的转变过程中，美元的发展历程具有与众不同的特点。美国从最初的独立战争时期的"大陆元"[①] 纸币，到 19 世纪的金本位，经过南北战争中短暂的法定绿币阶段，之后又经过金银双本位的争论，19 世纪末也加入到金本位成员中。只是在二战之后，美元代替黄金成为贵金属货币的代理人，各国货币以美元为基准和储备从而通过美元间接与黄金挂钩，成为以美元的金本位为基础的金汇兑本位制。在这一历史过程中，美元以黄金孪生兄弟的面貌出现似乎是历史的一瞬。"这一政策一直延续到 1971 年 8 月 15 日，在那一天，尼克松总统成为忽必烈大汗的传人，黄金窗口关闭了，尼克松以他自己的方式，掌握了点金术。"[②] 布雷顿森林体系解体之后，美元便凭借美国的信用和强大国力成为众多主权货币中的定海神针。所以，现在我们所称的货币，已经不是过去政治经济学中的概念了，任何纸币不再是货币的符号，纸币与货币概念在内涵上已经发生了根本变化。那种仍将美元和其他纸币视为货币、认为其具有商品属性的观点，不过是字面表述上的表面一致，其内涵已经发生实质改变，而人们还是按照原来沉淀下来的逻辑含义去理解它。货币性质的变化，必然引起货币政策作用、经济规律作用的深刻变化，甚至影响到市场机制的变化。在现有的国际货币制度下，以为资本主义发展过程中的自由理论、市场经济理论还能够依照过去 200 年的逻辑继续推动历史，也成了蹩脚的假设。我们对那种依托表面的一致而对其基本条件变化视而不见的思维方式称之为"逻辑沉淀"。比如，英国中尉在机械化部队中发现每个大炮下总是站立一个士兵，了解到之所以如此，是因为操作流程如此规定。实际上这种规定来源于马匹牵引大炮的时代，那时需要一个士兵在大炮下控制马匹，而机械化部队早就不需要马匹牵引

① 即美国独立战争前后 13 个北美殖民地成立的立法机构批准发行的不兑换金银的纸币，发行后引发了严重的通货膨胀。

② [美] 彼得·L·伯恩斯坦：《黄金简史》，203 页，上海，上海财经大学出版社，2008。

大炮了，可这种流程依旧被传承下来并成为定式，这种思维就是逻辑沉淀。对于结论而言，逻辑的假设前提已经发生了根本变化，而人们还在过去认识的基础上谈论它的发展，不是很荒谬吗？对于美元在新时代的货币属性，认识到它已经脱离过去的商品属性，这是我们讨论的逻辑起点。

至于货币形态的历史是否还会回到金本位的起点，我们尚无法预测，但是，世事往往证明，一种“逻辑沉淀”模式发展到极端，往往会走向它的反面。在以金本位与主权信用货币铸造作为两岸的河道中，历史的潮流也许还会反复冲击每一侧的堤岸，似乎会为一种制度的弊端提供反动的力量。只要这种弊端发展到极致，一定会产生强大的反作用力，将它推回到似乎曾经的逻辑起点。

金融霸权统治了市场经济

货币金融霸权与市场经济之间的关系是独特的：一方面，金融霸权全面支撑当代市场经济，为市场经济的运行提供了渠道和体系保证；另一方面，金融霸权已经成为市场经济的驾驭力量和控制手段，金融霸权虽然是市场经济的组成部分，但它经过长期的演变，在市场体系内部从一般的市场主体逐步成为市场中具有决定性力量的领导者。

市场经济的建立和发展离不开金融力量的促进与支撑。市场为两个层面要素的结合：一层是人们主观思想上对利益的追求和理性判断，每个主体对经济行为的意义在认识上千差万别，市场经济在精神上是自由和平等的；另一层是具体的实物要素，它们是被动固化的，需要按照市场主体的意志予以配置才能发挥其效能。实现两个层面融合的媒介就是货币和金融体系。实物要素是固定的形态，而货币金融制度将其拟制成为可以转变的货币或者证券等形态，通过金融体系流转，人们在自由市场中的意志能够按照预想实现，这成为市场配置资源有效性的前提条件。

在市场建立和发展的过程中，货币金融是不可或缺的重要组成部分。尤其在现代高度发达的市场体系中，金融为市场的高效运转提供了可能和现实渠道。市场各种要素如同散落的珠宝，若要成为完整的艺术品，需要金融将其组织起来。我们强调“货币金融”是市场经济的重要组成部分，而“市场”又需要在货币金融“体系”支撑的框架内部运转，没有金融体系的支撑，市场就无法建立。

在资本主义发展历史中，金融资本起到了相当重要的作用，它帮助国家筹集战争费用，组织社会大规模生产，投资于高风险的科技创新，融汇社会资本，将资本的力量与科技创新、追求财富的动机结合起来，促进了社会的快速发展。英国在17世纪海外贸易中的公司式筹资，18、19世纪初对外战争中国债的发行，美国在19、20世纪的铁路、电话、电力、电气、汽车、化工直至今日的网络、信息产业发展等等，都是金融资本与实业资本结合的实例，它们产生了无穷的创造力，为国家和社会发展中的资源配置提供了恰当的解决途径和方式，对此我们不应当抹杀。

但万事万物的发展都存在一个限度，超过限度，事物发展就会走向它的反面。随着金融资本不断扩张，在为社会提供源源不断的动力时，它也在逐步实现资本本性的极度扩张。

100多年前，金融资本不过是市场经济中自由平等的主体，它提供金融服务，获取与实业资本相近的利润率，与实业资本没有本质区别，实业资本作为金融资本的客户，对金融产品的品种和复杂程度要求有限，金融公司作为市场资源配置主体极大促进了实体经济的发展和壮大。

但是，货币金融在与市场的互动中，自身在发展变化，一方面需要满足不断变化的市场需要，另一方面，其自身的发展在不断影响着市场形态，同时也影响着金融体系内部环境，产生了各种金融创新。在市场经济内部，货币金融力量从市场要素平等的主体逐步变换角色，从配置资源功能中逐步演化出控制资源的能力，这是西方市场经济在最近几十年中发生的一个重要而深刻的变化。

在当代，金融资本将股票、债券、期货、货币、衍生品等各个层次和相互联动的市场体系整合起来，实现金融资本在这些市场中的自由穿越，经济主体的发展需要在金融市场中寻求路径，同时，金融资本实现了全方位连通，如同遍布身体的血管一样，它滋养着各个器官，但同时为自身取得了控制性权力。小到个人能否找到工作，大到企业在本行业中能否盈利，再到国家在国际经济中的实际地位，都可以通过金融资本运作和制定政策予以调整。金融决策在不同市场主体之间起到的作用是不同的，它对金融资本实施保护，也可以对债务方造成损害。债务的发生、利息的高低、融资的难易等等，决定了在经济剧烈波动时发生所有权清算，并进而改变债务人的实际地位，产生转移所有权的作用。从这个层次上来看，金融资本制造的金融危机在某种程度上可以算是一场不流血的微型革命，它产生了社会财富整体转移的效果。

金融霸权与其他主体的关系类似于任何霸权与附庸者之间的关系，霸权能够获得确认与服从，一定是获得了其他主体在某种程度上的主动认可，并同意追随霸权逻辑。这是由金融霸权对市场经济的支撑作用决定的。金融霸权在市场经济中发挥了重要作用，为整合市场、促进发展、配置资源、创造财富、鼓励创新等提供了条件和帮助。但作为霸权，它的核心利益却在于成长自身，在与自身利益发生冲突的情况下，不符合金融霸权逻辑一方的利益即会被舍弃。

金融体系也是与特定市场经济相结合而发生作用的。市场经济无疑是人类历史上能够创造最大财富的经济模式，以市场为配置资源的主要手段，可以最大限度地调动人们的积极性，并将个人本性与社会发展的逻辑有机结合，在几百年内，将人类社会发展提高到一个全新高度。

市场经济模式也是多种多样的。在发达经济国家范围内，美国式的自由市场经济与欧洲式强调社会功能的市场经济不同；而在欧洲内部，北欧四国与南欧之间又存在着重大差别；日本在二战后实行以政府为主导的市场经济；“亚洲四小龙”① 在20世纪80年代以前是以政治威权主义奉行市场经济的；除此之外，还有印度模式、东南亚模式、中东模式、北非模式、拉丁美洲模式。人们往往将市场经济等同于美国和欧洲模式，这是一种误解。

美国具有自由资本主义的特色，从理论到实践以自由主义为原则，在2008年金融海啸发生之前，奉行以“华盛顿共识”为代表的极端市场化的资本主义，这起源于20世纪80年代的里根主义和撒切尔主义，强调市场是衡量一切的标准。从其历史发展及在世界经济中的现实地位来看，美国自由市场经济无疑是成功的，它激励创新、保护产权，为人类文明进步做出了巨大贡献。遍观当今世界的众多产品、科技发明，其中很大部分是美国经济体制下的产物。即便在当前美国出现严重双赤字的情况下，其企业也在不断创新，在为社会提供日益改善的新产品。

但美国的市场经济是否可以复制呢？美国模式是否放之四海而皆准呢？

---

① 指从20世纪60年代开始，亚洲的香港、新加坡、韩国和台湾推行出口导向型战略，在短时间内实现了经济的腾飞，成为全亚洲最发达富裕的四个地区。

在市场经济的构想中，存在着一种“市场原教旨主义”[①] 的乌托邦，持此论者普遍认为美欧市场经济是世界通行的可以复制的模式。如果我们将市场经济放到世界范围内观察，就会发现市场经济成功的比例是有限的，西方市场经济的成功需要具备严格条件。更要看到，美国体制的积极作用与其消极作用都是巨大的，在促进全球一体化、自由贸易的同时，它也带来严重的不平等和分配不公问题。我们需要避免这样的思维模式：看到美国体制中促进经济发展、提高效率及民众民主的一面，便对美国整个社会制度产生膜拜；或者走向另一个极端，看到美国体制中贫富悬殊、掠夺及虚伪民主的一面，便对美国整个制度进行愤世嫉俗的指责。

在经典经济学中，纸币本身是一种借据，表明接受纸币的人可以以其换取实物资产，所以，纸币本身应该以实物财富作为发行的储备。但是，现在许多货币是以他国货币作为储备，即以纸币为基础来发行纸币，实体财富内核被悄无声息地抽掉了。国家发行货币的基础在一定程度上不再是财富多少，而是人们相信能够以货币获得财富的信心。就这样，纸币完成了从实物资产为储备向以信心为基础的模式转变，信心成为货币价值的重要标签和估值手段。

作为货币储备的货币成为了货币的货币，它衡量其他货币价值，是其他货币的价值尺度。而成为储备货币，成为信心标的物，需要具备众多的条件，既包括实物财富的要求，又包括流通能力、国家实力等条件。换言之，并不是所有国家的法定货币都能够成为国际支付手段，大多数国家的货币虽然抛开了贵金属本位，但它们仍然需要找到一个标准，以比较相互之间的价值。目前，只有以美元为代表的西方国家货币，凭借国家实力与外部的依附，具备成为储备货币的基础和条件。

这样一种以国家实力为背景的终极权力，却不是完全掌握在政府手中的。控制货币金融权力的力量不是形式上的民选机构，而是相对于政府半独立的美联储与以高盛、花旗等为代表的金融资本势力集团。这种资本势力渗透在各个领域，成为彼此协助、自我实现的循环。它们具有绝对的优势，具有推动国家政策的力量，在经济上大力推行新自由主义，在政治上大力输出西方民主制度，在文化上

① 以市场为核心，取消管制和其他形式的政府干预，提高资本的自由流动程度和激发企业家精神，放弃政府的任何管制，以效率为目标。

宣扬普世价值观。

在这样一个渗透一切、占有一切而又统治一切的势力下，西方政治体制中三权分立原则也在发生着根本性的变化。在其影响下，西方国家立法机构和行政机构能够达成更多的妥协，而这种妥协的成本，将外部化为其他国家的负担。这在某种程度上就是盗窃和掠夺，但是西方意识形态却将其实质内涵掩盖起来，把赃物标榜为自由市场经济和民主自由等普世价值观的功劳。

货币金融霸权是一个强大的权力，首先它意味着在各国之间分配财富的权力，它为美国带来了巨额财富，让美国人过上了其他国家人民难以企及的富足生活，使其享受充分的社会保障；而通过这种权力获得的财富，却被美国金融资本和政客们标榜为美国社会制度和民主制度优越性的结果，借此美国可以向世界宣传、输出它的普世价值观，从而提高了美国自诩的软实力。同时，通过源源不断的财富流入与世界市场的贡献，美国又打造了举世无双的军事实力，保证国际秩序在金融霸权统治下以符合美国利益的方式运行。

当然，西方发达国家以及亚洲国家后来的发展，没有统一的模式，也没有可以一劳永逸地解决所有重要问题的永久模式。我们揭露金融霸权的作用，并非否定市场经济在创造财富中的激励作用，也没有否定西方法治社会对于市场经济的保护和促进作用。我们所强调的，是在金融霸权的维护下，美国和欧洲获得了太多的超额利益。其他国家也能通过本国人民的辛勤劳动，通过国家正确的政策，通过市场经济的良性运行，为本国人民提供创造良好生活的条件，只是这种成功的过程更为艰辛。

西方金融经济学提出了“效用决定价值”的概念，即任何东西只有针对人的效用而言时，才具有价值。对于没有效用的东西，即便投入再多成本也一钱不值。这成为金融霸权获得如此地位的理论基础。所以，不是劳动决定价值，金融资本获得的回报不能与付出的劳动相关联，而应当与其带来的效用即财富价值相关联。[①] 这个理论将价值与效用相连，实际上是将价值与人们的主观判断挂起钩来，所谓效用并没有客观标准，而是人们的主观感受。我们不想过于追究理论依据，只是希望指出，这种理论将价值的客观标准转换为主观标准，而人们的意识在某种程度上是能够被引导的。在资本的强力引导下，价值将成为像时尚一样的潮流，

① 参见陈志武：《金融的逻辑》，5～6页，北京，国际文化出版公司，2009。

这等同于将对效用所做的宣传和灌输能力赋予了价值，将运作并激发人们追求臆想价值提高到了一个新的高度。思想创造力一方面得到认可，另一方面，将普通劳动贬低得一文不值。有了边际效用理论，诚实的重复劳动成为供求关系的牺牲品，因为它提供的效用本身如此之低，在发展中国家随处存在，没有可以利用的效用；相反，西方国家的任何东西被赋予了过高价值，却是人们赋予效用价值的结果。

边际效用理论将人们的判断提升到至高位置，似乎是提升了自我意志的价值，但是，就其本质而言，它否认了任何固有价值。首先，判断和喜好是不确定的，所以供求关系也必然不稳定；其次，人们好恶等判断可以通过外部运作、灌输而形成，这又为任何人引导提升某物效用创造了空间。比如，相对高尔夫和乒乓球两项运动，资本对高尔夫采用高投入、高奖金、高广告费用等种种手段培养出新的群体意识，造就了高尔夫球星在西方的高效用和高价值；而对于乒乓球，由于时过境迁，人们对它从过去的狂热演变为冷落，这就是低效用。这样的例子在商业时尚社会比比皆是，胖瘦、肤色、发型、着装等都可以成为效用的操控目标。通过对意识的有意引导，何为高效用、何为低效用等等成为雄厚资本能够在市场层面操控的概念。当资本追捧古玩、家具、字画、房产等资产的时候，它们就是具有高价值的东西；当意念抛弃它们的时候，它们就成为低效用的东西。比较极端的例子如荷兰发生的郁金香泡沫，好恶在分秒之间发生转变，但按照效用理论，极端地推导就会产生如何认为在泡沫破裂之前拥有郁金香，就没有足够的满足感和效用呢?

价值成为主观可以任意操控的概念后，有价值和无价值之间的界线划分成为资本的绝对权力，通过资本运作，事物价值随人们的感受而起伏不定。它可以通过理论界论证黄金没有实际价值，因为除了作为装饰品外，它没有效用，黄金成为货币是落后文化形态的选择；而纸币美元，因其具有的高度流通性，则具备了高效用。推而广之，股票价格、金融产品价格等都表明那个极端时刻的价值，价格变化则是其效用变化的反应。当价值成为可以通过运作、强化意识转化为主观形态后，西方的所谓软实力也必然登上最高殿堂，成为西方意识形态优越性的理论基础。对西方普世价值的崇拜，成为金融霸权具备超级效用的现实注脚。将经济学与社会心理学融合，构成需要如何影响主观意识的学说时，所谓的价值、效用理论离欺骗还有多远呢?

金融霸权的体系

美国金融霸权的核心是美元，维护经营美元体系的主体包括美联储、垄断金融所代表的金融资本和国际经济组织。如果说货币美元是经济体系的血液，那么美联储相当于心脏，美国金融资本相当于血管，国际货币金融组织、世界银行等国际组织则将以美元等主导的国际经济秩序开拓到新体系和新领域。对于美元，我们在后文将详细阐述。构成支配美元流动的组织体系展现出立体、全球化且高效能的特色。

在这个庞大的体系中，最神秘之处莫过于美联储的身份和角色了。一直以来，很多人，包括许多美国人在内，都认为美联储是阴谋的结果，是金融资本统治世界的核心手段。尽管存在各种争议，但我们还是认为，在巨大的金融体系中，利益、组织等交错繁复，美联储无法如阴谋论所言，成为如此庞大体系中依赖于家族、种族、个人或者小团体阴谋所能控制的主体。美联储是美国民主制度和金融资本共同运作的产物，但是，从它诞生时起，它特殊的组织结构和运作方式决定了它并非民主体制内的绝对服从者，而是结合民主体制、金融资本与专业精英的某种复杂变幻体。

在历史中，美联储是为避免银行体系周期性资金流动危机、防止系统性金融危机导致瘫痪而成立的，这一功能曾由摩根银行承担并起到相当大的作用。但在1929年的大萧条中，美联储未能及时履行职能，从而导致银行大面积倒闭，货币紧缩。在2008年的金融危机中，美联储实施宽松货币政策，使美国能够快速从危机中挣脱出来，同时保护了众多金融机构在重大危机中安然无恙。

美联储成立于1913年。1935年，美国国会创建了联邦公开市场委员会，以协调华盛顿与各分行之间的联系。联邦公开市场委员会中有投票权的成员包括7名联储理事会理事和12家联邦储备银行中的5位行长。作为国家最核心部门，其理事委员并非选举产生，而是由总统提名、参议院认可后任命。各储备银行的行长由监管和代表各地方金融机构的储备银行董事选举，但联储理事会可行使否决权。这种结构是为了政治家任命的理事委员与政治机制之外选定的储备银行行长相互制衡，从而保证公开市场委员会的独立性。[①] 委员会决策可以独立于立法与行政权力之外，不仅如此，它的决策甚至可以影响大选中谁成为总统，谁又会黯然离去。

美联储最主要的工作是提供货币政策，保持货币稳定和促进经济增长，这是中央银行在任何社会中应具备的正常作用。因其货币政策的重要性和对社会各阶层、派别的经济影响力，在美国的民主体制下，货币政策反而需要某种神秘主义，即它表现为中性而且艰晦难懂，如同抹平了政治价值上的倾向性和财富分配上的立场一般。但事实上，从美联储委员会的产生方式以及服务对象来看，它无法与金融资本割裂开来。它本身虽然兼顾国家经济政策，但又属于金融资本体系的一部分。

创造货币的控制权掌握在美联储和金融机构手中，通过市场的倍乘效应，在美联储的微幅调整中放大到整个市场体系。这相当于将创造贷款和货币的唯一特权授予了由私人企业组成的精英团体——商业银行体系。虽然美联储通过这种方式调整经济发展，但是，金融资本作为货币核心的附属体系，天然具有获得优先保护的优势和地位。在美国，银行是最安全的商业企业，无论规模大小，倒闭后都会受到政府保护，而其他经济实体却享受不到这样的待遇。[②] 2008 年金融海啸中像雷曼倒闭的例子属于个案，而花旗、摩根、美国保险公司等等还是受到了美国政府的重点保护。这种保护因双方密切的关系而加入了保障内容，即金融公司不仅不会轻易倒闭，而且美联储政策能够保障金融行业的利润和盈利能力。美联储虽然不应当持有政治立场判断，但是，具体的政策在帮助一部分人的同时会伤害另一部分人。12 家联储分行行长中，有 5 位虽然在委员会中不具有绝对投票权，但是，他们代表了其所属地区千百家金融机构的利益。美联储的决策需要平衡经济发展和金融安全之间的关系。但往往经济形势发生动荡时，经济控制力量却越来越集中，货币政策具有了清算和再分配功能。比如 1980 年代沃尔克担任美联储主席期间，其提升利率、抑制通胀的政策导致大量中小型企业破产和被收购。

如果说美联储在美国历史中起到了保障经济正常发展的作用，那么随着布雷顿森林体系的终结，美元成为世界货币后，美联储政策已成为世界经济政策的中

---

① 参见［美］劳伦斯·H·梅耶：《联储岁月——我所了解的美联储》，6 页，北京，中国金融出版社，2005。

② 参见［美］威廉·格雷德：《美联储》，53 页，北京，中国友谊出版公司，2013。

心，而对于作为诞生美国联储分行的成千上万家金融企业而言，成为美联储政策重点保护对象和一致行为人便是顺理成章的结果了。金融企业是嵌入美国经济体系的组成部分，但它又以市场原则为宗旨，不可避免地追求自身利益。随着美元的世界性流动，金融资本利益将从美国国内延伸到它所能到达的一切领域。

当然，在美联储的历史中，不同领导人所起到的作用也是不同的，有的美联储主席执掌货币政策具有极强独立性，独立于白宫和国会，有的主席却深谙政治权力之道，帮助总统刺激经济，希望总统连任之后反过来帮助自己连任美联储主席。这些历史细节表明完全隔绝于国家权力机构的独立美联储并不存在，但这些并不能影响其发挥效能的主要方式，亦无法改变美联储与金融机构之间联系的性质。

在美联储外围是以金融巨鳄所代表的西方金融机构，包括各种银行、投行、保险公司、基金、政府担保机构等等，它们已不是过去简单的银行，不再是以存款贷款业务为主的传统金融机构。在继续向企业贷款的同时，它们更多是以自有的影响力通过金融创新带动更多更大的杠杆资金，在国际金融市场上成为彼此默契的控制性力量。黄树东先生在《大国兴衰》中指出："金融全球化导致金融资本的泛滥，过多的金融资本追求相对有限的盈利机会，结果导致预期收入下降。……回报率的下降是对资本生存价值的挑战，迫使资本开始通过资产扩张、加大杠杆运作的方式提高回报利率。"[①] "华尔街的投行无不以几十亿、几百亿的自有资金，运作起几千亿、几万亿的资产。华尔街五大银行，除贝尔斯登经营的总资产在2006年增长23%、2007年底再增长17%外，到2007年底，另四家投行经营着高达38 763亿美元的总资产，相当于美国当年GDP的27.6%。"[②] 在这种模式下，自有资金与其所控制的资产不成比例，金融机构可以通过四两拨千斤的方式置社会风险、系统风险于不顾，追求金融机构的私利。2013年10月摩根大通银行同意赔偿两房50亿美元，结合英国伦敦同业拆借利率（Libor）[③] 的操纵，我们对于这种白领犯罪只能窥视其一角。Libor丑闻给数千个金融基准[④]投下了阴影，欧盟委员会阿尔

---

① 黄树东：《大国兴衰：全球化背景下的路线之争》，289页，北京，中国人民大学出版社，2012。

② 同上，290页。

③ 即在伦敦银行金融交易市场上银行间相互拆借英镑、欧洲美元及其他欧洲货币时的利率，它常常作为商业贷款、抵押和发行债券等金融产品利率的基准，已经成为国际金融市场上的一种关键利率，一些浮动利率的融资工具在发行时，以该利率作为浮动的依据和参照物。

④ 各国金融市场中金融产品的定价依据，以此可以影响从汽油到黄金等商品期货、从按揭贷款到国债等绝大多数金融产品的价格。

穆尼亚说："在 Libor 丑闻之前，人们认为金融基准是可以信任的。现在人们认为其中可能存在操纵行为。也许操纵不再是例外，而成了惯例。"[①] 在没有证据和痕迹的情况下，能够操控的产品和定价到底有多少，这只能依赖于想象了。通过保险、衍生品、对赌、期货，这些国际金融机构创造出五花八门的金融产品，一方面它们声称在金融市场中这些产品的作用在于减少或者规避风险，实际上在发生系统风险的情况下，它们又无能为力；但另一方面，没有危机或者风险它们又无法获得杠杆化收益。所谓的风险，相当一部分要么可以通过巨额的资本得到控制，要么能够通过资本和人脉关系事先感知或者分析。100 多年前，美国农产品期货市场是针对天气的不定变化而对生产者和购买者设立的保险手段，而现在，外汇、石油、金属等等所有重要品种的价格，几乎都与国际政治经济关系的发展变化有着密切关联。一方面，金融机构有着广泛的人脉和知名研究机构，它们测知国际中的各种变化，另一方面，它们的资金实力不再是避险的被动接受者，而是成为市场的控制力量。它们既可以推动事物的发展方向与金融机构的预测实现对接，又能够成为定价者；它们既是风险的规避者，又是风险的受益者。2008 年，高盛出具报告，石油每桶价格能够达到 200 美元，结果在 147 美元时掉头向下，最低到 33 美元，难道高盛的高层会与发展中国家的普通交易者一样对美国政府的伊朗政策、利比亚政策等一无所知？或者高盛的金融服务不会在给石油七姊妹公司[②]提供咨询的同时窥测了解它们的生产计划？防火墙不过是对具体交易人员的清规戒律，对于顶层决策者实际是不存在的。2013 年高盛又有报告称黄金价格能够升至每盎司 2 000 美元，结果从 1 700 美元降至 1 200 多美元。市场价格剧烈波动，意味着从事这些产品的生产，以及依托这些产品的产业链中的诚实劳动将失去意义，勤奋的生产劳动反而成为人生中的巨大风险。在这样的市场中，难以分清市场成分和控制力之间的区别。

值得一提的是，当代跨国实业企业并非与金融资本相互隔绝，实业资本一方

---

① 《15 家大银行卷入汇市操纵调查》，载《参考消息》，2013－11－14，转摘于《金融时报》网站《大银行面临外汇交易调查问询》。

② 又称国际大石油公司，指的是标准石油分割所形成的三家较大的石油公司与另外四家石油公司所组成的垄断性企业联盟，曾对世界石油市场影响甚巨。包括埃克森公司、壳牌公司、英国石油、美孚石油、德士古、雪佛龙、海湾石油，经合并到 2004 年，七家中还有四家继续营业，它们是埃克森美孚、壳牌、英国石油和雪佛龙。

面通过不断并购重组，规模越来越大，比如通过对所有权关系的分析，仅 1 300 家跨国公司即可构成全球经济核心，而其中超级核心有 150 家，它们占据全球财富 40%以上[①]；另一方面，跨国实业企业，诸如电信、军工、石油、软件等，它们已经实现了股权结构证券化，即能够控制它们的，已经不是过去家族从事实业经营的股东，而是金融资本层层如金字塔般盘根错节的控制关系，金融资本通过较少的自有资本即能够在实业层面控制庞大的资产规模。在实业企业中，主管生产、经营等具体业务的是职业经理人，但选拔职业经理人，并决定公司发展方向的却是金融资本。

在国际层面上，推行国际金融自由化、全球化的是布雷顿森林体系中成立的国际货币基金组织、世界银行和世界贸易组织（前身为关贸总协定），它们在 20 世纪 80 年代后，通过对发展中国家的结构调整计划将国际金融秩序植入到发展中国家，使很多发展中国家的金融体系成为西方货币和金融资本任意驰骋的猎场。在这些机构的内部组织层次中，西方国家拥有绝对的控制权和影响力，配合以成体系的理论和意识形态，使发展中国家自愿地开放核心金融领域。历史中发生的历次经济或者金融危机，解决方法或者提供援助的条件都是更为开放和自由的资本市场。只是在铁一般的事实面前，国际货币基金组织等机构才不得不承认对于一些国家，过快开放资本市场反而会带来风险。尽管承认，但它们的最终结论还是委婉地要求开放资本项目。有趣的是，某前国际货币基金组织总裁离任再担任母国央行行长后，便改变原来的资本自由观点，认为资本过度自由对具体国家的经济无益。

对于美国经济逻辑合理的制度安排，经过历史中货币角色的微妙变化，在促进经济发展的同时，对他国却构成了实质影响。总体来讲，金融资本支撑的市场经济为人类幸福生活创造了条件，但是金融资本作为最接近阳光的地带，得到了最好的保护，同时又获得了最大的利益；而其他经济体，尤其是发展中国家经济体，不是没有成长，而是在发展的同时需要付出更多并承受更多的艰辛。

---

① 参见［美］威廉·恩道尔：《目标中国》，Ⅱ页，北京，中国民主法制出版社，2013。

第二章
货币金融权力的时代变幻

当代金融产品的复杂性、时空割裂功能越来越赋予其控制能力。

众多有关金融理论的著作已经清楚地介绍了金融的特点，对此我们不再赘述。在正统文章中，金融资本的形象大多是正面积极的。从整个系统上看，金融是众多社会行业中的一个子行业，确实在经济体系中发挥着重要作用。但为什么这种积极因素会导致众多经济危机、引发经济的不稳定呢？西方理论往往认为问题出在危机经济体身上，而非金融资本的作用。实际上，在金融资本促进经济发展的另一面，其特性已经发展成为破坏经济的某种力量。在新的全球化时代，金融资本衍生出新的鲜明特点。

时空隔离下的强势话语权

在分割资本的过程中，现代金融予以其产品越来越多的时间和空间上的分离，金融产品的供方和需方相隔越来越远。这一方面扩展了金融领域的范围，另一方面，不可避免地加大了金融资本在其中的话语权，为它提供了以自身影响力对其判断进行自我实现的可能。

金融运行模式越来越复杂，代理链条越来越长，正如“不识庐山真面目，只缘身在此山中”，人们在此庞然大物之中越来越无法认清它。代理链条的延长导致在出现危机时，越来越多的人分担责任，结果反倒导致越来越多的人不承担任何责任。比如次贷危机的发生，这样影响世界经济的大事，无论开发出有毒产品的公司，还是恶意销售使其蔓延世界的公司，除雷曼公司和贝尔斯登公司倒闭重组外，哪些人承担了责任？格林斯潘只是说“我没有想到市场规律在此不起作用了”，身居如此高位且具有丰富经验的人都无法看清，还有谁更能对此做出恰当的决策呢？

在实物产品领域，产品责任有着严格清晰的界定。但在金融领域，金融产品似乎难以追究其产品责任，更多是一种买者自慎的自愿行为。出售金融产品首先要对基础资产进行评估、审计和尽职调查，以查清基础资产各方面的情况。这其中不乏良好的公司或者资产实体得到正确认识，并获得了资本市场的认同。当代金融产品的制造需要社会中介机构全面介入。在复杂的经济社会，法律构架是保障虚拟经济正常运行的重要条件，在清晰划定并有效追究法律责任的情况下，中介机构的判断和意见成为金融产品的重要标签。真正的买方和卖方之间并没有接触，中介机构构建并推销金融产品，买方凭借对中介机构信誉、能力和专业技能的信任而购买，金融产品涉及到评估、审计、评级、法律判断及市场判断等众多因素，由中介机构提供参考意见（实际是判断）。金融产品的原始供方与最终客户相距越远，对于资产的介入因素越多，各方面的调查责任相应由各个机构承担，中间参与的机构也就越多，而中介机构过多，最终金融产品所产生的责任就几乎无法进行有效追究。

当然，并非中介机构都是不能尽职的、疏忽的、欺诈的，相反，相当多的金融产品具有积极意义，否则如此巨大的金融体系将无法维持下去。中介机构在法治健全的社会中起到了监督发行者、规范金融产品的作用，这在历史中经历了从粗糙宽松到精密严格的过程。但随着金融产品的日益复杂化，中介机构在其中的作用也发生了变化，过去的简单明了被复杂链条所取代，中介机构的责任在庞大系统中被巧妙的“风险提示”规避掉了。鉴于金融是一个完整的体系，对此需要更为专业和诚信的职业素养，而当前国际金融势力的贪婪和独断，使其无法避免在核心业务中，利用信息不对称谋取不当私利，游走于合法与违法的边缘，以晦涩的公式、预估的市场、似乎系统的理论论证金融产品的价值。主要的手段虽然是合法的，但却深藏着私利逻辑，而以当前的系统、体系又无法在具体细节上追究其责任。例如，评级机构本应充当警察的角色，但它却为各种发行人散发虚假的身份证。2008年的金融海啸爆发后，没有机构和个人承担过任何责任；在希腊申请加入欧盟的过程中，希腊财务顾问高盛公司设计的货币交易实质是贷款交易，国家赤字得到隐瞒，结果希腊成为欧债危机的薄弱一环。频繁发生的因为串通、欺诈、操纵等行为导致金融巨头公司与主管部门和解的案例，让人不禁怀疑，是否查到的案件数量和金额只是冰山一角，而以专业化手段获取不当利益更具有普遍性，仅仅因为社会缺失能力、专业知识、渠道和意志去追究这些罪行。金融领域道德风险产生的原因在于：赢了，则归功于金融机构相关人员，包括股东、管理层管理有方、判断准确，管理人员获得高额奖励；输了，由于演化为社会系统风险的特殊性，必然会得到国家保护和救助，实质上没有具体的个人和机构承担责任，损失由社会和国家承担。

金融产品的复杂性破坏市场平衡能力

在设计金融产品的过程中，技术专家们将金融产品设计得越来越复杂，不仅普通人无法理解其确切含义，即使是金融机构的管理者也未必理解。

从资产证券化的过程来看，将资产分割成可以自由交易的证券并实现上市交易，是金融市场的一项重要功能。但对资产、企业的评估，涉及到具体的资产质量、行业状况、竞争对手情况、国家和世界的整体经济状况、技术进步情况等等。对这些问题做出准确预判是完全不现实的，金融公司根据判断对未来做出各种估值，又对未来估值进行现金贴现，形成最终产品销售。这只能算作一种意见，没有任何约束力和确定性。它所影响的主要是发行时的价格，待到证券被发行销售后，这种预估便迅速消失在市场交易中，难以被追溯提起了。产品销售给各个小投资者，当发生危机时，由于受到损失的更可能是分散的投资者，金融资本实现了所谓分散风险的作用。但问题是，现有证券化模式越来越复杂，掺杂着以复杂结构和相关利益关系构筑的产品也许具有巨大风险。当这种产品在市场上发生问题时，将带来整个市场的系统风险，例如安然、次贷和希腊评级。虽然现有先进技术很多是依赖这种方式得以产生和发展，金融产品的作用不应抹杀，但在有价值产品中夹杂纯粹累积设计的衍生品种，仅仅在现有之物上添加核物理学家才能够理解的数学模型，则是一种依赖信息优势设计出的虚幻产物。

全球自由化的信奉者认为人的理性能够做出准确的、最优的判断，市场是最有效的资源配置方式，所有国家的市场都应当开放，让所有资本要素自由流动就能够得到最好的结果。陈志武先生提出："美国经济跟其他国家的差别不在别的方面，就在于它有着让任何资产、任何未来收入流都能提前变现的证券化、资本化体系。美国式金融资本的发行是市场行为，受市场制约，因此滥发空间较小。"[①]这是对市场极端信奉者的标志性论述。如果人类能够准确计算出自身或某种资产的未来收入流，一切结果都通过金融专家给出的公式预测出来，那么这个世界将会是何等沉闷！次级贷款就是对未来收入流的一种虚幻设计，凭借着各种形式主义金融公式的设计，美国创造了巨量金融产品，而现实生活不会按照公式计算的方式实现。

实际上人类仅具有"有限理性"，复杂世界要求人们有意地限制选择自由。任何人做一项决定，如果理性选择的话，大量的变化条件和理由会让人无法做出决策。罗伯茨·默顿和迈伦·斯科尔斯因提出决定金融衍生品价值的新方法而被授予诺贝尔经济学奖，后来他们成为长期资本管理公司的董事，并同意公司利用两人提出的模型进行运作，结果在2000年该公司彻底破产（1998年曾经得到过救助）。而斯科尔斯在1999年又成立了白金木林资产管理公司，进行对冲基金交易，结果2008年也处于破产状态了。默顿被聘为三合集团金融顾问公司的首席科学官，而三合公司在2009年也破产了。因为资产定价研究而获得诺贝尔经济学奖的科学家都看不懂金融市场，那么还有谁具备市场的理性呢？格林斯潘看不到2008年金融海啸的到来，而美国巨骗麦道夫的客户里还包括英国汇丰银行和西班牙桑坦德银行的基金高管和顶级银行家。"当诺贝尔经济学奖获得者、顶级银行家、雄心勃勃的基金高管、名牌大学的教授以及聪明绝顶的名人都已经证明他们不知道自己在做什么的时候，那么我们怎么可以接受建立在'假定人们都是完全理性这一命题'基础之上的经济理论呢？其结论只能是这样的——我们还没有聪明到可

① 陈志武：《金融的逻辑》，29页，北京，国际文化出版公司，2009。

以让市场决定一切的程度。”①

这些超出理性的金融产品的作用是让市场充满无畏的希望，然后卖给同样稀里糊涂的买方，再击鼓传花不断地将风险消散于众多的中小投资者中。由于金融产品链条过长，每个机构或者个人只是该长长链条的一个小小片段，无法全面掌握整体情况，市场为处于有利地位的金融垄断资本谋取厚利提供了悄无声息的机会。现代市场规模已经超出亚当·斯密时期，复杂程度如同精密仪器一般，在这样的市场中，只有具有巨大资金实力、高深研究能力和顶级洞察力与领悟力的人士和机构才能稳操胜券。在细枝末节上人们跟随市场逻辑决策的行为，在广阔的宏观逻辑上却无法决定未来。在更广阔的范围内，市场已经脱离几百年前普遍狭小、平稳的状态，而成为可以在更大范围内操控的实体。

实务界中，金融巨鳄索罗斯称得上是对经济现象理解深刻的大师，他不仅指出市场经济中传统理论的不足，而且用实践证明了自己的理论是正确的。他指出，市场经济理性完全不符合现实，“我们需要从根本上重新思考这个假设和公理，以及以这些为基础的经济学理论。因为经济学一直试图提出普遍有效的理论，就像牛顿的物理学一样。我认为那是不可能的，你需要有不同的方法和不同的可接受的标准来解释新问题。”② 由于未来的事件由目前的预期所塑造，市场主体成为市场的一部分，对于市场的认识导致参与者采取必要行为，反过来影响市场，所以市场是不均衡的。索罗斯的投资哲学建立在“反身性理论”基础之上，即参与者本身不独立于事件之外，其决定对整个事件本身会产生影响，即参与者影响事件，使事件处在一个由参与者行为作用的动态波动中。

索罗斯在金融领域利用其理论为在不均衡、非理性的市场中获取利润提供了方法论，实际上，这种对社会普遍现象的认识可应用于一切人类行为领域，而不仅仅在金融领域。人类不仅与自身之外的世界博弈，而且要与自己所影响而形成、所处的环境进行博弈，这导致对制度执行的判断、对社会发展的展望等等，都会形成社会的反身性行为，影响行为者提前做出预期和采取行动。

事实可能与陈志武先生的判断恰恰相反，市场由于主体在各自判断范围内受制于利益因素和预判能力，反而无法控制整体市场的行为和结果，市场从而失去

---

① ［英］张夏准：《资本主义的真相》，163页，北京，新华出版社，2011。

② 2013年6月 New Economic Thinking 对索罗斯的访谈，http：//wallstreetcn.com/node/48287。

制约能力。以证券为代表的金融资本滥发金融产品的空间却极为巨大，结果是债务的过度积累导致了危机爆发。市场仅具有部分的有效性，随着市场规模、范围、容量的无限扩大，在虚拟经济层面上，市场主体对理性判断的认识存在极大局限性。

金融资本向未来索求无度

金融的核心功能之一是通过发债形式向未来收益提前借款，正如上文引述的金融资本的作用，金融资本将未来的收入流予以贴现，折算为当前的价值，这在一定程度上提供了筹资功能，这是金融市场的重要作用之一。因为社会发展、科技进步，当下社会所借之债可通过未来创造财富予以偿还或弥补，从整个社会水平来看，只要这种补偿方式能够平衡，发债就是促进经济增长的良好手段。但是，当代的金融产品已脱离资本债务的范围，成为纯粹消费债务的手段，而对消费债务却缺乏限制，无论是国家还是个人都以债务作为生存的重要方式。这样，债务就从过去的创造性融资功能转向了当下的纯粹消费性和支撑性功能。虽然社会本身仍在进步，并仍然通过债务提供创造财富的机制，但两者的界线、轻重、比例等却超出了合理的范围。

对于债务，经济界和国际货币基金组织有一个形而上学的标准，即一国负债在其GDP的60%左右就是合理的，但经济学家们在引用这个标准时往往对具体情况缺乏分析。如果一个国家的负债目的主要是享乐、消费，那么它的发展动力便受限于新的创新和投入，则负债即便低于60%也是高的；但如果一个国家锐意进取，所有投入是为了打好基础、为未来更好地产出，那么它负债超过100%又何妨？就像一个勤奋努力、品格优秀的学生，他在学习阶段负债再高也有还清债务的希望。债务应当与国民性格、发展速度、投入项目相匹配才具有意义。如果国家借债投入的是公路、桥梁、港口、教育、科技等等，那么它将充满后续发展的动力；而如果借债投入是为了发工资、维持庞大的社会福利开支，比如希腊的状况，那么，债务再低也是危险的。

当下的金融资本过分透支了未来。任何谨慎、诚实的经济体在负债时应当予以严谨考虑，并充分认识未来的不确定性，要“留出足够的安全边际”。但现实却是，随着消费文化的盛行，满足当前需要成为压倒一切的目标，对于未来，仅仅怀有良好愿望，相信与当前良好的经济状况一致。当前良好的经济状况具有相当的迷惑性，让人不必怀疑自身能力和未来系统风险以及社会整体存在的不确定性，实际上是对风险的罔顾轻视。金融机构设计出种种刺激人们消费、配合享乐文化的金融产品，包括零首付贷款、无抵押贷款、无息贷款等等，只要将这些金融产品销售出去，金融资本就能够获得丰厚的利润。金融机构与其服务的客户奉行同样的生命哲学，"及时行乐，哪管洪水滔天"，双方都不对未来负责，构成了彼此促进、彼此实现的轮回，双方都实现了自己的目标，并不断继续扩大规模。如果金融资本仅限制在一国之内，将无法影响他国，这对于消费者和金融机构总体来讲，可能是今日所得必为明日所付的零和结果。但是，在全球化体系下，通过国家的货币政策，通过金融市场的渠道，通过政府的财税政策，发达国家的金融资本消耗了发展中国家为明天所做的积累，发展中国家为发达国家的今日埋单。金融资本在新世纪所创造的债务，是以市场化形式积累于发达国家与发展中国家之间，最后通过国家货币政策予以稀释解除，所有持有非本国货币资产的外国经济体或个人都会受到损失。

过快流动性与实体经济结构性错裂

金融资本创造了流动性，为其在全球化条件下提供了快速转移的能力，同时也增加了风险性。

金融市场可以迅速分配资源，可当今金融市场的问题却在于其效率太高了，它从迅速分配资源走向了反面，在迅速分配资源的同时，金融市场的过分发展又在迅速地拆散本应作为一体的资源，金融创新使整体经济和金融体系的运作非常不稳定。金融资产属于虚拟产品，具有交易顺畅、结算快捷稳妥、买卖双方相互隔绝的特点，配合当代的信息技术，市场风向转换须臾之间就可完成。金融资产持有人可以迅速地对市场做出反应，而实体经济部门的实体没有且无法具有这样的流动性特征，难以确保长期资本的安全。

美国在解除金融监管前后的二三十年中，金融利润率始终在上升，这也导致金融领域不断在过度扩张，其中非金融公司中的金融资产与非金融资产比率从20

世纪70年代的0.4左右，上升到21世纪初接近1的水平，甚至美国汽车公司的大部分利润都来源于其金融活动，而不是其核心制造业。金融资产总量与世界产出总量之比从1980年的1.2上升到2007年的4.4，美国更是达到了9的比例。这就是前文所述的资产规模急剧扩大而自有资本比例越来越小的结果。这表明越来越多被虚拟创造出来的金融利益，将与每一项基础性真实资产和经济活动相关联，而同样的基础资产和经济活动一遍又一遍地“衍生”出新的金融资产，但不论金融魔术能够变出什么花样，金融资产能否产出预期的回报，最终都将决定于那些基础资产和经济活动能否产生出经济效益。由于金融衍生品发展过快，它与基础经济之间的距离越来越大，准确为资产定价越来越困难，最终形成了巴菲特所称的金融衍生品为“金融大规模杀伤武器”。

“金融资本与工业资本之间巨大的流动性差距带来了严重的结构性错配，金融资产可以在几分钟甚至几秒钟之内进行流动和重组，金融资本寻求短期效益（在当前的金融衍生品中更是如此），工业资本的建设周期、生产周期等特点决定了它具有稳定的、长期性特点。金融资本可以在短期内制造经济不稳定，它的流动性特点决定了它在全世界流动，时效极快，运作方式也缺乏理性。为了满足短期资本的效益目标，长期投资也被不断消减，这反过来又会影响生产率的提高。所以，金融资本对变化无常的利润机会反应过敏，而这种过敏反应导致的流动性对实体经济会产生危害。当前的问题不是金融资本不足、创新不够，恰恰相反，它相对于实体经济来说流动过快，导致了与实体经济的脱轨。实体经济部门的公司难以保证其长期资本的安全，结果是金融资本的流动性最终影响到实体经济的大幅波动。相对于当今的世界经济，金融市场的问题不是其效率太低、规模太小了，而是相反，当今金融市场的问题是效率太高了，它应当更加低效，让实体经济能够跟上它的步伐。”①

如果将金融资本简单地比喻为“钱流”的话，更多人看到的是其中的“钱”，却没有看到它同时是一种“流”，金融资本的作用是积极的还是消极的，依赖于它组织的资本是稳定的还是急速流失的。

已经发生的各种危机可以看作是这种状况的真实写照，表面上，金融资本以配置资源的面貌出现，而实际上，金融资本却不愿扎根于任何需要漫长周期的实

① ［英］张夏准：《资本主义的真相》，219～229页，北京，新华出版社，2011。

业，它已经不屑于稳定地投资于实体产业了，认为任何机会都是创造“快钱”的手段，它对长久持续努力地经营某一实业不感兴趣，它表示更擅长甄别、判断，然后买入、卖出，利用市场信息不对称和其资金实力实现成功。高盛所谓的战略投资工商银行，从2006年1月投资25.8亿美元，2006年10月工商银行即在国内上市，从2009年即开始减持，首次套现19.1亿美元，2010年第二次减持套现22.5亿美元，直至2013年5月第六次减持总计套现98.6亿美元，七年获利近73亿美元。这样的盈利水平，让任何从事实业的公司都相形见绌，以钱生钱，投资国的稳定对于金融资本来说是不必考虑的选项。

规模及影响力演化为控制性权力

如同任何资本都在寻求自身膨胀的捷径一样，庞大的垄断金融资本也在寻求发展壮大的捷径。现代电商对家用电器的销售渠道形成垄断力量，在金融系统内同样存在渠道为王的现实。在一个所有交易都无法离开金融系统的世界环境里，通过大数据、渠道分析、特定信息的获取等方式，金融资本具有明显的信息优势和控制力量。金融资本经营商品的特殊性赋予了它特殊权力，这种权力不受到制约，同样会产生绝对的腐败。

从规模上看，西方垄断金融资本能够影响世界几十万亿、几百万亿美元的金融资产。在这个体系内部，金融资本创设了自己的理论体系、研究机构、专家等代言人，他们一方面从客观事实中研究分析，另一方面又创造了客观事实。

从体系上看，西方金融资本拥有多层次、成系统的整体构架，从货币本身到货币决策核心机构、国家政府、国际组织、金融机构，最后延伸到每个网点的金融服务，这个融会贯通的网络，影响力由近及远，层层推动。

从中国资本市场与国际接轨的过程中可以体会到金融体系的威力：对国家和经济实体评级掌握在美欧国家评级机构手中，它们对其母国国家或者公司实体的问题往往视而不见，却对金融资本不喜欢的国家的金融状况明察秋毫。在纷繁复杂的政治经济环境下，寻求正面理由和负面理由都不是一件难事，由于其与金融资本密切的关系，存在利益冲突决定了评级无法完全做到客观公正。评级机构对1997年的亚洲经济危机、2008年的金融海啸都没有做到提前预警，甚至在2009

年英国女王伊丽莎白质问为什么没有一个人预见到危机。首先，爆发危机后的立即调整反而加大了金融震荡，为投机资本获利助上一臂之力；2011 年，标准普尔将美国信用评级降级，不久就受到美国政府其他理由的指控；其次，国际会计师充当大型企业的账房先生，所有大型金融企业、生产企业的经营数据、规模、效益、能力完全由国际会计师掌握；最后，国际金融大鳄参与大型企业的改制上市，同时将自己的利益深深植入这些企业中，它们参股中国大型银行，规划上市方案，在此赚取了巨额利润。[①] 这些机构虽然是独立的，却构成了一个完整的团队，形成立体式全方位操控过程，表面上它们各自对外承揽业务，收取费用，实际上，上百年来形成的战略合作使其背后利益更为庞大，在金融领域能够控制自己的风险，同时能够以对市场的影响力形成自我实现的判断。

金融资本这些新时代特点，结合当前世界经济体系和规则，对西方国家和发展中国家产生了完全不同的作用，构成了当前不平等经济秩序的决定力量。它们配合以经济全球化和各个方面的“自由”，拥有了掌控世界经济的能力。

---

① 参见江涌：《猎杀“中国龙”：中国经济安全透视》，131～159 页，北京，经济科学出版社，2009。

第三章
美元的异化

工业经济的血液与金融虚拟经济的血液结合，打通了实体经济和虚拟经济各自内部和相互之间的一切阻碍，让美元能够畅行天下，威力无穷。

在十年以前，中国人普遍认为外汇对于国家是财富，能够创汇是一件值得骄傲的成绩。随着中国的发展，外汇挣取得越来越多，人们渐渐开始关注一个问题：美元到底是什么？它为什么成为世界的储备货币？欧洲为什么要统一货币？随着西方经济学的普及和社会认知的提高，业内人士对于金融原理开始了解并进行了深入分析。

货币金融对于一个国家如此重要，尤其在相互关联的世界中，他国金融制度对于本国经济将产生重大的影响。随着对美元金融霸权的深入分析，我们加深了对很多战略核心问题的理解。将美元霸权逻辑昭示世人，是确立符合发展中国家利益的意识形态的重要途径。

我们需要回答一个基本问题：美元是货币吗？传统经济学认为货币是充当一般等价物的具有价值和使用价值的商品。美元在黄金时代，代表着可以兑换黄金的票据。但从 1972 年布雷顿森林体系崩溃后，美元逐步摆脱了黄金的羁绊，成为名副其实的主权信用货币。正如在第一章我们所论述的，此美元已不是古典意义上的货币了，此货币被抽取了原来的商品含义，变为纯粹国家信用的代表。如果从原始货币概念出发，美元是钞票，但不是货币。换句话说，美元不再是内部包含人类劳动的等价物，它是符号，是依赖于国家权力而获得支撑，并由供需关系决定且由人们认可而广泛接受的“虚幻之物”。

虚幻之物获得认可并被广泛接受并非易事，它需要以历史积累和实力成长为前提。一百多年来，美国从孤立主义状态演进为世界帝国，以其民主制度和经济自由化体系，在世界范围内建立了完整的贸易体系，组织起庞大的工业生产，疏通了世界的金融网络，动员了本国及其盟友赢得了两次世界大战。正是在这样稳步前进的基础上，美国才成为世界头号强国。美国国家成长的历史，也是其货币成长的历史；当其货币成为权力霸主的时候，金融霸权的历史又成为美国实力成长的历史。

金融霸权的形成

我们简单回顾一下美国打造世界货币的历史。

1913 年一战前夕，美国的工业产品占世界总产量的比例已达到 1/3，贸易量占世界的 11%，美国已经成为一个工业强国。在此之前，美国打败了老朽帝国西班牙，吞并了菲律宾，控制了巴拿马运河等战略通道，展现出强国寻求世界权力的苗头。

一战初期，美国通过向英法协约国提供粮食和物资，大大拉动了国内经济的发展。1917 年美国参战，但它对协约国的支持不是免费的，战后美国从战前的债务国变为债权国。在 1914—1920 年间美国卖给世界的工业品增长了 500%，强大的工业生产能力更加刺激了美国对海外原材料的依赖，也使美国认识到军事力量对保护其在世界各地的地位的重要性。

一战也是美国大发战争财的阶段，英国债务从战前的 7.11 亿英镑增长到战后的 82 亿英镑[①]，对其金本位体制造成了严重冲击。战后美国要求欧洲国家偿还债务，但不同意它们通过商业扩张侵犯美国的既得利益，美国采取提高关税的方法抵制欧洲出口，英法无法从商业中获取货币以偿付债务，于是英法作为债务国，

① 参见［美］威廉·恩道尔：《金融海啸》，87 页，北京，知识产权出版社，2009。

同时也是战胜国，向战败国德国索要赔款。为使英法能够用赔款偿还债务，英、法、美、德制定了“道格斯计划”，决定通过恢复德国经济来保证偿付赔款，之后以美国为主的资本流入德国，英、法、德通过美国的私人部门借贷融资，德国得到资金后流回英法，英法再向美国偿还债务。这种纯粹资金流动的循环，一方面增加了这些国家间的债务，另一方面也增加了美国的资金流入，导致美国降低利率，创造出了美国的资本剩余，美国股市开始繁荣，同时欧洲资金又流出欧洲，被吸引到美国。债务循环累积，但无法无限持续，这种依赖资金周转所创造的繁荣最终酿成了大萧条。大萧条也是去杠杆化的过程，“大崩盘”导致国际借贷紧缩，世界的价格体系和贸易开始崩溃。①

当时因为是金本位的时代，通货紧缩中商品的美元价格下降导致以美元计价的欧洲债务增加，而美国依然拒绝免除债务。于是各自拥有体系的国家利用关税和货币贬值来进行贸易战，德、日、意因为缺少殖民地输出危机成本，成为经济危机中受影响最大的国家，德国甚至产生了有史以来最严重的通货膨胀，导致极端主义在极端情况下掌握政权，最终引发了第二次世界大战。

在二战前，美国不愿意免除英国债务的一个原因是当时英国在海外英联邦拥有广泛的权益，二战爆发后，美国一方面要支持作为盟国的英国，但同时也希望借此机会将英国从帝国宝座上拉下来。为打入英国的英联邦体系，在美国与英国商讨《租借法案》的时候，美国通过非歧视条款要求英国对其势力范围内的英联邦帝国特惠制开放。英国曾于1932年在英联邦内部建立了帝国特惠制，即英联邦内的各国成员之间进行的贸易享有特殊关税和贸易互惠，而对英联邦之外的国家实行统一的高关税。美国表示该制度对美具有歧视性，在通过帮助英国的法案的同时要求英国取消这一关税同盟。这意味着传统英国的帝国地位被动摇，势力范围被美国进入。同时，美国借此良机进入中东，以私营企业形式积极拓展业务，扩张力量，美国政治力量介入中东成为不可避免的趋势。②

二战使得美国成为世界最大的贸易国。到1947年，美国贸易额度达到世界贸易总额度的1/3；到1948年，世界上41%的商品和服务来自美国。美国作为没有遭受战争蹂躏的唯一大国，保留了完整的工业体系，拥有世界重建所必需的资金

---

① 参见梁亚滨：《称霸密码：美国霸权的金融逻辑》，57～61页，北京，新华出版社，2012。

② 同上，69～70页。

和技术实力，因此，美国相信，建立一个自由贸易和非歧视的环境能够促进和平竞争，开放的自由贸易体系也能够加深各国间的相互依赖，有助于实现和平、经济繁荣和民主，而美国，将成为胜利者。

二战后期，凭借美国无与伦比的经济实力和强大的军事力量，以美国为核心建立世界经济体系也是大势所趋。为恢复经济，世界需要一个统一有效的清偿手段和自由开放的世界市场，而在资本主义世界，只有美国能够提供这种公共产品。

1944 年，布雷顿森林体系得以建立，它以黄金为基础，但以美元为主要的国际储备货币。美元与黄金直接挂钩，各国货币与美元挂钩，并可按 35 美元一盎司的官价向美国兑换黄金（此即为金汇兑本位制）。其核心是美元可以兑换黄金和各国实行可调节的钉住汇率制。之后爆发的冷战促使美国在欧洲实施马歇尔计划，在亚洲扶持日本经济发展，美国在资本主义世界和部分发展中国家建立起了自由贸易、自由投资的市场经济体系。这一时期，是美元作为国际货币的地位与美国作为世界头号强国的地位相互匹配的阶段，美元作为结算手段为各国经济的发展做出了重要贡献，美国官方和私人资本出口在 1950 年代达到了顶峰。

但布雷顿森林体系存在两个重要的缺陷，这决定了它在货币体系成长历史中的过渡性质，它必然为更为被动的货币制度所取代：

1. 战后各国之间、各国与美国之间的发展并不平衡。黄金的储量是一定的，而世界经济发展的总量却是高速增长的。西欧和日本的快速发展使资本流动的需求急速增长，另外，欧洲和日本利用后发优势在产品的竞争性上超过美国产品，各国的贸易不再单纯依赖美国，美国以外的美元不能形成对美国产品的需求，外国政府和企业掌握的美元也就越来越多。在这种情况下，从 1960 年代起，各国形成了对美元的贬值预期，并开始兑换黄金，导致美国黄金储备长期持续大规模外流。

2. 美元作为美国的货币，要保持美国国内收支平衡，但它同时又要充当世界储备货币，这两者之间存在根本性的矛盾。作为储备货币由各国持有，必然需要美国输出货币，而输出货币意味着美国无法保持收支平衡，此即“特里芬难题”[①]，在此情况下，美元贬值是其充当世界储备货币的必然逻辑结果。

从 1960 年代起，随着资本外流增加，美国商品的竞争力也在不断下降。为防

① 由美国经济学家罗伯特·特里芬在 1960 年于《黄金与美元危机——自由兑换的未来》一书中提出。

止资本外流，美国政府通过增加税收负担的方法抑制这种趋势，结果导致大量美元直接滞留在美国境外，形成了离岸美元市场，也就是欧洲美元市场。这是当今世界游资的前身，它的管理相对宽松，来去自由，成为国际金融市场动荡的主要因素。另外，越南战争和美国建设“伟大社会”的巨额支出大幅增加了财政赤字，而与苏联的军备竞赛和登月计划更是为美元的处境雪上加霜，美元贬值加剧了通货膨胀。固定汇率下的黄金不断被兑换流出，成为尼克松终结布雷顿森林体系的最后一根稻草。1971 年尼克松向世界宣布：美国不再履行布雷顿森林体系下美元和黄金之间的固定汇率和自由兑换义务，各国按照浮动汇率制自由浮动管理本国的货币。① 从此，美元这条战舰抛弃了黄金做成的锚，开始肆意航行。

在尼克松宣布解除布雷顿森林体系中的美国义务之前，美国可能就有意实行美元贬值的政策了，但尼克松的举措是一个标志性事件。之后美元贬值与美国赤字政策就成为如影随形的伙伴在世界经济舞台上共同表演。

布雷顿森林体系崩溃后，美元不断贬值引起西欧和日本不满，汇率自由兑换导致这些国家外汇储备多样化的趋势增强。美元在储备货币中的地位下降，在此背景下，1973 年第四次中东战争爆发，石油价格在短期内暴涨四倍，本来不需要依附美元的经济体突然发现：主要石油生产国都要求以美元作为结算货币，如果不储备美元，就会没有足够的美元购买石油，于是，持有并增加美元储备成为必须选择。至此，作为金融血液的货币选择了美元，而作为工业血液的石油也选择了美元，美元牢牢控制住了世界经济发展的关键环节。

美元依附于石油在世界蔓延

谈到美元霸权的确立就不得不提到石油这个特殊商品。

我们日常生活与石油密切相关，可以说我们的衣食住行都离不开石油。石油作为特殊商品，在于它既是能源，又是原材料。作为能源，一切经济活动都离不开石油提供的能效；作为原材料，当代化工行业的主要产品大都从石油中提炼。石油成为经济生活中举足轻重的物资，是所有经济体系都需要、现代生活赖以维持的大宗商品。

---

① 参见梁亚滨：《称霸密码：美国霸权的金融逻辑》，105～120 页，北京，新华出版社，2012。

1960年石油输出国组织欧佩克（OPEC）成立，其目标是以石油为武器，逐步在世界扩展影响力。

1973年10月，埃及和叙利亚入侵以色列，第四次中东战争爆发。美国政府支持以色列激怒了阿拉伯国家，欧佩克对石油单方面涨价70%，而且阿拉伯成员国制定了减产计划，在短短两个多月内，石油价格就涨到了每桶11.65美元，是战争爆发前的近四倍。

1975年，美国与沙特阿拉伯达成协议，沙特阿拉伯优惠购买美国债，保证石油美元以购买美元债券的形式投入美国；另外，沙特阿拉伯承诺只接受美元作为本国石油的标价和交易货币，以此换取美国对沙特阿拉伯王室政权的支持和保护。之后不久，整个石油输出组织也接受了类似安排，从此石油贸易必须使用美元结算。

有文献披露，实际上第四次中东战争和后来的谈判等整个事件都是美国策划的，目的就是拯救布雷顿森林体系后期美元疲弱的状况，同时也是美国石油巨头与美联储银行家们为提高北海油田效益的共同举措，当代纵横家基辛格博士在其中起到了总策划、总导演的作用。①

真实情况我们不得而知，但就其效果而言，表面上第一次石油危机重创了美国经济，但对于美国来说，它通过危机反应建立起独特的货币地位，这让它在失去部分利益的同时获得了更大的战略利益。第一次石油危机过后，原来已经开始疲软的美元遇到了强有力的需求，各国以前储备的美元在再使用时只能买到原来1/4的石油，美元成为各国必须“足额储备”的货币。石油价格上涨也带动了所有与石油有关的产品价格的上涨，一轮通货膨胀席卷资本主义世界，各国必须通过出口商品和服务来换取美元，再从欧佩克国家进口石油。这相当于通过石油一个产品的美元化，将其他几乎所有国际贸易中的产品实现了美元化。同时，石油输出国又将出口挣得的美元投资美国金融产品（石油输出国没有这么大的胃口吸收美国的其他实物产品和服务），帮助美国平衡了赤字。美国通过出口美元钞票，无偿占有他国的商品和服务，获得了巨额实物财富，但同时又制造了通货膨胀，减轻了其对债权国的债务。

布雷顿森林体系崩溃将美元与黄金之间的联系扭断，美元价值脱离了黄金储

---

① 参见［美］威廉·恩道尔：《金融海啸》，258～264页，北京，知识产权出版社，2009。

备的限制，实际上，通过中东地区产油国之间的战争，美元储备的基础由黄金转变为中东地区的石油。从逻辑上看，在国际层面，美国仅仅通过做出帝国下的和平承诺便获取了他国石油财富作为美元储备，这是世界上最奇特的货币储备制度。

2003年美国对伊拉克进行军事打击后，伊拉克对外招标石油开发，中国石油化工集团公司（后文简称中石化）中标，国内有人为此欢呼，似乎美国并没有控制伊拉克的石油资源，证明了美国军事打击伊拉克目的的纯洁性，即并非是为了美国的私利，并非如人们所想象的那样是为了石油，战争是对美国怀有人类普世价值的崇高理想，追求无私、高尚的民主目标的最好证明。格林斯潘在2007年出版的回忆录中宣称："我对此感到悲哀，（政府）在政治上不便承认一个大家都知道的事实：伊拉克战争在很大程度上与石油有关。"[①] 格林斯潘一方面否定了这些自由派的幻想，另一方面他又是圆滑世故的，在表面上承认小一些的罪过而掩饰了更大的恶意，"为了石油"之后应该加上"和美元"才对。萨达姆在战前将伊拉克出口石油的结算货币由美元改为欧元，这种触动国际金融资本核心利益的举动才应当是美国发动伊战的根本原因。

中国国企每年向伊拉克的投入超过20亿美元，并愿为获得合同而接受较少的利润。[②] 美国报纸甚至报道，"中国成为伊拉克战后最大的受益者"，从这里可以看出西方新闻媒体的有意误导，让不明内在逻辑的人产生错误的看法。中石化中标，既要承担巨大的政治风险，又要承担经营风险，且需要进行巨额的资本投入，能够赚取多少利润呢？2011年3月初伊拉克石油部长在接受记者采访时表示，伊拉克每日生产原油260万桶，每日出口220万桶。[③] 以90美元/桶计算，其他国家每天购买这些石油需支付1.98亿美元，每年伊拉克收入超过700亿美元。伊拉克计划在六年内将日产量提高到1 200万桶，以日出口量1 000万桶计算，在石油未大幅涨价的情况下，每天其他国家购买石油需支付9亿美元，而全年需支付3 000亿美元左右。这些美元都是世界各国用实物财富从美国换来的纸币美元，从这点来看中石化的利润还值得一提吗？只要伊拉克继续使用美元结算，不使用其他货币，不在国际石油市场中打开"破窗"先例从而引导其他产油国效仿，美国的核心利

---

① 《格林斯潘：美国为石油发动伊战》，见新华网，2007-09-17，http：//news.xinhuanet.com/world/2007-09/17/content_6738973.htm。

② 参见《参考消息》，转引自美国《纽约时报》网站，2013-06-02。

③ 参见人民网，2011年3月2日电。

益便得到最强有力的维护。在这点上，我们不得不佩服格林斯潘是一个避重就轻的高手。

石油消费是持久且随着经济发展而增长的，世界大多数国家都需要进口石油，而为进口石油，必须持有足够的美元才能持续购买。世界其他国家为了购买石油，就需要不断地挣取美元（当然美国不用担心美元不足），而获得美元的途径只有以实物财富或服务出口形式赚取，美元源源不断地从美国源头制造出来流向各国，美国进口世界的实物财富。石油在1970年以前的30年中，平均价格是1.9美元/桶，40年过去了，石油的价格增长了50倍，现在的价格是90～100美元/桶。石油消费也在不断增长，中国2012年石油消费约5亿吨①，长久以来，仅石油一项为美国向世界释放美元做出了巨大的贡献。

在历次美国出现紧急情况之际，美国都会动用其石油储备，而在2007年石油价格加速上涨的时候，小布什反而宣布将7.27亿桶的储备再增加一倍。当时很多人将石油价格上涨的原因归于中印需求的增长，但中印需求的增长并未骤然改变供需的基本平衡。2008年，石油价格最高时为每桶147美元，而后高盛公司预测，油价将上升到每桶200美元。由于制造业仅占美国的13.6%，石油价格上涨对美国经济的影响已经不大，制造钢铁、铜、铝等诸多活动不需要在国内进行，美国需求减弱将抑制石油需求，而石油价格上涨却使世界性的美国石油公司可以获得超额利润。同时，与美元挂钩的国际原材料价格普遍上涨，造成许多国家特别是新兴国家通货膨胀急速上升，一方面是原材料价格的全面上涨，制造业成本上升，另一方面顺差赚来的美元又在不断贬值。石油价格成为转嫁美国等发达国家经济危机的工具。

现在，中国近60%的原油需要进口，2011年，中国进口原油2.5378亿吨，累计金额1 966.6亿美元，仅此一项，中国需要向世界出口多少产品？而美元流出美国，美国却并不需要付出成本，这意味着其他国家获得这些美元时无论生产什么、卖给谁，美国最终都获得了等价的实物或服务。如果在世界范围内考虑，如果还要包括黄金、铁矿石、木材、粮食等的定价和结算，流转给美国的财富将是何等庞大！2011年世界货物贸易额为18.2万亿美元，如果其中60%以美元结算的话，需要约11万亿美元，这需要美元作为支付手段，虽然其中存在循环计算的情况，但美元需求是绝对增长的。在所有商品中，石油为美元霸权起到了重要

---

① 吨是重量单位，桶是体积单位，1吨石油约7.33桶。

的稳定作用，如果没有石油作为美元交易的基础，美元就难以获得今天的地位。①

石油是工业经济的血液，美元是金融虚拟经济的血液，两者的结合打通了实体经济和虚拟经济各自内部和相互之间的一切阻碍，让美元能够畅行天下，威力无穷。美元成为其他国家都需要的货币，它是人为制造危机、制造地缘政治事件的结果。需求，创造了美元这个虚幻之物的价值。

金融资本潮起潮落的冲击

从20世纪80年代起，在自由市场经济体系内不断地发生经济危机，比如2008年的美国次贷危机和欧债危机，这些危机的最终表现是货币金融危机。虽然危机的导演者是流动于世界的国际资本，但是对此进行政策条件布局的却是美欧政府及国际组织，最终受益的是以美元、欧元为代表的国际资本。

经济危机发生的具体条件、原因千差万别，总体上，危机是内外因素综合的结果，尤其在当今世界，体系的外部因素和内部因素相互影响且关系日益密切。发生危机的国家自身存在经济问题，但对问题如何识别，并以何种方式改正，是判断金融资本动机的重要线索：是以一种极端的、危机式的、掠夺的方式纠正偏差？还是以一种和缓的、配合的、协调的方式解决偏差？

有人强调，无形之手的动机是逐利的，此为金融资本的本性，要求其以善意方式解决某个经济体的问题是强人所难，金融资本的重要作用在于有效率地配置资源。如果要达到这个目标，就不可避免地要求市场对于所发现的问题进行快速纠正，市场是最终的主人，以无形之手实现社会利益最大化，是市场经济的应有之意。这种观点将金融资本与市场视为一种应有之物，将其作为另一位上帝看待，它需要脱离社会的主观控制，本身就存在自我生命力，不容置疑，应该改变的是现实社会，而不是金融资本运行的逻辑。这是一种形而上学的逻辑，与现实完全不符。

金融行业如同其他行业一样，经历了长期兼并融合的历史，金融公司的规模越来越大，影响力越来越广泛，也越来越具有垄断的力量；美国在200多年前制定宪法的时候，金融机构的权力还处于萌芽状态，随着主权信用货币的发行，货币政策部门将成为决定国家经济发展决策的重要力量，金融权力作为社会的基础

① 参见梁亚滨：《称霸密码：美国霸权的金融逻辑》，175～176页，北京，新华出版社，2012。

性权力，如何能够由私人部门参与决策（美联储12分行是私营金融机构的代表）？如何能够避免利害相关方的影响？又如何能在金融资本与社会利益和国家利益发生冲突的时候保持公正呢？

有人否认资本的掠夺性，并以英美的发展历史加以说明，资本有效性导致社会科技高速发展、国家实力强大，财富是创造和贸易的结果。我们认为，问题必须一分为二地分析，金融资本对社会的有效整合不代表其对外不具有掠夺性、侵略性。掠夺的含义不应当仅仅从暴力的角度来看待。英美两国虽不像西班牙、葡萄牙有在南美洲暴力掠夺金银的历史，但从当事国是否自愿的角度来看，英美同样实行了掠夺。英国发展历史中不光彩的一页就包括将印度变为殖民地，种植鸦片向中国销售，掠夺白银；限制美洲殖民地工商业发展，激起美国的独立运动。这种掠夺过程与英国工业革命过程是重合的，所以，在掠夺世界财富的同时，其自身也通过完善体制发展起强大的工业，我们不能因为英国存在内部的工业革命，就否认其对外的不平等掠夺，这是由资本的两面性决定的。从美国的角度看，如果没有对印第安人的杀戮，没有对墨西哥、西班牙的战争，没有对华工的奴隶式压榨，没有黑人奴隶的贡献，美国初期的发展也不会如此迅速。虽然不否认金融资本在制度创新、产业资本市场方面对美国实体经济的贡献，但分析问题时，不能因为它的闪光点而否认它的缺点，正如同不能因为它的缺点而否认它的闪光点一样。垄断资本的特性决定了它是精明的商人，在交易利益大过掠夺利益的时候，它宁愿采用和平方式；但如果采用和平方式的成本超过暴力成本的时候，垄断金融资本是不会放弃强力的。

20世纪80年代以来的发展史，更是金融资本以不断制造经济危机、制造地缘政治事件，甚至以战争方式维护既得利益的历史。“1945—1971年间，当国际金融没有自由化之时，发展中国家没有遭受银行危机，只有16次货币危机和1次‘双重危机’（同时出现货币危机和银行危机）。而在1973—1997年间，发展中国家出现了17次银行危机、57次货币危机和21次双重危机。这还没有算上1998年以后出现的几次最严重的金融危机。”[①] 金融资本在运作这些事件的同时，并没有停止在本国促进经济发展，并没有躺在已有的财富上面休息，它同时在发展工业、

① ［英］张夏准：《富国的伪善：自由贸易的迷思与资本主义秘史》，74页，北京，社会科学文献出版社，2009。

发展军事、发展科技，因为它也清楚，保持国力强盛是金融资本强有力的后盾。

垄断金融资本的两面性决定了作为发展中国家应对的两种手段，就是既要学习又要防备。我们所要抵制、反对的不是金融资本正面积极的作用，不仅不能抵制和反对，而且还要努力使其在发展中国家发扬光大。金融资本发展与其他条件适当融合，能够创造更加文明、繁荣的社会。我们反对的是垄断性金融资本，它们不会成为建设性力量，反而会成为掠夺性势力，维护和巩固自身地位是它作为资本和权力的共同本质属性，它的贪婪、野心和强大力量，决定了它对于母国以外的人民和社会不会有任何怜悯之心。金融资本对本国科技的贡献方式、对工业的贡献方式、对创新的贡献方式、对激励的贡献方式，这些是后发国家在反思历史中应当汲取的人类智慧和精华。在本国应当为金融资本发展创造良好环境，资本发展应当有法制的保护，必须为其提供合理的稳定预期，必须保护私有财产，保护人身自由，让民族资本能够留在本国，能够安全地投资，获得合理的回报，能够对侵犯其产权的行为进行及时有效的追究，这样，资本就会成为一种建设性的力量。另一方面，要对国际垄断金融资本做好防范，国家金融命脉不能完全按照全球自由化和市场化的原则对外开放，不能由国际金融资本控制国家的核心产业和金融部门；对国内资本同样要防范其成为国家的垄断力量。

中国不少人主张中国像美国一样实行资本开放，资本来去自由，这样才有利于吸引外资，有利于资源的合理配置。部分学者真正具有自由主义思想，但不排除有的学者和社会知名人士已经成为国际金融垄断资本体系的代言人，以具有理论体系的建议、以国际机构高层领导人的地位与国内高层沟通交流，进而影响国家政策。他们位高权重，所提意见具有代表性，其利益已经与国际垄断资本结为一体，共同寻求在中国获得更大的垄断利益，对此，中国应当严加防范。中国金融资本与国际资本的地位严重不对等，那种以为对市场完全开放、与国际垄断金融资本平起平坐的想法在当前是纯粹的幻想。这种想法的荒谬之处在论述自由的部分还将讨论。

下面，我们将举例简述最近 30 多年国际金融资本在世界上的几次“辉煌”战果。

日本危机

日本在 20 世纪 80 年代的经济泡沫化，是美国压力与日本主动升值日元共同作用的结果，日本经济问题与其前后所有的国际金融资本造成的危机不同。在其他危机中，国际金融资本利用资本市场开放的机会，操作资本流动导致危机，发生国货币最终急剧贬值，产生恶性通货膨胀，而日本没有发生货币贬值，也没有急剧的通货膨胀，只是其发展速度长期陷入了经济紧缩的陷阱。

首先，日本经济发展源于其明治维新后的经济改革，它在二战前已经是世界强国之一；其次，战后其国内政治家着力发展经济，为经济发展指明了正确的道路；最后，源于美国在冷战时期对日本的大力支持，这包括对日本战争责任的豁免和在朝鲜战争期间向日本提供的大量订单。日本在二战期间从亚洲国家劫掠了巨额财富，因为美国战略的需要，不仅没有要求其赔偿受害国家，而且为日本保留了原来的企业和官僚队伍。与二战战败的德国一样，“德国和日本早在战败前是非常强的官僚制国家——在这两个国家，战争并没有彻底摧毁国家机器，而是几乎原封不动地一直保留着进入战后时期。……美国的占领过低估计了日本官僚机构的能力和团队精神，其作用充其量也只是在最高层改变了几个位置而已。”[①] 这使得战后日本在硬件基础、科技能力、人才等方面并不匮乏，为其能够快速从战争的破坏中恢复提供了条件。

从美国扶持日本的角度看，日本当前右倾势力抬头的根源在于美国对历史没有公正清算的态度。虽然美国参加了二战，且是受到侵略的受害国，但美国更像一个商人。在美国国际金融资本看来，二战后布雷顿森林体系的建立，对美国的战略意义要远远大于其在战争中的损失。日本的战争罪行对美国的影响要远远小于对东亚国家的影响，而日本战争为其带来了更大的战略利益。日本发动了对美战争，但美国没有经历类似欧亚各国遭受占领的切肤之痛，没有在其本土发生像在亚洲国家领土上发生的烧杀劫掠，所以，美国人对侵略战争的感受是无法与东亚国家人民的强烈感受相比的，其感情更像是出于对日本的报复。日本在太平洋战争前的侵华战争中曾获得美国的贸易帮助，日本却恩将仇报，美国这时的感受是被背叛的愤怒，报复过后，对于日本残暴的战争行径却无动于衷。在未彻底清算日本的战争罪行时，美国便拉拢日本进入了西方联盟，为日本右翼势力留下了修正历史的祸根。在世界主流思想谴责斯大林清洗的残暴时，美国政客却很少对

① ［美］弗朗西斯·福山：《国家构建：21世纪的国家治理与世界秩序》，37页，北京，中国社会科学出版社，2007。

残暴得多的日本历史进行彻底否定和清算，反而与之结盟，日本成为美国在远东的得力助手。

美国施大恩于日本，日本当然服从美国的利益安排。布雷顿森林体系崩溃后，美元虽然不断贬值，但是与日本的逆差却越来越大，日本在两次石油危机中并没有受到严重伤害，反而提高了生产效率，经济实力更加坚实。1985 年《广场协议》[①] 由当时主要的西方国家达成，同意联合干预外汇市场，使美元对其他主要货币汇率有秩序下调，主题是日元升值。这点与日本的野心不谋而合，日本希望将日元打造成如同美元一样的国际货币[②]，借此机会，顺理成章地主动升值了日元。日本希望同时抓住两只兔子，在日元快速升值时企图通过货币政策刺激因升值而萧条的经济，于是，又推出降低利率的举措，造成流动性泛滥，房地产、股市和海外投资飞速增长。当泡沫在 20 世纪 90 年代初被刺破的时候，日本躺在了盛宴过后的高额账单上。

美国在日元升值时期从 1986 年开始下调利率，这为日本泡沫增加了更多流动性，之后三年金融资本充分享受了在日本的盛宴，而美国 1989 年提高美元利率后，又强制执行 8%银行准备金的规则，流动性减少成为日本泡沫破灭的重要原因之一。《广场协议》的初衷是为了减少美国贸易赤字，在日元升值后的 1990 年，日本对美国贸易赤字非但没有减少，反而在 1991 年达到顺差 1 000 亿美元之巨。美国逆差问题不过是一个理由，事实证明，没有美元逆差，就没有美元的国际地位，美国只有不断增加逆差才能保证不断在世界增加美元的投放，美元才能占领世界经济领域。

墨西哥危机

墨西哥危机共有两次：一次是 1980 年美国为抑制国内通货膨胀将利率提高至 20%，墨西哥工业等受到极大冲击，以墨西哥为代表的拉美国家对美国的出口受到严重影响，而利率提高又导致美元回流美国；1982 年，墨西哥等负有大量美元债务的国家货币币值顷刻间崩溃，大量外资抽逃，债务危机爆发。美国当时组织

---

① 美国、日本、英国、法国及联邦德国等五个工业发达国家的财政部长和银行行长于美国纽约的广场饭店秘密会晤后，在 1985 年 9 月 22 日签署的协议。目的是联合干预外汇市场，使美元对日元及马克等主要货币有秩序性地下调，以解决美国巨额贸易赤字，从而导致日元大幅升值。

② 可资参考与比较的是当前中国国内是否也有人具有同样的雄心。

国际贷款化解了这次危机。为解决债务危机，金融资本借国际货币基金组织之便向债务国植入解决方案，这些方案与后来向其他国家推荐的危机解决方案基本相同，即要求政府削减预算，进一步私有化，进一步开放金融体系，进一步放开外汇管制和资本市场。

为达成暂时的债务解决方案，拉美国家推行新自由主义的经济体制，进一步推行市场化导向的经济改革。但经过债务重组的债务数额非但没有减少，反而急剧膨胀，例如有人统计，拉美国家 1986 年在原来 4 300 亿美元的债务总额基础上，除去合计 6 580 亿美元的还款本金和利息，仍欠债权人 8 820 亿美元。种种措施为 1994 年的危机埋下伏笔。

另一次是到了 1994 年，墨西哥外债高企，热钱涌入，而美国提高利率的举措又一次导致外汇大量流出，货币三天贬值 60%以上。这一次美国照旧伸出援手，美国财政部长提出 400 亿美元的救援方案被国会否决，为了挽救深陷危机之中的华尔街银行，也为了美国的战略利益，美国政府绕过国会动用稳定基金，与国际货币基金组织、世界银行、国际清算组织等金融机构共同化解了这次危机。

值得注意的是，墨西哥危机影响到美国的切身利益和战略宏图，美国政府动用一切力量化解危机，而在此之后的东南亚危机、俄罗斯货币危机中，这些远离美国地缘的国家就没有这么幸运了。

东南亚危机

1997 年国际金融资本家利用泰国等开放的外汇市场，综合利用汇率、期货、股票市场等进行金融立体战争。在危机之前，东南亚国家少量的外汇储备（主要是美元）不足以成为超级资金的博弈对手，这如同在赌桌上以一万元的赌资去和上千万元的赌资较量。金融资本充分利用东南亚国家国内的金融规则，在其经济状况暂时低迷的时候，放大危机影响，最终从泰国、印度尼西亚、新加坡、韩国的危机中既谋取经济利益，又获得经济自由化等政策红利。更重要的是，经此危机，一朝被蛇咬的各国以积极储备美元作为防范危机的手段，为美元输出提供了现实经验。

在经济危机期间，香港金融管理局采取严厉的行政手段，在中国政府的大力支援下，成功阻击了金融资本对香港金融市场的攻击。当时香港和国际市场一片哗然，有人甚至指出："香港的自由已死。"香港金融管理局沈联涛主席在演讲时指出："我们难以想象，美国政府会允许在纽约帝国大厦顶层会议室里的几个人将美元操纵。"事后证明，香港特别行政区政府采取了正确而果断的措施。现在看来，当时对香港地区的救助与2008年美国对金融机构的救助在规模上、强度上都不可同日而语。

当时马来西亚采取限制金融资本的措施同样受到了激烈争议，最后也证明，对国家来讲，临时管制措施是正确的决策。经过这些年的发展，当初所有没有听从国际货币基金组织的国家都抵制住了危机。

俄罗斯危机

1998年俄罗斯经济危机是国际金融资本在苏联解体后对俄罗斯的又一次掠夺。

在改革的实际操作者美国专家的谋划下，俄罗斯在1991—1994年急速实行了休克疗法式的私有化改革。当时，叶利钦总统令要由美国专家起草，美国律师参与制定法律条文和政府规章，美国财政部长指导俄财政部如何制定和执行经济政策，甚至俄罗斯当时的外长科济列夫曾经向美国前总统尼克松请教道："如果——您能给我们提供如何定义我们国家利益的建议，我将对您非常感激。"①

俄罗斯按照美国的民主、自由和私有化理想改革的结果却使它重回丛林社会②，使它从世界大同的自由美好理想回落到现实的强盗资本主义，外国资本与本国寡头合谋掠夺国家财富，人民的生活陷入贫穷和混乱之中。

对于1997年的俄罗斯经济来说，税收减少，短期国债无法循环，短期资本大量流出，当时俄罗斯的债务负担与现今美国和欧洲的债务负担相比相形见绌，只占国民生产总值的44%。这时国际货币基金组织承诺提供230亿美元的紧急援助，但条件依然是植入西方的金融改革、经济改革条件，当俄罗斯不愿意接受这些条件的时候，西方撤回了承诺。国际金融资本在之前高价借入卢布，随着俄经济形势的恶化，人们纷纷抛出手中的证券，金融资本收购这些资产后大肆做空俄经济，卢布贬值到原来价值的1/14 000，国际金融资本用借来的卢布购买了俄资产，又

---

① ［美］杰里夫·曼科夫：《大国政治的回归：俄罗斯的外交政策》，22页，北京，新华出版社，2011。

② 指弱肉强势、适者生存的社会，它否定人与人之间的平等，忽视人类社会的理智与情感。

用少量美元还清了高价借入而今已彻底贬值的卢布。在既无战争又无类似一战后英法对德的威胁的情况下，一个国家破产到如此地步，在人类历史上也是罕见的。有的国际金融资本如索罗斯量子基金[①]和另一家美国长期资本管理公司在经济崩毁中损失惨重，但因实行经济自由化而从俄流出的外汇，以及俄经济崩毁过程中遭到贱卖的资产，这笔巨大财富却足够填饱国际金融资本的饕餮胃口。

阿根廷危机

20世纪以来阿根廷共发生九次经济危机，而最近的一次是爆发于2001年的金融危机，是新自由主义又一次定向爆破的结果。

从1991年起，为遏制恶性通货膨胀，阿根廷货币比索与美元按照1：1的比价实行联系汇率制，并且在经济政策中完全接受"华盛顿共识"[②] 方案，放开外汇管制，美元的地位被简单地绑定，而比索根本没有美元的优势，在美元高估过程中，比索一同被高估，出口受到极大影响，进而经济低迷，税收下降，政府赤字上升。阿根廷政府更是放弃了国家的经济主权，在90年代上半叶，阿根廷追随"华盛顿共识"奉行全球化自由主义经济政策，将国有企业私有化卖给外国资本，得到了近200亿美元的外汇，获得了暂时的经济繁荣，官员既提高了政绩又获得了丰厚的腐败回扣。但当资产售罄后，西欧自由市场并没有向主要出口初级产品的阿开放，阿出口农产品等受阻，而且美元走强，阿出口的产品在国际市场价格低迷，外汇储备与外债之间的差距越来越大。同样地，国际货币基金组织在危机爆发过程中以政府未能控制赤字为由停止了援助贷款。阿根廷金融危机终于在2001年爆发，继而发展为经济危机和政治危机。在发生危机后，阿根廷总统数易其人，社会混乱，贫困人口大幅增长。

这些经济危机发生发展的程度、结果各有特色，对本国经济和民众生活造成了严重伤害，但各种危机有如下一些共同的基本特点：一是本国经济无法与当时实行的汇率制度相适应，经济领域的任何问题都可以成为国际金融资本寻求攻击的理由。二是都实行资本自由流动制度，不论短期资本还是长期资本，只要是资

---

① 全球著名的大规模对冲基金，美国金融家乔治·索罗斯旗下经营的五个对冲基金之一。量子基金是高风险基金，主要借款在世界范围内投资于股票、债券、外汇和商品。

② 指20世纪80年代以来位于华盛顿的三大机构——国际货币基金组织、世界银行和美国政府，根据20世纪80年代拉美国家减少政府干预、促进贸易和金融自由化的经验提出并形成的一系列政策主张。

本便为这些国家所愿意接受。它们进入该国后，如果发现经济脆弱的痕迹，便迅速成为反向力量，快速出逃，并带动当地国民、企业换汇出逃。比如，索罗斯所操控的资金具有对其他资金磁化的功能，它进入国家或者经济体，在判断形势后进行的操作如同将其他追求不同方向的资金瞬间磁化，统一重新确定正负极，在行动中具有共同的方向性。具有统一方向性的资本不再是自由市场的主体，而具有了强大的冲击力和破坏力，这些资本将以对未来的判断为依据来决定方向，正如“反身性理论”所揭示的那样，行为者的预判达到了自我实现。三是政府软弱无力，基本上都主动接受或并不强烈反对类似“华盛顿共识”的自由化方案，在发生危机时，组织不起强力政府，也无法团结国内力量对危机做出果断处置。

在这些国家发生危机的过程中，国际金融资本获得了巨大收益：危机国家的损失对应着国际资本收益，国际金融资本对汇率的操纵，高卖低买危机国家的货币，做空危机国的期货、股指，从中获取了高杠杆的收益；危机过后，危机国家以及未受到危机影响的国家都会以危机作为历史经验和教训，大力积累美元等外币作为储备，防止未来发生类似危机，结果是在世界范围内各国更加需要大量储备美元、欧元等外汇，而这些国家对美元的储备，在美国看来，就是需要美国增加对美元的投放，就是收取各国实物财富，其他国家防范危机的措施变相支持了美国的赤字政策。

第四章
全球化进程的货币金融灵魂

全球化下，西方国家的法律与发展中国家的法律，变为双方司法系统对接并输送财富的桥梁。

金融资本自由化是全球化的一部分，全球化是由政府、国际经济组织等全力推动的结果，实际上，西方金融资本是全球化体系中的核心力量，是实现全球化最重要的经济手段。所以，对于全球化中西方国家与发展中国家的逻辑联系，同样适用于西方金融资本。

全球化为世界描绘出一幅共同繁荣发展的美丽画卷，世界融为一体，各国之间、各国人民之间能够相互关联、相互依赖，平等交流，自由创造，共同建设美好的世界。伴随全球化浪潮的一定是自由化，包括投资、金融自由化，自由化通过市场经济规律必将创造出更多的财富，让更多的人受益，人类福祉的提高有赖于自由市场作用的充分发挥。

全球化以美国克林顿任总统时期的推广最为得力，但在苏联解体之前，由戈尔巴乔夫所宣扬的人类利益已经暗示了，美国自由主义式全球化战略将得到包括当时美国对手的认可和欢迎。戈尔巴乔夫表示："今天，我们进入了一个进步基于全人类利益的时代。认识到这一点，就需要政策制定者们也将全人类的价值置于首要地位——现在，只有实现全人类的共识，才可能在迈向世界新秩序的过程中取得新进展。”[①]

难怪戈尔巴乔夫能够将苏联拖入崩溃分解的境地，如此天真的政治家真是千载难寻。全球化理念应当根植于世界完全平等和自由的政治体制，而各国平等和自由却是以愿望代替现实的一厢情愿。毫无疑问，以美国为代表的西方国家将是全球化的核心和灵魂，只有它们包括跨国公司在内的企业和人员能够真正实现自由投资、自由收益，因为作为自由化的手段——金融资产和货币是由西方国家确立的秩序授以全球权力的。

西方所确立的国际经济秩序具有一定的积极意义，中国在这个体系中获得了长足的发展。这个体系没有让世界成为丛林社会，没有让世界沦入无政府状态，毕竟具有它的进步价值。

但是，不应当不适当地强调中国等发展中国家在其中获得的利益，虽然它对发展中国家来讲是重要的，但发展中国家在获得发展的同时，也为世界，尤其是为发达国家做出了更多的贡献，发达国家从这个体系中获取的财富、利益和控制权远远超出它们付出的代价。这是一种双赢格局，但即便是在双赢格局下，也存在着一方获利远多于另一方的情况。因为发展中国家的过度付出，才为自二战以后发达国家福利国家的建立、大众民主化的实行、人权事业的进步，以及西方社会消费主义的盛行创造了重要的外部条件。西方社会发展具有内部体制性的条件和原因，但就其外部而言，发展中国家为西方社会改革提供充分的伸展空间也是必要条件之一。存在着这样一种可能，发展中国家——尤其是中国——在这个体系中获得的利益将越来越大（尽管这种可能性值得高度怀疑），西方国家——尤其是美国——相对地位的降低使其产生严重的不安全感。它们认为，在双赢格局中类似中国等发展中国家获得了更多的利益份额，它们就会由合作双赢战略转向遏制战略，而其手段就是利用“民主”力量要求中国等国家对内奉行西方标准的人权、民主和自由，对外放开各种管制，实现金融自由化，在国家层面上承担与其发展状况相适应的责任和义务。

平等全球化中的不平等交易手段

国际秩序的推广是西方国家国内政治的自然延伸。西方国家推行符合其利益

---

① 戈尔巴乔夫 1988 年在联合国大会上的讲话。

的国际经济秩序，开始于美国和英国进行的福利制度变革。20世纪80年代初，里根和撒切尔夫人领导的新自由主义革命，主要任务是批判福利国家的低效率，主张实行私有化、放松管制及减税，强调个人主义价值。这种思想的哲学老师是奥地利学派的哈耶克，他认为市场信息分散在个人手中，应维护个人自由，让市场充分进行竞争，而计划经济则“通往奴役之路”。撒切尔夫人将哈耶克视为自己的精神教父，为挽救疲弱的英国经济，撒切尔夫人开始了英国自由主义革命，以财产神圣不可侵犯、自由企业、追求效率为原则建立了自由市场经济，将众多机构私有化，到1997年，英国政府所控制的煤炭、钢铁、天然气、电力、水、铁路、航空、电信、核电厂、石油、银行、造船和运输领域的大部分行业都已私有化，工会权力被削弱，政府放弃充分就业目标而建立了自由劳工市场，政府的主要作用是提供法律和规章框架，而其他所有资本要素则通过自由市场自我调整。

从19世纪起，美国在国内实行的就是放任主义，但那时放任主义与现在美国主张的全球化放任主义不同。当时美国自由市场是在保护主义及高关税壁垒的围栏之内运行，对外奉行的是高关税等保护主义政策，仅对内实行放任主义。二战期间及之后的20多年间，美国政府积极介入经济，修建高速公路，对经济活动进行各种形式的补贴，推动了社会改革。到里根主义盛行的时候，里根政府认为开明民主传统、社会福利以及对劳工的支持与美国个人主义自由和自由市场相互抵触，国家干涉主义注定在经济中失败。撒切尔夫人领导英国在经济上的成功、美国在主导与苏联、东欧国家的对抗中的胜利无疑为新自由主义提供了充分自信，美国在第一次海湾战争中发挥了领导作用，使其成为引领世界的权威。之后，由克林顿和布莱尔将新自由主义制度发扬光大，将其视为国际范围内一种真正应当予以贯彻执行的完整体系。

当然，建立这样一种全新的自由化体系不能由像英美这样的国家主体来承担，推广新的意识形态和经济法律制度的重担落在了国际货币基金组织和世界银行身上。它们本应促进国际金融稳定，但却成为无冕之王，成为国家经济结构重组、确立国际管理体系的幕后立法者，接管了很多国家宏观经济决策权。在建立放任主义的经济市场环境中，批判的武器不能代替武器的批判，自由主义思想和秩序传播恰恰需要国家的强力介入，以国家力量来促进国内立法的改变，对资源、劳动力等所有要素进行彻底市场化。所以，国际货币基金组织等国际机构借助发展中国家政府的力量，在发生危机的地方，通过介入危机、提供金融援助等手段，不失时机地植入新自由主义思想的法律制度和社会经济框架。从20世纪80年代的阿根廷危机到墨西哥经济危机，到亚洲经济危机，再到俄罗斯经济危机，世界上的发展中国家基本上都在危机的胁迫下对经济结构做出了重大变更，在以“华盛顿共识”为基本原则的意识形态下，所有资源、知识、土地和劳动力都以市场原则提供给那些愿意支付货币的主体，国家的任务是为此提供法律保障。《世界银行发展报告》指出，“如果没有对于人权和财产权的保护，以及一个全面的法律框架，任何平等的发展都是不可能的。政府必须要确保自身具备一个有效的系统，这些系统包括财产、合同、劳动力、破产、商业法规、个人法律权利及其他综合法律体系因素。”这种从个人和国家层面应当予以完善的观点无法不吸引民众，但如果其与全球化自由主义经济政策相融合，一个在国内以保护公民为目标的制度就会异化为拍卖本国经济体系的制度，因为自由不仅是一种权利，它更应是一种事实，事实不存在的地方权利就没有意义。“华盛顿共识”的核心主张是政府角色最小化、快速私有化和自由化，它主要有十个方面的内容，而我们认为最重要的是开放市场、放松对外资的限制、对国有企业实施私有化、放松政府管制及保护私人财产权。在拉美、俄罗斯，公共资源、社会管理产品被私有化后，很快就成为发达国家资本的囊中物，拉丁美洲的水厂、矿产资源、医院、学校等都成为私有化的产物。这些标的的私有化，是在平等主体的法律框架下完成的，但平等主体恰恰使用的是不平等的货币，所以，所谓平等主体在平等框架下的平等交易从根本上就是不平等的。对于管制这些交易的法律框架，却与西方实体和程序法律对接，由国际仲裁机构作为解决几乎所有重大项目纷争的方式。

中性法律演化为全球资本的护身符

对于完全开放的市场，金融资本进出、资本母国利率变动、资源所在国家的外汇存量、汇率波动幅度等等都能创造出赢者通吃的局面，法律表现是中性的，但在一个只有富者才有资格利用这个法律体系的情况下，法律变为发展中国家与发达国家司法系统对接并输送财富的桥梁。在发展中国家，对于财富的掠夺不仅是以资本形式进行的，而且独裁腐败的专制政府将国家财富据为己有，国内私人机构在其中中饱私囊，但是，“华盛顿共识”确实确立了一种法制环境，让资本在合法环境下顺利地获得财富。

值得一提的是，如同在美国国内金融资本并不受制于民主原则一样，掌握国际金融秩序的核心权力机构也不是以民主原则建立和运营的。国际货币基金组织、世界银行和世界贸易组织等作为布雷顿森林体系衍生的三大国际性组织，目前仍以美国为最大股东，所有的政策，不论是林毅夫等第三世界国家经济人士担任怎样的高官，其组织框架和核心思路仍然是美国资本的思想。在2008年金融海啸后，虽然对国际货币基金组织改革的呼声甚高，但直至目前，美国仍具有一票否决的权力。

在西方国家、国际组织和国内接受西方法律思想的精英共同推动下，法治成为一种为特定经济目标服务的体系，法律失去了其应有的公正、平等目标，实现了去价值观化，它应当是“市场友好”的，应当保护的是私有产权与企业，诸如植物品种、药物、公共文化遗产等都可以为发达国家的经济实体所掌握并确立新的产权，而对于它们成为私有产权带给原产权人的负面影响则不在考虑范围之内。①

在司法问题上，现实中的外国投资、国际合作体现的是发展中国家对司法主权的让渡和放弃。外商投资企业在具体产品质量、环保要求、劳动保护、资源获得方面按照国内法的标准执行，但是，一旦发生纠纷，几乎所有涉外合同的纠纷解决地都在域外，解决程序也都在域外进行，发展中国家的企业对国际法律的了解程度以及对法律仲裁的运用程度要远远落后于外资企业，这种表面平等损害了发展中国家的经济利益，但发展中国家没有任何对抗资本和能力。这形成了一种奇怪的逻辑，在需要外资企业付出社会成本的时候，外方执行的是发展中国家较低的行业标准，但是，在需要外资企业与国内企业适用同样的国内法制环境的时候，外方又适用了对己方有利的高昂成本的国际司法体系。苹果公司保修事件正是外国公司利用国内标准不完备而对中国消费者逃避责任的例子。

对于国家的法治体系，虽然不能予以强制变更，但在各国法律之间，精明的律师和国际机构仍然能够寻求到逃避缴纳税负的聪明办法，他们利用各个国家法

① 参见［美］乌戈·马太劳拉·纳德：《西方的掠夺：当法治非法时》，第4章，北京，社会科学文献出版社，2012。

律制度的多样化，通过在避税港如开曼群岛或者毛里求斯、百慕大等小国或地区设立控股公司，与在其他发展中国家投资的公司进行关联交易，而将收入和利润转移到这些避税天堂。且不论在发展中国家众多避税措施基本师从于发达国家，即便在发达国家，国际企业同样采取各种手段规避税收，例如星巴克在英国的收入近48亿美元，十多年却仅纳税1 300多万美元。① 这些公司甚至在出让资产的时候，直接将这些避税港公司转让。避税港公司实际控制发展中国家实体公司的股权。这种交易结构在发展中国家内部没有体现出任何变化。尽管收益巨大，但却避免了在真实资产所在国应缴纳的收益税负。2010年在外资新桥公司向香港上市公司平安公司以换股方式对深发展控制权的转让中，新桥溢价达150亿元体现在香港公司的股价上，但新桥公司就其收益所得在中国有没有纳税呢？公开资料没有显示。高盛公司转让其间接持有双汇发展公司的股权完全在海外进行，它是否就基于中国资产转让的所得交税？这也没有公开披露。

市场一元化占领发展中国家话语权

在构筑以西方体系为蓝本的世界法律体系过程中，发展中国家的社会精英发挥了重要作用。西方国家为发展中国家培训了精英阶层，他们大部分接受西方，尤其是英美的教育，然后在发展中国家机构和国际机构中任职。这种任命具有相当的垄断性，即只有接受西方国家思想体系，且以此在发展中国家享有威望的人才能够获得这些职务。在国际上，这些精英占据了金融和政策机构的重要位置，不过是表明国际机构高层位置对边缘国家开放，但他们在政策制定和实际执行中却效仿了西方国家的思维。在国内，他们又可借助国际上的声望为自己在国内宣传提供可信度和号召力。②

西方市场化教育虽然鼓励开放和多元，但其扎根于西方自由市场的社会现实，决定了为这个社会服务的知识体系占据统治地位，更何况这一体系在其所服务的社会中符合现实的需要，这就更增加了此知识体系的权威性和实用性。批判社会

① 参见《星巴克逃税犯众怒　税务部拿他没办法》，载《金融界》，2012-10-25，http://finance.jrj.com.cn/biz/2012/10/25064714566929.shtml。

② 参见［美］乌戈·马太劳拉·纳德：《西方的掠夺：当法治非法时》，116页，北京，社会科学文献出版社，2012。

的思想不是没有，但不会成为主流，甚至连对主流思想的影响都根本不会存在。特定的知识能够被垄断吗？在某种程度上，知识受传播途径、教育考核方法，及由特定知识结构所构成的任职条件所约束，这些因素都将特定知识予以规范化，甚至形成传授、学习、工作及担任重要职务的硬性条件，进而垄断了知识传播。在任何社会，学习和接受知识都需要社会体系的全面配合，需要学习者付出大量的精力和时间，而教育机构从社会总资源中划分出部分资源，为学习者提供具体教学条件，当特定知识成为教育的主要内容时，其他更为广阔的批判性的知识和视野就难以进入正式教育。这点在过去中国科举考试中体现得很明显，科举考试制度限制了整个社会中教育部门提供更广博知识体系的能力。现代西方知识体系虽然不会如此僵化，但在实用性和与西方体制结合方面，特定知识结构仍然占据核心主导地位，这对符合弱势国家利益的思想创造和传播构成了障碍。

西方在发展中国家建立符合自由主义的市场经济的法制，但这些法律体系只是反应性的机构，而非主动寻求公平公正的机构。主动性机构的责任应由立法机构和行政机构来承担，但西方所宣传的民主往往在发展中国家或者难以实现，或者以附庸于西方势力的面貌出现。西方对社会所适应的多元主义及社会开放性的宣传是基于西方模式下的开放性和多元化，这种所谓的多元化仅仅是掩盖物，隐蔽了个人主义和强大私有经济控制社会的一元化实质。真正涉及各个国家的多元化时，西方发达国家则立即提出它是落后的、缺失现代性的。当今世界各地的改造和进步并没有什么多元化空间，而是在西方一元化实质指导下进行的。非洲和伊斯兰世界长期的文化习俗和亲属结构等以族群为中心的社会结构被打烂或者撕裂，而由此产生的动乱和不稳定西方国家却放任不管。发展中国家特殊的经济发展情况、不平等的货币金融体系等特殊性理论和实践，在西方开放和多元化思想下难觅踪迹，也无法形成足够的力量对国民予以教育，只有在既成损害事实的情况下，拉美等一些国家才能发展出反对西方霸权的社会思想，但经济体制和运转体系却难以改变。

社会碎片化为赢者提供源源不断的养料

新自由主义的推广和全球化，造成社会状况的巨大变化，变化之一是导致社会的碎片化。社会碎片化是指个体单位的充分流动和变化使社会缺乏组织和集体感，人成为由个人主义思想指导行动的人，社会因为个人主义盛行而缺少组织性的团体（所谓的非政府组织没有任何约束力），构成社会的主体原子化了，彼此难以融合。工作岗位不稳定，职业也不稳定，人员流动和外包服务使西方国家的就业更加难以把握。也许碎片化本身就是市场经济的必然结果之一，在促进资源的合理分配和整合方面具有重要意义。

社会不应当仅仅将经济指标作为单一的目的，在涉及人的意义方面，经济指标仅仅是衡量社会意义的一个方面，政治目标、文化目标都是不可忽视的重要方面。个人主义导致个人在自我意义上实现了独立和自由，但是缺少能够凝结共同意愿的组织，缺少具有共同利益的联合，在发展中国家，相对于企业、相对于外国资本，则是大大地削弱了劳动阶层的对话能力。新自由主义为什么强调“个人自由”？个人自由固然易于被无意于组织思想的个人所理解和赞同，但同时，强调个人也致使个人之间无法黏合成为坚固的整体。在社会中，众多个人虽然具有同样的情感、处境、经历和愿望，但个人缺乏资本，他们无法形成真正的政治力量。有人可能会举出“阿拉伯之春”的例子，说明通过现代通信的联合，个人以微博、短信等形式已经彻底改变了政治演变方式。实际情况是，现代信息技术提供了人们快速交流的途径，但对于组织力量却难以提供任何帮助，所以，埃及革命中，并非发起者的穆斯林兄弟会由于具有宗教和基层组织力量，反而成为民众运动的赢家。其他国家，如在突尼斯、巴林等国，民众只是知道不要什么，但却无法组织起有效的团体，在理想与愿望之间架起桥梁。

从某种程度上看，个人自由意味着整个阶层的不自由，个人是自由的，但也正因为自由，个人也是软弱的。虽然资本主义国家允许自由设立政党，但政党在其社会中也以松散的联合为特点，个人加入党派的意识更多属于自发倾向性，而非理论自觉和系统知识的确认，所以，在发达国家，政党之间政策的差别并不突出。这构成某种讽刺，为追求个人主义的思想落实到现实，却只能实现个人层次上的某种自由，他可以决定想要的生活方式，但却无法变革生活环境。而在个人意志需要组织力量、需要联合行动的情况下，其所追求的个人意志只能成为个人的某种幻想，因为它缺少集合能力。

由于个人环境与愿望的巨大差距，个人又容易受到美好理想的鼓动，多数人并不了解政治生活的实质，却容易接受外界施加的单纯目标，其中民主是最蛊惑人心的一个。俄罗斯选举、中亚地区的“颜色革命”①，这些运动中，受到美国等政治势力暗示或鼓动的成分要远远高于民众所能真实理解的诉求意义。

社会企业表面上是个人自由的放大化，是在经济实体层面上的个体自由，但所有者和管理者控制巨大的资本力量。发达国家中，跨国公司的实力往往超过中等国家，它们又是高度组织化的，从教育体系、思想库到经济实体，选择性地提拔人才使这些机构成为具有超级组织力的单位，而且这些实体的领导人物思想相近、教育相同、利益相符，他们对事务和社会运转逻辑的认识要远远超过个人主义的幻想。单单苹果公司、谷歌公司的市值就超过 5 000 亿美元，类似的公司极易联合起来，而它们的联合却能形成控制性的社会力量。美国中情局雇员斯诺登披露各大电子网络公司帮助美国政府进行网络信息筛选；又比如索罗斯，他联合调动和协调的资金能够与英国政府抗衡，能够让东南亚国家经济失控，这些都能够成为社会的真实控制力量，而这又是新自由主义经济发展的必然结果。

同时，企业在新自由主义实践中也具有碎片化倾向。第一，以金融手段控制的企业范围已经无限扩展，不仅竞争性行业，即便提供公共产品的行业也完全私有化了，电信、交通、水、电、矿产资源等等，这些具有垄断性的公共领域随着自由主义市场经济的发展而全面向金融资本开放，私人资本的进入提高了效率；第二，由于公共产品的提供具有天然垄断性，很多公司在出让给私人资本，尤其是外国资本后，价格上涨成为普遍现象，如在南美的电厂、通信公司等，中国一些城市水厂等，由国外资本接管后价格的提升降低了当地人民的生活水平；第三，资源的稀缺性与社会发展需求的无限性永远是人类社会的主要矛盾之一，一些重要资源私有化成为国际金融资本控制国家经济的重要手段，比如必和必拓公司和力拓公司对铁矿石的垄断导致中国钢铁企业普遍亏损；第四，随着资本市场发展和公司资本多样化，公司股东人数众多，企业借助证券化已经成为可以迅速拆解、买卖的对象，金融市场无限畅通，为国际资本对企业收购和出让提供了便捷通道；第五，股东成为可以快速逃离的利益相关者，他们的处境反而优于企业债权人和员工，与过去极为不同的是，股东不再轻易成为最后责任人，企业成为股东获取

① 又名“色彩革命”、“彩色革命”、“广场革命”，指的是自 2003 年 11 月格鲁吉亚“玫瑰革命”以来，在中亚地区接连发生的多起政权更迭事件。

短期利益的手段。

资本不平等构成对社会的掠夺

凭借上述这些模式，在国际社会描绘了一套逐步成形的蓝图，发达国家在向发展中国家通过金融手段输出资本时，这些资本不再受到国家和民族的限制，它们像洪水一般冲入发展中国家，在发展中国家的开放市场上，以市场经济法则和平等面貌取得了重要资产的控制权。而在发达国家本国，由于奉行市场化逻辑，它们高昂的人力成本不是其他国家的竞争对手，生产日益外包，资本追逐最大化的收益，一方面发达国家制造类企业日渐衰落，另一方面，证券市场中的代表性公司却红利丰厚，证券所有者的富裕程度不断提高，造成了发达国家尤其是美国的极度贫富分化。

同时，资本输入国接受了发达国家建议的改革方案，敞开国门，让一切自由地买卖、流动，国家经济便如同漂泊在大进大出资本上的小船，状况忽好忽坏，不稳定的经济导致不稳定的社会，本地精英却能够随着资本自由化管道成为发达国家的编外公民。当这些国家从颠簸的经济状况中清醒的时候，民族主义、民粹主义成为民众的需求和保护手段，如委内瑞拉的查韦斯、俄罗斯的普京，在他们寻求本国民族利益并需要采取“非民主的手段”的时候，发达国家就指责他们独裁、专制。

西方以普世、永恒的价值观掩盖了这种事实，即其资本并非普世、平等自由地为其他国家所获取，而恰恰是民族的、国家的。西方打着自由主义的旗号，进入发展中国家的市场，执行发达国家确立的国际规范准则，在此基础上发展中国家希望获取成功，不是不可能，但将付出极大的代价和努力。在这些规则及经济运行的筹码中，没有发展中国家快速实现民主的可能。西方民主价值观具有的普世性如果确实存在的话，在建设世界范围的国际自由市场的过程中，西方能否将民主制度中一人一票原则赋予发展中国家的民众？能否想象，整个世界的经济制度通过全世界范围的选举来决定其框架？能否让所有其他国家的人民与美国民众共同决定世界政策？这些是幻想，因为其结果不会符合发达国家的民族利益，反而会剥夺西方金融资本的优势地位，所以西方社会从上到下不会与发展中国家民众共同享有这样的“民主权利”。

在西方确立的世界秩序中，也有发展中国家成功的范例，但它们往往是例外，是各种因素齐备、各种相关条件完美配合的结果，而绝不是单纯地实施完全自由化和民主制度的结果，也正因为如此，成功的国家是少数，而受制于普遍现有的国际经济规则、无法获得全面发展的情况却是普遍的。大多数国家经济总量获得了高速增长，但在其发展过程中，也为西方提供了无限、巨大的利益。在某种程度上，可以称为共赢，但却是不平等的共赢，是在付出巨大代价后获得的有限进步。这种进步一方面证明了市场经济的有效性，另一方面，又掩盖了不公平国际经济秩序的残酷性。在众多发展中国家中，抛开其他因素，成功的发展中国家有两个条件是其能够得以发展的重要原因：国民的爱国主义精神和社会上层对本国的发展雄心。

所以，全球化不是各国民主的结果，而是在世界经济体系中，具有绝对权力的发达国家——尤其是美国——利益的外部化诉求，全球化是政治规划的结果，不是一种自然状态。正如同英国在 19 世纪确立起来的自由主义的治理方式一样，当时英国国内正是缺少全民民主制度才能够得以推行自由主义的方法，如果当时就已确立如今的大众民主，那么所谓的自由主义在英国国内就无法建立。约翰·格雷指出：“在任何社会，市场受到约束都是正常的，自由市场反而是在政府强制力之下人为设计的非正常产品。……自由市场不是社会进化的礼物，它是社会工程和坚定的政治意愿的最终产物。自由市场之所以能够在 19 世纪的英国施行，仅仅因为当时民主制度功能缺失，这也是其得以产生的充分条件。”①

如果理解了世界经济全球化的政治经济逻辑，就能够明白西方国家在其中处于何等有利的地位。而在所有的资本当中，金融资本又是受益于全球化最高的资本形式。金融资本具有将一切资产碎片化的能力，从公司股权到公司债券，直至私人房屋抵押贷款和由此衍生的保险，金融资本都能够将其分割、拆解，然后再打包出售。金融资本成为控制性力量，世界财富成为其账面上的数字，它一边向核心地区输送巨额财富，一边又从心脏地区的微小波动中获取冲击世界其余部分的巨大能量。它将美联储公布的只言片语、利率的微小波动演化为滔天的市场能量，其他国家市场上的一切价格和兴衰都随之而变。这是可怕的裂变，掌握核心权力的却是金融资本。

① ［英］约翰·格雷：《伪黎明》，19 页，北京，中信出版社，2011。

第五章
货币金融资本美化普世价值

西方金融霸权破坏了市场经济规律，美化了西方普世价值。

金融霸权，在最近十年才为国内所认识和讨论，但它对美国的意义、对中国和其他发展中国家的影响，许多人还是没有看清楚。他们认为这离生活很遥远，只要不出国、不与外国人交往，金融霸权就和我们没有任何关系。这种观点是不了解现实世界运转的逻辑。我们在这里对美元金融霸权的影响和意义做一个简单分析，让人们了解和分析身边的诸多现象。

主权货币破坏了经济规律

市场经济的重要特点之一在于自由平等的商品交换，货币在其中充当价值尺度。作为尺度，标准统一是应有之意，尺度应当保持一定的稳定，而一国货币作为主权信用标的的同时又成为信心的衡量物，在国际层面其价值尺度不再以货币的内在价值为标准，而是仰赖于主权的信用与社会信心程度。

西方经济学认为价格体系是由效用导致供求关系决定的，劳动成本在商品中的意义并不重要。极端例子如体育明星、影视明星，他们的收入与培养他们的成本无关，而与他们特殊技能的稀缺性密切相关。供求关系决定了，如果供应增加，需求不足，价格自然下降；如果供应小于需求，价格就会上升，价格是供求关系的反映。以此推而广之，汇率是各国之间货币供求的价格表现，美元能够处于当前地位，是世界对美元的需求所致。如果这种理论成立的话，我们就应该探讨对美元的需求是如何形成的。前文我们已经介绍了美元需求的世界逻辑。另外，美元需求成为其自我实现的逻辑，即美元支持了美国的霸权，而美国霸权又保证了美元需求，这是一种虚幻的以安全想象为目标的需求。依赖于对美元虚幻需求而确定的美元地位，构成了世界国与国之间商品交换的尺度。除美国之外，也许其他国家之间以美元计价商品具有一定的可比性，但任何其他国家的商品与美国的商品之间，已经缺乏了客观的价值尺度。

在古典经济学鼻祖亚当·斯密、李嘉图等人那里，绝对优势和比较优势是国与国之间分工和自由贸易的基础，国际之间的劳动分工能够形成互利共赢的局面。虽然后来对此发展出更为复杂、系统的理论，但为贸易双方共同利益进行国际分工仍然是对外开放的指导思想。而在美元霸权情形下，美元的比较优势变为美国的强大和信用，美国的强大和信用能够给予贸易方什么“互利共赢”的结果呢？是美国学者所述的“中美国”理想吗？即中国负责生产、制造，而美国负责消费？国家信用在国与国之间是某种虚无缥缈的东西，为了诸如国家安全、民主、人权等等上升为国家利益的理由，在政治权力上，历史中很少有国家拘泥于信用形成的约束。历史表明，美元需求一方面是稳定的经济状况下各国以美元进行储备、投资和结算的结果，另一方面，在出现某种情况导致丧失对美元的信心的时候，美元又是美国直接制造危机并创造美元需求的结果。所以，从某种程度上说，从经济学的角度看，美元霸权打碎了国际贸易分工以追求互利共赢结果的理论基础。

虚幻的货币同时虚幻了经济政策

经济学将一国经济政策对他国的影响称作溢出效应，也称为经济政策的外部性特点，它是指经济政策虽然针对本国制定，但在实施过程中，因为本国与他国之间存在某种联系，政策的执行效果会影响到他国经济状况。美联储、美国财政部对美国经济政策的调整也会影响其他国家，但我们认为这不应该属于“溢出效应”。所谓溢出者，先满而后溢出，也就是说，美国经济政策应当对本国发生效应后才对他国经济发生影响，或者至少应当对两者同时产生影响。而在实际的经济运转过程中，美联储、美财政部的一些重大经济政策、货币政策，还没有对美国本国发生作用，或者对本国的效应还相当微弱，但却在其他国家的经济领域产生了重大影响，我们将其称之为“漏出效应”更为合适，就像容器本身还没有装满，但已经将容器外部的地方淹没了。

这是由美元的特殊性质决定的：美元既是国家货币，又充当了国际储备货币，这种双重性质决定了，美国所有针对美元的政策既影响美国，同时也影响了其他与美元有关联的经济体。在将美元作为储备货币的其他国家持有的美元总量相对美国国内的货币总量比例较低的时候，美国经济政策对国内影响更加直接和明显，对国外影响则较为缓慢；而在其他国家美元持有总量与在美国国内货币总量比例相当甚至更大、流动更为迅速的情况下，美国经济政策影响更多的将是与美元有关的经济体。当前，美元在美国国外流通的比例已经达到60%，美国经济政策对于国外的影响要超过对于国内的作用。

典型的事例是格林斯潘和伯南克的低利率政策。格林斯潘和伯南克作为美联储主席一味降低利率，其理由是通货膨胀极低，而经济增长并不理想，所以需要以低利率刺激经济增长。伯南克甚至被誉以“直升机的伯南克”，因其曾放出豪言，如果经济不能有起色，他宁可从直升机上向下撒钞票。① 美国以美元从世界各地进口商品，美国国内商品有相当比例是从国外进口的，而国外商品的价格是世界各地综合生产因素累计的结果，美国的通胀率需要经过世界经济体循环过滤才能体现在美国本土的经济指标中，所以在美元成为国际贸易的主要储备和支付手段后，以通胀率来判断美国物价水平合理不合理，就成为了荒谬的理论，这就如同站在高山上却奇怪脚下怎么没有湖泊一样。无论是低利率、扭曲操作，还是量化宽松第一期、第二期、第三期等等，它们的政策效果都是向世界释放了巨额货币。

宽松货币政策降低了资金成本，在美国明显地刺激了消费，但却不能成比例地刺激投资。更有可能受美国刺激消费影响的是向美欧市场出口产品的生产国，这些国家感受到了美国的强劲需求，为争取进一步扩大出口，必须扩大投资生产，

① 20世纪美联储主席斯特朗曾放言可以在大街上撒钞票，与伯南克的直升机撒钞票异曲同工。

所以美国政策会刺激这些国家的经济活跃度。这些国家的生产快速增长，又形成对原材料、高端机械设备等的扩张需求，这带动了巴西、澳大利亚、加拿大、德国、俄罗斯等国的原材料和高端设备出口。

随着生产制造型国家，比如中国，对原材料的大量需求冲击供需平衡后，供给方提高原材料价格；美欧已将主要生产制造外移给生产型国家，进口多为产成品，所以在原材料价格提高后的相当长时期内对此并不敏感，在原材料涨价初期感受不到大宗商品价格上涨对其国内的影响。像中国这样的国家，生产商最先感受到原材料价格上涨的压力，但只有在供方实在无法产生利润的时候，美国需方才接受供方涨价，这等于变相由出口国消化了一部分通胀成本（间或产生提高效率和产业升级的作用）。当多数最终成品在美欧市场上涨价时，美元泛滥已经达到相当规模了。在其他国家推高价格后，美国市场价格上涨才最后反映出来，美联储才会根据其国内价格水平制定新的利率政策。在这个阶段，原材料出口国和产品制造国已经吸收了大量的美元、欧元，而且供需两旺带动了经济的进一步过热，通货膨胀却居高不下，社会各种矛盾日益加剧。而风暴的策源地，却是风平浪静、幸福祥和。

这就是美国经济政策的漏出效果。美元处于各种货币的制高点，它是风浪的源头，但却是安全的港湾。所以，世界经济出现一个奇怪现象：原来的货币主义政策、凯恩斯主义方法在当今经济生活中都失灵了。发达国家无论怎样降低利率，国内的生产性投资还是难以有所起色，降低利率的后果更多地体现在消费领域。消费在国内带动的相应的服务活动日趋活跃，如健康护理和社会救助、临时家政服务、住宿与食品服务、公共服务等等，结果是一方面生产日趋下滑，另一方面支出增长体现为GDP的不断增长。[①] 这种服务类就业体现的增长不具有稳定性和黏性，一旦经济形势转向紧缩，这些机构就可能倒闭或者裁员，经济刺激对服务类活动的刺激与对生产性行业的刺激体现出不同的效果。所以，包括格林斯潘、伯南克在内的决策者如果只是根据就业等数据的高低、国内数据指标来制定政策，有意忽视现代金融和自由化现实对过去理论的冲击，没有具体分析发展的新情况，那么制定的政策必定如刻舟求剑不能达到其目标。

目前伯南克又在重复2008年金融海啸前格林斯潘在任时的经济政策，利率降

① 参见［美］安迪森·维金：《美元的坠落》，29页，广东，广东经济出版社，2006。

低，向市场释放大量流动性。由于美元处于高位，美国经济刺激政策的效果就像给低位货币国家的经济注水，而美国却迟迟感受不到通货膨胀的效果。注入的流动性通过贸易赤字、资本流动、大宗商品交易等转入制造业国家和原材料国家，往往这些国家和地区的银根主动或被动地处于宽松状态，加上美国为代表的资金流入，表现出经济高速发展、社会繁荣、资产价格不断攀升的特点。往往在这时，各大银行、投资公司的研究部门、国家智库、科研院所、行政部门同时看好新兴发展中国家的经济前景，并做出种种乐观预测。周期性特点决定了盛宴并不会长久，当美国的刺激手段经过世界循环增加了美国国家和民众债务负担，国家和国民债务达到相当程度的时候，往往也是生产制造类国家通货膨胀传导到美国的时候。美国又根据本国经济数据认定通货膨胀达到了“不可忍受”的地步，进而开始加息收紧银根。这又导致世界各地的游资快速抽回到美国，从而形成了实体经济消费领域和虚拟经济金融领域同时紧缩，减少了对制造类国家和原材料国家的产品需求和资金供给。往往巧合的是，这些国家的经济因为过热和通胀问题，政府开始采取紧缩措施，对于像中国这样的新兴国家，美元的作用往往体现为雪上加霜。

当然，上述效果的显现部分取决于低位货币国家应对是否合适，如果制造类国家和原材料生产国提前预判、逆市场操作，结果影响可能会小一些，但美元霸权对世界的影响是绝对的。

从这里我们看到，肇始于2011年因突尼斯青年自焚事件而引发的“阿拉伯之春”，一方面是阿拉伯国家国内因素导致的，这些国家在政治上不够开明民主，经济上官商勾结、腐败成风，导致民众不满，但另一方面，点燃运动火焰的源头却是远在万里之外的美国经济政策。各国粮食涨价、汽油费用高升，通货膨胀严重，生活水平下降等等，自然有本国政府管理不善的原因，但是，从世界范围内的通货膨胀到影响阿拉伯世界普通民众的日常生活，这也是中东、北非国家的现实宿命。它们在国际经济体系循环中成为绝对受损的一方，经济状况不佳是外部环境与内部条件共同作用的结果，这样的逻辑简单而又清楚，可受到影响的却是这些发展中国家。所以，在“阿拉伯之春”之后的两年里，像埃及这些国家并没有因为进行了民主选举而在经济上有任何起色，在穆尔西就职总统后的一周年纪念日，却是上百万埃及人对现任政府的抗议；巴西左翼政府同样无法解决国内的通货膨胀和国民不满等问题，经济紧缩和通货膨胀等经济问题成为现任政府的能力评价指标，可真正导致这种局面的却可能是美欧等中心国家的货币政策。从这些事例中我们看到，民主与经济之间的联系已经被国际经济秩序污染了，国内政策难以在实际执行中按照制定者的设想实现。

正如同诺贝尔和平奖具有政治意图一样，诺贝尔经济学奖往往也代表着政策倾向，弗里德曼等鼓吹的完全自由化理论一时成为世界经济的通用规则，但在西方，也有伟大的经济学家并没有获得诺贝尔经济学奖，却道出了世界经济的某些规律。美国经济学家明斯基即是一位，他对金融危机的发展规律进行了深刻研究。他指出，稳定会导致不稳定。某种环境或趋势持续的时间越长，越让我们感觉舒适安逸，当这种环境或趋势到头时，修正幅度就会越大。长期宏观经济稳定的问题在于，它往往会制造出极为不稳定的金融安排。如果认为明天或者明年与昨天或者去年一样，那么，人们就更愿意为当前消费去增加债务或推迟储蓄计划。投资资本经历过金融系统的运转后，从原来能够收回投资逐渐转为依赖于投机性行为收回投资，最后在无法收回投资的情况下只有依赖于不断地发行新债来偿还旧债，成为名副其实的庞氏骗局①。一种趋势确立后，从开始的良好状态到最后崩溃需要一个不断发展的过程，而出现问题时与真正的原因相隔很远，这是由系统本身具有的潜在的不确定性决定的。② 美国的债务似乎仅是法律关系上的义务，实际上，美国发行几十年、上百年的债券，这与发行货币没有什么区别，只是在法律上仍称之为债务而已。这样的数据掩盖的是其实际发行货币的规模，形成国家规模的庞氏骗局。

明斯基是在资本主义体系内讨论金融稳定问题的，而当前，以美元为主的金融系统已将其体系扩展到全世界，这个从稳定到不稳定的周期变为一个超级周期。超级周期影响的范围扩大，资金运转的规模巨大，当其修正的时候，必然导致经济波动性更为剧烈，对人们生活的影响也将更为深远。在这个周期中予以补救的措施，需要危机源头做出适当的牺牲，需要政策制定者能够抵制住政治方面的压力，需要承担刺破脓包的不受欢迎的角色，但现实却往往是以新的更为激进的手

---

① 一种常见的投资诈骗，简言之就是利用新投资人的钱来向之前的投资者支付利息和短期回报，以制造赚钱的假象进而骗取更多的投资。

② 参见［美］约翰·莫尔丁、［英］乔纳森·泰珀：《终局：看懂全球债务危机》，26～27页，北京，机械工业出版社，2012。

段补救问题。出台负责担当的、违逆普遍民众从众愿望的措施，又需要与具体的国家政治制度结合起来。结合我们在下文中所讨论的民主在新时代的特色，资本主义核心国家一再向世界释放风险，其在金融危机中将扩散多少危机成本也就清楚了。

当然，在这个周期中技术将不断进步，随着生产率的提高，通货膨胀在某种程度上是合理的。前文我们已经介绍过通胀的合理性问题，我们都生活在历史已经创造的美好生活中，如果没有前人的创造和继承，那么要达到现有生活状态将要付出天文数字的高成本。设想一下，如果人们在各个方面都没有任何积累，那么生产一部手机将花费怎样高昂的成本，每个最细小的零件都是整个工业体系综合产出的结果。但是，技术进步速度能否与通货膨胀速度相匹配，在良性通胀与技术进步之间能否得到良好的平衡，是经济是否会发生危机的重要因素之一。现实中，我们看到，西方国家无法做到两者之间的平衡，而是通过民主制度和现代金融体系，将这种不平衡无限扩大到世界范围，最终构成了对发展中国家的掠夺和剥削。

美国站在巨额财富之巅

200多年前，世界还是分裂的，各国之间基本上处于隔绝状态，而如今，世界已经发展为一个体系，各个国家成为这个体系的组成部分。相对于发达国家的发展路径，在过去相互独立状态下的发展规律放在当今世界中，发展中国家已经失去了其腾挪的空间，任何国家对内对外政策都在影响体系内的其他部分。作为该体系的国际社会并非是“平的”，各国在政治经济地位上并不平等。沃勒斯坦和埃及学者萨米尔·阿明指出，世界体系存在着三个经济区域：核心地区、半边缘地区和边缘地区，而财富由边缘地区不断被转移到核心地区，这种关系不仅是剥削关系，也是一种依附关系，边缘地区的发展依附于核心地区的发展。全球化让核心地区国家扩展和加强自己，而其他国家的发展却是核心国家扩展和发展的反映。

二战后布雷顿森林体系就是在货币基础上建立的这一核心—边缘体系，美国的核心地位带动了欧洲和日本的发展，然后是东亚其他国家的发展，中国的发展也是该体系的一部分，冷战之后，东欧和俄罗斯也加入进来了。

美元体系虽然是一种霸权体系，但依赖美元体系，最近几十年在全球化过程中，各国经济仍获得了快速的发展，可这种发展是以不伤害美元资本的核心利益为前提的。包括中国在内的发展中国家在进行市场经济改革的过程中，大量利用了世界资本的逐利本性，为发展创造了条件和空间。在利用外资方面，中国具备一定的条件：（1）原来中国一穷二白，经济基础薄弱，发展提升空间巨大，西方资本同时带来技术和管理，创造了绝对财富；（2）中国廉价劳动力和土地资源、环保成本提高了生产效率；（3）中国的发展与西方经济发展具有一定互补性。

中国经过30多年市场经济的发展，在绝对财富方面和相对财富方面都获得了长足增长，取得了举世瞩目的成就，主要原因在于按照市场经济规律发展经济，但在融入世界经济体系的过程中，充分利用外资是国家取得经济成就的一个重要条件。在中国发展的同时，资本获得了更多的价值转移，以美元为核心的美国等国家从中获得了更多财富。

在现有体系下发展中国家的发展不是无限的，当发展到一定程度和水平的时候，以美元为核心的资本会变成阻碍产业继续发展的因素。因为有实力的企业和高端人才掌握在这些资本手中。企业是技术开发的主体，外国资本不愿将核心技术转移到发展中国家，同时又因其在发展中国家具有竞争优势的地位，从而有能力阻碍发展中国家的技术开发。所以发展中国家在开放初期，其所有引进的技术在发展中国家都被视为是先进的，但经过正常发展后需要进一步引入外资所在国更为核心的企业技术时，却会遇到阻碍，发展中国家的产业升级则难以实现。发达国家向发展中国家进行技术和产业的下行性梯次转移，使发展中国家科技开发体系、工业升级的空间受到压制。

有人会提出，发展中国家也可以赚取外汇啊！部分发展中国家的企业家能够获得外币资本不假，但发展中国家作为国家这一整体要想通过劳动创造财富以满足西方国家通过印钞机对财富的需求，是难以实现的。虽然西方国家存在中央银行、财政部及立法机构等制约力量，但不论它们的领导人如何表态，理论界和实务专家如何争论，在西方国家出现危机时依靠释放货币、稀释自身债务是政策的不二法则，在无其他方法解决当下困难的时候，政策的最终落脚点必然在此。虽然发展中国家也通过通货膨胀的方式解决国家债务问题，但不论如何，它的货币政策无法产生外部性作用，无法像美元和欧元一样“外漏”于国家之外。

2008年经济危机发生时，以小布什总统为代表的美国各界频频向世界承诺，美国将奉行强势美元政策，言外之意，美国不会让美元贬值而损害债权国利益。当时言之凿凿，但事实呢？伯南克通过直升机抛洒美元的政策得到了切实执行，量化宽松进行了一期、二期、三期，目前还没有停止。这就是民主国家的信用吗？所以，本身具备的能力与需要争取才能具备的能力之间存在着巨大差距，而让两者完全平等和自由流动，不过是强者掩盖扩张自身利益的逻辑。这如同在一个规则公平的赌场，发展中国家需要加入进去，但却必须购买赌场发行的筹码，而且这个筹码一旦售出，概不退还，那么在购买筹码这个环节，已经决定了购买者的弱势地位，后面的游戏规则再怎么公平，在元规则上已经确立了不公平的基因。

更何况，西方国家通过金融手段控制了世界的大部分资源，若要通过创造财富、获取外汇、再通过外汇购买资源的手段成为与西方公司平等的竞争者，这也是难以企及的梦想。中国虽有一些企业，包括中石油、中石化，在海外进行巨额收购，但这些收购都付出了怎样的代价呢？作为垄断企业，它们要在国内从每个消费者身上获取多少利润，才能够积累足够的资金向跨国公司支付外汇呢？考虑一下，当今世界有多少资源控制在发达国家的跨国公司手中，石油、天然气、铁矿、铜矿、贵金属矿等等，这些资源类产品在美元等货币膨胀的时候，价格跃上新的台阶。这些因素，反过来成为发展中国家民众生活水平无法达到理想的或者应当达到的较高水平的原因。萨米尔·阿明指出，“民族和国家存在着并竞争着，竞争的特点是卖方控制市场，私有制左右着收入分配。……民族利益、统治阶级的利益，统治阶级内部在某个特定时期，特定阶级力量对比情势下，某个阶层的利益，它们都是实实在在的，尽管那些人（指所谓的纯粹资本主义的理论家们）在原则上就否认这些利益的真实存在。”①

美元的这种地位意义在于：第一，美国投资者以美元投资于其他国家实业或者购买资产，而被投资国中央银行以账上美元余额购买美国国债等美元资产，两者方向相反，似乎起到了外汇平衡的作用，但从1986年以来，他国持有的美元资产超过美国拥有的海外资产，美国成为净债务国，且债务规模不断扩大。该部分外国持有的美元又以资本形式流回美国。2008年这种资产置换带来的财富转移高

---

① ［埃及］萨米尔·阿明：《资本主义的危机》，25页，北京，社会科学文献出版社，2003。

达 3.49 万亿美元，占美国当年国民生产总值的 24.35%。第二，美国持有海外资产的回报率和他国持有美国资产的回报率之间存在约 3.3%的差额，相当于他国借给美国美元反而在自己的国家为美国创造财富。以 2004 年为例，当年美国可以获得5 500亿美元的额外收益。第三，美元通过贬值，相对抬升了美国持有外国资产的价值，稀释了他国持有美元资产的价值，例如在《广场协议》之前美国投资者以美元进入日本的房地产市场，以最保守的估计，只要持有日元资产五年，就会收到三倍以上的净收益。在中国，2005 年美国要求人民币升值前，如果外资进入到北京和上海的房地产市场，收益则更高。以美元购买他国股权等资产，也会因为美元贬值在汇兑损益上拥有超额的收益。以 2008 年为例，美国持有海外资产 19.24 万亿美元，他国持有美国资产 22.74 万亿美元，如果美元贬值 10%，则意味着美国海外资产增加了 1.35 万亿美元（美国海外资产大概按 70%以外币计价）。在中国，2005 年初美元兑人民币汇率为 1：8.2765，2011 年初汇率为 1：6.5896，美元对人民币贬值达 20.38%，这意味着美国持有的中国资产在六年间仅依赖美元贬值就增加了 20.38%的财富。而 2005 年底中国外汇储备 8 188 亿美元，这六年由于美元贬值使中国外汇储备缩水达 1 084 亿美元。[①] 现在的汇率是 1：6.20，美元对人民币进一步贬值了。

穷国“割肉”赠送富国大量财富

正如吴学云在《美元刀》中所指出的，“升值的美元也好，贬值的美元也罢，只要有强烈的需求，它就是‘强势美元’！没有需求的‘强势美元’才真正是一张绿纸而已。”[②] 美国金融霸权的核心就是要保证世界对美元的需求。

美元不仅为市场国家所储备，不仅成为国家防止金融危机的必需备用金，而且它强大的流通能力也为美国敌人所需要。萨达姆被捕时，身边留着 75 万美元现钞。

国际社会中著名的独裁者，如马科斯、苏哈托、穆巴拉克、阿里、卡扎菲，他们在盘剥本国人民财富、侵吞国家资产的时候，相当一部分资产都要转移到国

---

① 参见梁亚滨：《称霸密码：美国霸权的金融逻辑》，201～203 页，北京，新华出版社，2012。

② 吴学云：《美元刀：美元全球经济殖民战略解析》，284 页，北京，中国经济出版社，2009。

外相对安全的地方，而所谓安全的地方主要是欧美发达国家。

更多地，在发展中国家不完备的管理体系下，无法统计却又普遍存在的贪腐分子，他们为了不法财产的安全，纷纷将非法所得转移至欧美等发达国家。在转移的过程中，要将国内资产变卖换成美元、欧元等资产，这些资产汇合起来，是一笔巨额的财产。中国尚且存在资本管制，而在没有资本管制的发展中国家，这种转移更是合规合法的。

为什么俄罗斯于2012年12月21日通过法案，禁止官员在海外拥有不动产和银行账户？这是因为俄罗斯认识到，本国官员转移资产会对国家带来巨大伤害，不仅在经济上，更在民族感情上破坏了社会团结。1998年俄罗斯经济危机爆发的原因之一，就是从国外融资的外汇转眼即被国内机构和个人兑换为美元，又转移到国外。同时，国内私有化改革后，获得资产的人将俄资产转让给外国公司，又把收到的外汇对价转移至国外，这种做法等于掏空国家财富，留下一堆本国的钞票和恶性通货膨胀。以当时俄罗斯的债务水平本不应发生如此严重的危机，但是，资本无法留在国内成为危机无法控制的重要原因。所以，危机发生与否是与国民对国家的信心密切相关的，是与国民是否具有爱国情结密切相关的。

中国的问题同样严重，比较典型的如裸官问题，一些普通官员的家人已经移居海外，且多是发达国家，他们在国外基本没有谋生能力，却能购买价格不菲的房产，享受让西方人羡慕的富足生活，这些财富从哪里来？无疑是从国内经济体系中贪腐所得，相对应地，他们享受这种生活的条件就是遵从美元逻辑，需要将他们的资产在母国变换为美元、欧元等货币。

中国仅仅是发展中国家的一员，东南亚国家、非洲国家、拉丁美洲国家、中东国家呢？其管理制度没有更加高明，民众民族立场不会更加坚定，那么，无论是非法所得还是合法所得，都沿着转移资产路径为西方国家带去大量的财富。

除去官员贪腐转移财产的情况外，各国还存在大量中产阶级移民的现象，2011年中国对世界几个主要的移民国家永久性移民数量超过15万人，其中，有超过8.7万人移民美国，各有约3万人移民加拿大和澳大利亚，6 000人移民新西兰。[①] 不仅仅中国如此，其他发展中国家情况也基本相同，印度等国国民将移民美国视为家族的荣耀，是成功的标志。移民原因无论是为孩子教育、更好的工作还

① 参见《参考消息》第15版，2012－12－20，转引香港《南华早报》网站12月19日报道。

是享受更好的环境，结果都无一例外，中产阶级移民同样将带走其主要财富。美国的东南亚移民与美国的南美洲、墨西哥移民，欧洲的北非国家移民不同，亚洲国家移民更多是因为支付得起移民的高昂费用，且一般具有良好的教育背景，专业人士更多；而墨西哥、北非等地因为地缘原因，偷渡占有相当比例，他们多从事体力等附加值较低的劳动，带走的财富要远远低于亚洲国家中产阶级移民所带去的财富。中产阶级移民带走本国财富和他们的专业技能，社会不仅将缺少中产阶级，也将缺少稳定的力量。

据报道，在 2010 年流入避税天堂和西方银行的 8 588 亿美元非法资金中，来自中国的非法资金占了几乎一半，是紧随其后的马来西亚和墨西哥的八倍多。非法外流资金总额比上年增加了 11%。排名前十的所有国家——印度、尼日利亚和菲律宾也位居此列——都面临严重的腐败问题，并且大多数都存在巨大的贫富差距以及内部安全问题。报道指出，中国在 2010 年损失了4 204亿美元，在之前的十年间总共损失了 2.74 万亿美元，并且其损失正稳步增长。在 2012 年 10 月的一份报告中，“健全国际金融体系”项目称，2011 年又有6 020亿美元非法流出中国，在 2000—2011 年期间，总共有 3.79 万亿美元资金流出。[①]

除去上述转移资产的方式外，还有一种方式，部分与上述方式重合，那就是发展中国家的富豪也在转移财产，他们控制结构复杂的公司，可以通过转移定价的方式，在与外国关联公司的交易中高买低卖，进而实现转移财产的目的。世界贸易额已达 18 万亿美元，即使很小的比例其所涉及的金额也会非常巨大。这种转移无法具体量化统计，海关等机构的核价也无法准确判断价格的公正性，但富豪们通过这些手段积累了相当大的海外财富，他们已经成为世界公民，其财产本着安全、分散、逐利原则在世界范围内流动，从富豪自身来讲也许无可厚非，但从国家关系来看，这是发展中国家为发达国家送去的一份巨额红利。

另外，世界范围内存在的大量灰色收入和黑色收入也需要美元作为交易媒介，这变相提高了美元需求。各国无处不在的色情、毒品、赌博等跨国跨境交易往往以现金美钞作为交易手段，再加上世界范围内人们对美元现钞的持有、保存习惯，这些都构成对美元的世界性需求。虽然这些活动没有创造对美国的出口，但美元来源渠道毕竟需要向美国输送财富而后通过非正式渠道转移到这些主体手中。

---

① 参见《参考消息》，2012-12-19。

这些数字背后，是财富通过金融手段在源源不断地供给发达国家，它们不需要大规模生产，不需要污染，不需要日夜加班，不需要堵塞交通，就能够获得发展中国家如此之多的财富。转移财富的结果是将国家外汇兑换并支付给西方国家之后，本国财富的绝对丧失。

财富转移到美国会产生什么后果？一是美国社会更加富有，民众的财富总量得以增加；二是食利阶层增加，更加促进了消耗型社会的发展；三是美国的债务问题得以部分解决，引入了以转移财产为目的的伪投资。

美国的对外债务将是滚动债务，但不会还债。在这点上，美国处于货币博弈最优策略的位置上。诺贝尔经济学奖得主弗里德曼指出，“只要赤字带来的货币供应能以某种形式——直接或间接的形式，而流回赤字国（美国），外贸赤字就是无害的。‘最坏的情况’就是这些货币永远不回流到赤字国（美国）。而这种最坏的情况对赤字国而言恰恰是最好的情况。”[①] 所以，前述的种种情况就是美国如何让美元回流的方式，而如果永远不能回流，这与债权人烧掉他持有的债务人的借据一样，对债务人是最好的情况。

对此，美国等发达国家完全清楚资本外流的意义。据报道，20国集团领导人越来越关注打击洗钱及漏税的方式，以阻止从公共资产中窃取或是通过犯罪活动获得资金，导致发展中国家的预算虚空。[②] 美国国内金融机构对于大额资金的流动执行严格的审查，交易方需要说明资金来源的合法性。这些表面上似乎完备的管理制度，我们对此却大可不必认真。资金外流，对于发展中国家是严重的问题，那么，在零和博弈[③]的情况下，对发达国家不啻是一个福音，各国对资本流入都求之不得，纷纷推出鼓励投资移民的方案，怎么会将如此巨大的财富拒之门外呢？更何况，发展中国家资金外流非只一日，长期以来，资金流入到发达国家是一个趋势，我们何时看到西方国家采取任何有效措施？长期以来，外逃贪官转移资产有几个被成功阻止？对发展中国家来说，外国投资美元获得发展中国家的土地、矿山、油田、公路、商场、工业企业等实物资产和人民付出的辛苦劳动，而发展中国家回流到发达国家的是现汇现钞，发达国家接纳这些资本，它们就会融入到

---

① 黄树东：《大国兴衰：全球化背景下的路线之争》，327页，北京，中国人民大学出版社，2012。

② 参见《参考消息》，2012-12-19。

③ 指参与博弈的各方，一方的收益必然意味着另一方的损失，博弈各方的收益和损失相加总和永远为“零”，双方不存在合作的可能。

发达国家金融体系内，成为高能的金融力量，成为发达国家体系内为其民众提高生活水平的重要因素。

产生对西方富裕生活水平的迷幻感觉

在发展中国家很多人认为，发达国家人民生活水平如此之高是民主制度的结果，民主减少了腐败。发达国家人民同样以民主制度为荣，认为是民主给了他们富足、平稳的生活。我们不排除民主制度的这种作用，清明的政治制度毕竟能够约束腐败现象，使财富的分配相对公开透明。但在承认这个因素时，又不能过分夸大该因素的作用。民主制度，只是创造财富、公平分配财富的基础条件之一，它不是实现财富稳定增长的充分条件。而金融霸权，却是西方发达国家民众富足的重要因素，进而，当下西方民主价值观是建立在西方金融霸权之上的。

西方经济学论证：其国民生活水平较高，是因为西方国家的劳动生产率较高，创造了更多的财富。从某种程度上说，在过去的统一金本位条件下，由于货币尺度是统一的，这种理论还存在某种合理性，在当今浮动汇率的体制下，这种理论已经在相当程度上失去了意义。西方劳动生产率理论，在某种程度上是一种倒果为因的逻辑论述，是将其现实条件予以理论化的虚假论证。在美国年计 15 万亿美元的总产值中，金融产值即占 1/5。金融只起到分配资源和分散风险的作用，却在总产值中占最高比例。这是金融资本利用杠杆化增加资产规模、通过信息不对称从衍生品中累积收益的结果。其过高比例的收益，与其极低的自有资本带给社会的系统风险无法形成合理的平衡。在金融劳动中，不排除巴菲特、索罗斯、芒格这样以勤奋和独到眼光获得财富的例子，但是，美国金融产值比例过高的原因，更多是美元这种独特商品，只有美国金融机构具有独此一份经营、发行它的权力，为这些金融机构创造了独特条件和优势。它处于食物链的顶端，接近分配权力的核心。按照西方经济学的理论，金融提供了更高的效用和价值，而这种所谓高效用，一是因为它们接近于资本核心的先天优势，二是因为人们认可的价值是其资本运作的结果，同时资本运作本身具有自我实现的能力。这种由国家垄断的权力，私人银行却成为行使该权力的代理人；这是国家主权最重要的部分，却由私人金融机构来获取利益。

虽不能完全否认金融的盈利能力，毕竟存在公平获得收益的金融资本，但在实务中，我们也看到众多利用金融机构垄断地位和上游优势获取超额利益的例子，比如，摩根公司为脸谱上市将其进行的过度包装和融资运作；安然、世通公司虚假做账的事例；高盛为希腊获得欧元区资格而设计的债务安排；汇丰、花旗等银行将包含复杂对赌条款的金融产品销售给众多香港和大陆的中小客户。

金融行业的待遇、分红远远高于创造实体价值的行业，而在发生危机的时候，它们却可以获得国家补助，"大到不能倒"，它们的收益与风险不对等，收益可以归属于经营者，风险则要社会和国家承担，这里体现出的"较高劳动生产率"也不过是一套骗人把戏。一个国家 1/5 产值躺在金融食利的基础上，不过是通过前述虚幻需求创造出来的基于地位而获取的超级利润。金融资本以超级杠杆撬动的庞大资产在运营中将无法避免地产生系统风险，这种系统风险与金融资本的私人盈利冲动之间的矛盾是永恒的。金融资本无法抑制自身的盈利冲动，只要法律允许，它一定将权利用尽至法律的边缘。而如果存在限制其行为的法律，那么，金融资本就有能力修改法律。在布雷顿森林体系崩溃之前，德国和日本的劳动生产率快速增长，很快就从二战之后的落后地位追赶上美国水平，但德日到目前为止仍然依附于美国；中国在改革开放后，同样随着技术进步、管理提高、人才能力的充分发挥，取得了一日千里的跨越式发展，中国的劳动生产率得到了极大提高，而廉价劳动力只能说明，我们在这个世界的整个经济体系中得到的分配价值较少，这是事关分配的问题，而不是效率高低的问题。①

当然，美国在进步，在高科技领域的地位没有哪个国家能够与之相比，其独特的融资制度、激励制度、资本市场制度、劳动制度，促使有创业雄心的人投入到新发明、新创造和新商业模式当中去，为美国科技创新和技术进步提供了强大动力；美国大公司具有相当强的科研能力，不断推出新产品，并为公司发展做了足够的储备。对此，美国的金融体系功不可没，不仅仅是因为它提供了创造性的可能，更重要的是，美国金融体系为此能够提供其他国家无可比拟的投入成本。一个产品、一项技术的成功，其后面可能是一百项产品、一百种技术的失败，这

---

① 笔者曾在一家造纸企业了解到，2005 年该公司一条纸机单位幅宽生产效率是世界第一，但在人数相当的设备生产线上，中国工人的月薪只有 2 500 元人民币，而相同职位的美国造纸厂工人的月薪约为6 000～8 000美元，是中国工人的 20 多倍。

固然与研发人员的能力有关，但资本充裕是另一个条件。成功永远仅是失败的一角——在美国，在创业最容易成功的2000年，小公司最终能成功的也不过2%～3%而已①，大浪淘沙才能提炼一点点黄金，市场对任何创业者都是同等残酷的。世界上源源不断的资金汇流到美国，再通过各种金融手段支持这些创业者和公司。世上没有预设的成功，只有依赖市场广泛投入，通过竞争筛选出获胜者，这也是市场经济的内在要求。美国科研体系能够获得如此成功，金融力量在其中是一个举足轻重的因素。现代科技发展已经脱离了过去依赖个人单打独斗获得成功的年代，团队组建、各方面人才汇集都需要大量资金来支持。没有这些资金的支持，没有相对宽松富裕的生活条件，就无法解除创业和科研人员的后顾之忧。在2000年科技股泡沫时期，一份商业计划书能融资几百万、几千万美元，但在其他国家不会有如此宽松的环境和条件。所以，欧洲创业板、香港等亚洲地区的创业板，都没有美国纳斯达克成功，美国资金充裕是一个关键因素，其资金来自于世界，人才也来自于世界，在美国市场找到了切合点。在人才、资金都获得保障的前提下，美国制度的保障因素才能发挥重要作用。如果资金投入后不能保证安全，在项目成功后不能获得合理回报，如果没有完善的法律制度的保障，美国也不会有这么多创新型公司。我们对这些相关因素要客观分析，承认并肯定那些推动技术进步的因素，积极学习那些能够保障技术创新的制度，但同时也要认清这样的现实，美国充裕的金融资本为科技进步提供了足够燃料。

有人会提出，在200年间的历史中，美国即便是没有利用垄断金融资本，也同样能够取得巨大的科技进步，并且能够将科技转化为现实生产力，所以关键还是制度因素。我们对此的观点是：金融制度对实业振兴、科技进步等方面确实产生了巨大的推动作用，这是无可否认的事实。但是，一个事物积极的一面并不能否认它消极的一面，两者并非矛盾关系。垄断金融资本对经济的促进作用，与其对发展中国家的剥削、对其自身的膨胀是同时并行的，是它本质的自然发展。另一方面，随着时代的发展，金融资本在其中所起的作用也在不断发生变化，历史不能代表现在和未来。历史不是定格的照片，能够将某个时期的社会品性、制度特点予以固化并传承不竭，时代在变化，社会条件也在发生变化，文化习惯、社会制度等虽有传承，但不同的时期和条件也会产生新的问题，发生根本变化。

① 参见吴军：《浪潮之巅》，185页，北京，电子工业出版社，2011。

美国从制造业大国转向金融资本与军工资本合体的社会，凭借其强大的金融资本实力，在世界范围内获得了超出正常的收益，在这样的社会中，人们的认识、思想、文化不可避免地发生着潜移默化的变化。立国时的理念虽然仍为其主流意识形态，但客观变化的现实决定了社会存在更为便捷的路径依赖，如同清初与清末的八旗子弟不可同日而语一样，社会条件的变化，必然改变人们的思维方式。不能否认在美国有相当多勤奋、聪明的人士，但美国文化分裂如同它的财富分裂一样严重。美国一部分人能够利用金融资本带来的特殊资金，在众多科技公司、人才中形成聚合效应，进而不断创新；同时教育体系为社会提供了源源不断的人才，这些因素可以称得上是金融资本的“涓滴效应”。这些制度产生了大量富豪和创新型企业，但同时，美国普通民众却无法通过金融和科技手段挣取财富，只能成为社会的底层。大部分美国人将成为享乐主义的信仰者，体现在国家层面就是债务负担的巨额增长。

很多人过分抬高了美国金融和创新企业所创造的价值，并认为美国人民的富足生活完全依赖于诚实和勤奋劳动。如果是这样的话，美国的债务问题就不应当这样严重，它就应当能够通过其创新企业获得最大的价值。但事实是，巨额债务本身说明了美国创新并不足以弥补其社会消耗。

那么，金融资本是如何提高了美国等发达国家人民的生活水平的呢？

上文提到的铸币税收入、美国海外资产的收入是美国获取财富的手段，还有如下因素也影响了美国民众的生活水平：

第一，美国民主制度决定了，政府以财政赤字和贸易赤字为手段为其人民提供涵盖医疗、教育、养老等社会方面的生活保障。高赤字水平是政府补贴人民的直接证明，相对于发展中国家，美国的财政支出透明、公开，虽不排除各种游说团体的运作，但在民生方面暗箱操作、贪污腐化等行为会少得多。财政支出的落脚点是民生，这些赤字支出保障了最低生活水平，也相应地提高了人力成本。奥巴马在2008—2012年任职期间，美国财政赤字增长了一万亿美元，这些钱流入到美国经济体内，大部分最终分配到普通民众手中。肯尼迪、约翰逊任总统时期，美国建设伟大社会的宏伟计划，为妇女、少数民族等创造了种种福利条件，这些计划费用的支出最终落到政府身上。失业保险、医疗保险、教育补助等等，能够满足美国费用高昂的生活，本身说明其福利之丰厚、保障之完备。实际上，这些资金相当一部分是通过政府发债的形式实现的，但由世界各国分担了成本。

第二，通过金融机构变相补贴给民众。所谓次贷，主要是给那些没有贷款资格的人提供贷款，贷款利率极低，在某种程度上是变相补贴借款人。另外，美国金融机构发明各种刺激消费的金融产品，利率也很低，这些商业贷款违反商业常识，本身就是贷款人向借款人提供的补贴，金融机构发明了各种五花八门的债务形式，例如购车零首付按揭贷款，甚至由借款方决定如何还款的贷款、信用卡消费贷款、教育费用贷款。现在，次贷问题已经世人皆知，而次贷作为商业贷款，其最终的贷款者担保人是哪些机构呢？是房地美和房利美等国有公司，美国政府是其背后的担保人。中国在2010年持有的两房债券达5 000亿美元左右。当这些房贷机构和花旗、摩根等银行机构最终不能承受巨大损失的时候，又是美国政府提供了紧急援助。这些货币从哪里来？通过扭曲操作、各期量化宽松等途径来获取，而这些不过是将美国金融成本向世界扩散的手段。最终受益的是什么人？有人说是华尔街的1%，是金融公司的高管们。他们当然是受益人，他们没有为错误承担责任，但又不仅仅是他们，美国所有享用这些金融产品的民众也是受益人。

金融危机爆发后，在谈到责任应由谁来承担的问题时，一种说法是美国民众过于喜好消费，由贪图享受导致提前消费是金融危机的一个重要原因，不能将所有责任推到金融公司身上。这种说法虽不全面，但有一定道理。美国民众已经习惯于享受金融提供的盛宴了，他们的文化、生活习惯已经将及时享受作为人生的准则，储蓄——为将来做好意外之需的准备，在美欧都已经成为落伍的思想观念，包括中国部分经济学家也在鼓励这种消费未来的观念，把握当下，及时行乐，是金融能够提供给人们的最好产品，美其名曰金融的时空转换功能。这种观点如果有一定道理的话，也必须在一定的范围和程度之内适用，人类尚不能对未来具有准确判断的能力，起码应当像巴菲特一样思考，为未来留出足够的安全边际。

可安全边际在哪里呢？资金这样充裕，伯南克还在以低利率释放着流动性，还在刺激着经济，使用资金如同免费一样，为什么不现在就消费掉手中所有的积蓄、消费掉未来的收入呢？以历史经验观察，货币肯定会贬值，现在消费掉不是更为划算吗？不是对自己的一次高卖低买吗？

格林斯潘说没有预见到市场失去了其自我纠正的作用，如果对于违反常识的经济现象像格老这样的专家都不了解内在逻辑，如果连格老都无法预见市场的发展，那么普通人又有何理由相信在未来就一定能够获得足够的安全保障呢？美国推崇常识而轻视专家，常识在其政策中占有重要地位，而对于金融常识的忽视，背后是追求政治目标的实现。如果没有美联储的支持，没有美国民众受益，布什可能在第二次总统竞选中就无法连任，美国在伊拉克战争和阿富汗战争中的成本就会更加高昂，美国人民对战争的支持就可能减弱，这些都可以是美联储为代表的金融资本的真实目标。

所以，美国和欧洲所谓的债务危机，是对现在和未来透支的危机，如果没有金融过度自由化、全球化，美欧就不会存在这样的依赖途径，也许不会产生这样大的危机。但现实为美国提供了转嫁危机、转嫁债务的路径，美欧的政治制度决定了将形成这样的依赖。

第三，流入的国外资本很大一部分进入美国的消费领域，成为消费刺激经济活动的重要组成部分。它们来到美国，都会在美国购置房产、车辆，进行商务活动和日常生活消费，这些融入到美国经济内部的活动在相当程度上刺激了消费水平。中国人现在成为欧美市场的一个重要力量，抛开旅游类的消费不说，那些投资性的消费为这些国家带动的经济总量更为可观。

其他国家的资本对美国的注入、政府的财政政策、金融机构的宽松贷款，经过这些因素在经济运转中的倍乘效应，美国市场会呈现出格外地繁荣，人民生活水平和福利待遇达到让其他国家人民羡慕的程度，以至于成为美国公民是很多人的梦想，这就不足为怪了。

第四，由于西方货币的储备作用导致它具有特殊的购买力。作为储备货币，美元是其他各国政府和公司、个人都需要并竭力拥有的，这种供求关系导致为获取美元而过低让渡出口商品的价值，进而为美元等西方货币购买力提供了强势支撑。这种提升的购买力，反映在西方的社会层面，表现为商品的充盈和廉价，价廉物美的商品提升了西方人的生活质量和富裕程度。虽然美元在金融海啸后不断贬值，但它仍然是一种强势需求的货币，相对于美国释放的货币量，虽然世界产品价格在上升，但发展中国家依旧为获得它而愿意竞争性压低产出品价格。所以，体现在不同国家之间不同的物价水平并非由简单因素所决定，其中不仅包括税收、管理、物流等成本因素，还存在货币供求关系因素的影响。

普世价值等软实力被镀上金光

正因为拥有了美国民众的认可和支持，金融霸权才成功塑造了美国的软实力形象。

在其他国家人民无法实现“普世”梦想的时候，他们想当然地认为，如果在本国实现类似美国的民主自由，国家就能够达到与美国一样的富裕水平，美式自由和民主是通向幸福生活的有效手段。他们没有看到，民主是需要成本的，美国民主制度的完善是随着国力强盛而逐渐发展起来的。经济因素是影响民主质量的一个重要因素，没有富足的社会，没有比较一致的意识形态，民主在落后国家也可能成为社会分裂的催化剂。对社会成员的广泛补助，能够化解相当大的社会矛盾。

虽然美国贫富差距在扩大，有“反对1%运动”[①]，但是，金融霸权在从世界获得巨额收益的同时，并非独吞了全部收益，它对其生存的体制和环境也予以反哺，这种反哺体现在对美国民众生活水平的保障上。美国的贫富悬殊，很大一部分原因在于海外资本收入并没有形成民众的劳动收入，而资本收入最终只能由持有资本的人享有。在海外22万亿美元的资产所产生的收益有多少会由基金公司分配给普通民众呢？从数据上看，美国贫富悬殊程度不亚于发展中国家，但将民众劳动付出与所获得的保障对比，民众认可民主制度发挥了生活保障的作用。

虽然形成软实力的因素是多方面的，而且形成软实力是整个国家体系的作用，但在体系各个相互作用的因素中，金融霸权发挥了基础作用，不能因为其他因素而否认金融力量的重要作用。同样，也不能因为金融霸权的作用而全盘否定其他制度的积极意义。从民众个人感受来看，他们无需深究富裕生活的复杂逻辑，只需本着利益诉求行使权利，他们想当然地认为社会良好状况是行使民主权利的结果，民众对国家制度充满骄傲地自信，相信美国发展完全是拜民主和市场所赐，是世界的榜样，是历史的终结点。这种民族自信、国家自信、制度自信根植于民众思想意识中，进而认可国家的对外政策，在违反国际道义的作为上形成美国例外的思想定式。尽管美国一直宣传“普世价值”，但其国家制度和政策在国内和国外是割裂的。

---

① 指的是2011年10月美国纽约爆发的“占领华尔街”抗议运动，反对1%的美国人占据国家的大部分收益。

对于各国的普通民众来讲，他们从美国社会中感受到民主制度的优越性：这个国家开放，海纳百川；这个国家民主，政治清明；这个国家技术进步，是实现梦想的地方；这个国家人民幸福，安居乐业；西方以外其他国家的人们不清楚，正是自己的辛勤劳动为美国的富强做出了贡献，正是以本国财富补贴了发达国家人民的生活。在国际事务上，美国从来没有在国际层面上进行过民主的尝试，反而认为它可以不受国际规则的约束。美国在宣传、推广普世价值的时候，真应该重新捧起《圣经》，认真去体会《摩西十诫》中的清规戒律。

美国于2006年3月以后不再公布M3[①]的数据，而M3包括除国内货币量以外的回购协议的资金和欧洲美元，不公布M3的数据，实际上是将海外释放、流通的美元数据掩盖起来，这样人们便无从得知属于借款性质的美国货币在世界上到底波及了多广的范围，等于美国将其货币释放、稀释的程度隐瞒起来。但从已有的数据可以看到，“截至20世纪60年代，M3以10%以下的增长率低速增长，与之相对的，1971年以后进入了年增长10%以上的急速上升期，美元向世界渗透的速度在美元与黄金脱钩的瞬间开始加快了。20世纪80年代后期到1996年左右，其增长率再次放缓，但之后却呈激增趋势。每次金融危机发生时，美联储都以躲避市场信用收缩为名，向市场供给大量资金。如今，投机性货币的量已经达到贸易交易实际需求的货币量的数倍之多，正是这种供给的无限过剩流动性导致了泡沫的产生。”[②]

一个开放的民主国家对于本国的货币投放量却有意隐瞒，背后的原因是什么呢？一向要求公开透明的社会，为什么在这个问题上不能公开呢？公布货币流量对于美国国家安全会产生什么危害吗？M3包含美国向世界释放的货币，而美国以外的国家要获得这些货币就必须以实物财富从美国挣取，这也就是美国从世界其他国家人民那里无偿获得的财富。如果美国将它公布，等于告诉世人，自己敛财行为已严重到何种程度，这将是对其形象的直接打击。

---

① 在美国，M1基本上包括现金和存款；M2等于M1、定期存款（10万美元以下）、储蓄存款、货币市场互助基金之和；M3等于M2、金融机构投资者持有的货币市场互助基金、大额定期存款、回购协议、欧洲美元之和。在M3中，回购协议是指附有买回、卖回条件的证券的买卖，是一种以持有的债券为担保借入短期资金的方法，由于存在反复担保借入资金的可能，是一种容易为金融机构不断放大倍乘的融资手段。欧洲美元是指存在于美国之外的美元，被约定俗称为欧洲美元。参见［日］岩本沙弓：《别上美元的当》，70～72页，广东，广东经济出版社，2011。

② 同上，74～75页。

第六章
货币霸权打造的“钢筋铁骨”

以金融霸权打造的军事实力本身不可能成为和平力量，美国在军事上的巨额投入似乎表明它才是冷战的失败者。

孤立地看，金融强大与军事强大两者各有相关因素和支持力量，并不互为充分条件。但在复杂的社会因素中，这两者之间存在着重要关联和相互影响。美国的金融霸权与军事实力是两个正反馈的因素，两者互相促进，互为条件。金融霸权的确立以军事实力的强力保护为条件，而军事实力强大的重要原因之一是有强大的金融力量提供支持。

美国军事实力以巨额财富为给养

美国2012年国防开支6 600多亿美元，几乎占世界各国国防开支总和的一半。这些支出，虽然是从美国财政中划拨的，但财政支出一部分来源于税收，另一部分来源于销售国债，国债销售对象很大部分是对美国保持顺差的国家。所以，相当部分的国债支持了美国国防的支出，包括美国的敌人，如萨达姆、卡扎菲等，他们作为囤积美元的独裁者，在某种程度上又是美国军事力量的支持者。

冷战过后，美国国防支出曾一度下降到 3 000 亿美元左右，但 21 世纪以来，年度最高支出曾达到 7 000 亿美元，占国民生产总值的 4%以上。国家安全固然重要，但美国的目标并非单纯的国家安全，它追求的是拥有世界上独一无二的打击别人、而敌人无法还手的绝对实力；美国军事思想的目的并非保障国家及其盟国的安全，而是以绝对霸权和对世界的控制力为目标。现在，除了类似拉登这种恐怖分子结成的秘密组织外，没有也不会有以国家政权、以合法组织为实体的政府敢于贸然挑战美国的军事实力，美国的实力早就超出了防范侵略所需，超出了普通国防的概念，而是立足于统治世界。具有了如此野心，其需要的费用自然将无比巨大。所以人们看到一种奇怪的组合：一方面从其经济状况来说，美国并没有统治世界的能力，财政、贸易出现双赤字问题，经济严重依赖于债务扩大而得以延续；另一方面美国又大力投入军事预算，四处出击，花费巨资开发新型武器系统，在世界各地建立军事基地，部署各类武器系统，建立立体防导体系，并大力开发太空进攻性武器，组建最先进的网络战部队，制造最先进的无人飞机和智能战斗机器人。从这一切做派来看，好像美国并不是冷战的胜利者，而是一个失败者，它在奋起直追！

美国为什么要对国防付出如此巨大的成本呢？其战略目的又是什么呢？用美国学者的表述是为了维持“仁慈的霸权”。很多人认可美国军事霸权是稳定世界秩序的一个重要力量，一战以后二战以前，由于缺少这样的国家力量，无法对战争起到抑制作用，这是世界需要一个强势国家历史经验的总结。但是，我们看到，美国对力量的追求超出了为抑制其他国家破坏国际秩序所需要的限度，绝对权力变成追求自身利益的手段。即便美国金融霸权不是其军事霸权的全部目标，那也是最重要的目标之一。

美国军事霸权维护了美国金融的“安全”，使美元成为一种具有强烈需求的货币。这种安全不是指消极不被侵犯的状态，而是保证其不受质疑，对待任何冒犯及时出击，维持世界对美元的需求从而获得巨额铸币税的状态，是保证世界各地资金纷纷逃入美国的状态，是保证美元永远作为世界贸易结算货币的状态。哪个国家、哪个政府破坏了这种安全状态，其后果类似于与美国对抗军事实力。美元地位当然与美国各种制度条件、国际经济制度等多种因素密切相关，但从维护美元地位的角度出发，这种保护是全方位的维护，而军事力量是保护力量中最后也是最坚强的后盾。

危机——货币霸权与军工资本的共同朋友

美元与美国军事力量具有一定的共同点，都存在某种偏好，即世界其他地方破坏性事件符合对美元地位和美国军事力量的维护，两者利益存在破坏性偏好。各国金融危机、经济危机、政治危机造成资金外流，目标地无疑是以美国为主。经济学有一个词叫作“投资者母国偏好”，即指投资人倾向于将主要投资地选择在其母国。从世界范围看，投资者未必偏好选择其母国，而从现实状况来看是偏好投资美元资产。一方面，美国安全、司法保障是全面的、稳定的；另一方面，美元作为世界流通货币可以随时转换为其他形式的资产。在这些因素的综合作用之下，美元成为世界私人资本最喜爱的储备手段。在美国发生经济危机的情况下，相对其他货币，美元虽贬值，但却可以将损失外溢，由其他国家和经济体承担，所以，如果说所有主权信用货币都是不安全的话，相对其他货币，美元过去是、现在仍然是不安全中最安全的货币。在2008年次贷危机爆发后，美国是危机的源头和引爆点，但美元却没有发生危机，这与东南亚危机、俄罗斯危机、墨西哥危机、阿根廷危机形成了鲜明对比，原因在于美元是危机偏好的货币，危机对于其他货币是一种负面消息，对于美元反而是促进其升值、提高对其需求的机会，这种地位是其他货币难以比拟的。战争对于美国的作用类似于危机，在世界其他地方发生战争，对美国来讲也是一个吸收美元的机会，两次伊拉克战争、科索沃战争、中东的混乱都在战争爆发之初导致美元上涨和美国股市上涨。当然，伊拉克战争长期化对美国经济造成了严重伤害，这是美国金融资本没有预料到的。

美国是一个善于利用危机的国家。在“9·11事件”中，虽然美国死亡近3 000人，但对严重损失和伤害的补偿也应当有一个限度。美国对自身历史和社会分歧虽具有宽容品格，但在国际社会中却是一个睚眦必报的典型。美国充分利用了恐怖事件的聚光效应，将战略图谋植入到对事件的连锁反应中，它以“9·11事件”为契机侵略了两个国家，其中侵略阿富汗的理由具有一定合法性，但对伊拉克的侵略却是借机而发。对于这两场战争来讲，美国存在多元目标，表面上是为了打击恐怖主义、禁止大规模杀伤武器、树立民主的标杆，但却以地缘政治目标、金融目标、石油目标等为综合考虑因素，谋求美国利益的最大化。事实上，美国利用了恐怖事件，为进一步控制中东、介入阿富汗和外高加索中亚地区提供了充足的借口，而控制了中东，美元地位就更加稳固。

金融和军事的这种破坏性偏好由金融资本和军工资本的本性所决定。资本的目标不会是民主自由等价值观，追求自身的成长和利益是其本性。追求利益在合理限度内并不涉及道德和价值观问题，资本合理增值是社会繁荣、科技进步的保障。资本的性质是中性的，金融和军工资本的性质也应当是中性的，它们在一般国家是国民经济重要的正常组成部分，其性质应当结合其具体发挥的作用而定。即便在美国，在前期发展中，金融资本和军工资本也没有变成国家经济的重要支柱，美国经济仍然获得了长足的巨大发展。但随着美元的作用日益突出，美国军事力量越来越成为金融力量的保护者，而金融力量越来越成为军事力量的推动力。

当然，两者的危机偏好并非意指它们就不能维护国际和平。和平环境是两者获取红利、自身成长的条件，美国在维护世界和平环境与制造危机之间需要掌握一定的平衡，它能够保证在危机发生的时候国际经济秩序仍保持稳定，不至于由于危机彻底颠覆现有的经济政治秩序。危机既要能保证危机地以外其他国家的顺从，又不至于彻底破坏他国对美国的希望。

金融资本成为军事实力的血液

金融力量为军事实力的发展提供了源源不断的动力。如果战争也是生意的话，那它就是所有生意中最昂贵的一种，它关系到生死存亡，为获得胜利人们可以不惜代价。不惜代价的另一层含义是在军事投入上可以超越经济、社会生活的限制，所以，军事力量的培养永远与政治博弈联系在一起，而支撑军事力量成长的是国家财力。历史上，英国成为日不落帝国的一个重要原因在于，英国善于利用金融财政支持战争，由国家向民间借款来支持军事力量，而英国在一战以前没有对债务违约过。美国在二战期间将国家支出的将近40%用于战争支出，凭借美国强大的工业能力和金融市场的资本配置，它支持了欧洲和亚洲的反法西斯战争，而且在战后成为首屈一指的工业大国。一战后美国国防开支不足国内生产总值的2%。美国二战以后没有回到孤立主义的老路上去，没有将军事工业弱化，反而因为冷战的原因，加强了对军工企业的投入和研发。从 1941 年到 1994 年，美国军费开支每年占美国总产值的 5%以上，冷战结束后曾有一定下降。[①]

在美国，军工企业逐步发展成为经济中的一个重要力量。二战 15 年后，在谈到军事工业发展的必要性时，艾森豪威尔提到："但我们不应忽视其重大的影响。它涉及我们的人力、资源、生活乃至我们的社会结构。在政府各部门，我们必须警惕军事—工业联合体取得无法证明是正当的影响力，不论它是否去寻求这样一种影响力。极不适当的权力恶性增长的可能性目前已经存在并将继续存在。"[②] 这是 50 多年前的讲话，现在正在成为现实。

现在，军事工业与民事工业越来越紧密地联系在一起。特别是，军事工业涉及系统集成，需要将武器制造与控制、通信、计算机、情报、监视和侦察等系统结合在一起，在这种情况下，仅仅依靠军事工业投入已经无法满足现代战争的需要。在系统集成中，研发、试验、生产、列装的成本极为高昂，同样需要利用民用技术，而民用技术开发，一方面通过资本市场的投入，另一方面，通过军工联合体从国家获取支持，这是其成功的一个重要保证。我们现在使用的互联网，当时是为防止苏联核攻击而研发出来的军事产品，后来转为民用化后获得飞速发展；移动电话最初是摩托罗拉为美军战地通话而发明的产品，最终成就了通信产业。当然，随着民用产品的科技化程度越来越高，很多民用技术也在向军事化方向渗透，但从军事工业方面看，美国对军事工业的支持和投入，促进了军工企业的科技进步，为军工产品的销售提供了保证。

很多人认为美国是完全的市场经济国家，市场是美国成功的源泉和基础。市场对推动科技创新具有重要意义，但是，涉及国家整体的系统性项目，比如军工产品、卫星的发射、GPS 的应用等等，却需要国家作为一方的力量，同时调动民间一切积极因素。金融力量是其中一个关键因素，它起到了调动各种资源并予以配置的作用。

军工生产、制造的成本极为高昂，与民用生产企业一样，由于很多重要军工企业在美国属于上市公司，同样面临如何收回成本和创造利润的问题。如果没有

---

① 参见［英］罗恩·史密斯：《军事经济学：力量与金钱的相互作用》，128～129 页，北京，新华出版社，2010。

② 引自艾森豪威尔于 1961 年 1 月 17 日在离开总统职位前所做的告别演说。

战争或者没有购买者，成本就无法收回。在财务制度方面，军工产品遵循同样的会计原则，如果它得不到使用，同样产生高昂的折旧费用；如果需求数量过少，单位制造费用的分摊成本就会过高，军工企业将会面临亏损的局面，只有规模化生产才可大大降低生产成本和维护费用。在此情况下，本国和外国同盟者的采购，或者在战争、冲突中的应用，将对军工联合体发展起到至关重要的作用。

另外，美国强大的军事力量建立在雄厚的财富资本基础之上。美国军队组织需要方方面面的人才，如指挥、信息、军工、航天、航海、培训、后勤等等，现代化部队是集先进技术和各方面力量于一体的高度组织化体系，而网罗如此之多的人才、维护如此庞大的系统，需要美国经济体系的巨大付出，为此，金融资本提供了源源不断的资金。但是，这种支持只能是资金上的支持，无法从意识形态上提供帮助，所以，美国军队虽然是由本国公民组成，但它们是以巨额财富雇佣而形成的队伍，对于完成海外任务缺乏真正的使命感，其在阿富汗和伊拉克的种种行为暴露出军队无法融入当地社会并尊重当地的风俗习惯，政府所宣扬的使命与军队的具体实践差距甚大。历史中，依赖雇佣军进行长期战争的国家没有不因为无法承担长期的经济负担而走向衰落的，古代如迦太基，近代如西班牙。美国的霸权同样依赖于其自信能够永远拥有强大的经济实力和货币支付能力。但同样地，有朝一日，其货币支付能力下降必将导致其帝国地位的衰落。

军工资本成为金融资本的最终保障

在美国立法机构中，军工资本的游说集团是各种政治势力中的一个重要力量，它们组织庞大的咨询机构，从理论上、战略上论述本国或者盟友安全投资的合理性，通过对外国政府提供建议进而影响外国政府的决策，甚至能够通过纵横捭阖，制造现实情势证明其预见和理论的正确性。国家之间发生冲突和战争是宣传其武器系统的最佳时机，也是以实战形式推销产品的时机，所以，国与国之间的紧张局势、国与国之间的无法沟通理解，与军工利益集团的运作不无关系。“出于自身目的，既得利益集团之间结成联盟，并可能会利用对军事问题决策的特殊地位做出不利于和平目标与国家安全利益的选择，借此获取资金。这些联盟可能包括海陆空三军成员、国防部文职官僚机构的成员、立法委员、军火制造商及其工人。

它们属于传送机制，通过这一机制，对威胁的看法和经济机会成本就可以转换成具体的预算或制度。”①

通过美国在国际上的军事干预实例，我们能够发现这个特点：在美国单方决定介入冲突的情况下，或者决定要采取军事打击行动时，美国不会等待国际社会的协商，例如在伊拉克是否有大规模杀伤性武器的问题上，这是有以强势宣传认定事实与自我武断行动结合的产物。国际机构在核查的过程中并没有给出肯定结论，但是美国依然迫不及待地动手实施打击。但在冲突地区存在两方以上势力的时候，美国永远要等待，那个弱方在将要被强者彻底击败之时，美国才完成内部决策和核查程序，并予以出击。在弱者还没有到最后被清除的危险时刻，美国是不会直接介入给予支持的，但会不断地在道义上表态，支持鼓励弱者继续与强势一方抗争，例如在科索沃战争、利比亚卡扎菲倒台过程中所扮演的角色。而叙利亚毫无例外地又在重复利比亚的模式。叙利亚发生内战已经两年了，美国还是处于表态支持反对派的阶段，其提出政治解决的条件等于否定政治解决，但同时又给予反对派以巨大的精神支持。直到反对派无法支持下去时，美国立刻指责巴沙尔政府使用了化学武器，应该予以打击。它一直在观望，直到最后时刻才出手，这样它获取的感恩最多，博取的利益也最大。至于在此期间的人道灾难，并非在美国政客的考虑之内，那仅仅是其道义旗帜和出兵的借口而已。在同一场冲突中，弱势一方违反人道的行为往往被有意忽视。

其他地区的紧张局势也有助于维护美国军工集团的利益，更有利于美国势力的扩张：中国大陆与台湾地区之间如果存在紧张关系，则台湾就会购买美国武器；中国和日本因钓鱼岛发生争议，日本就会购买美国的先进战机；朝鲜和韩国对立，韩国就会购买美国的先进预警机；中东局势不稳，沙特就会出巨资购买美欧的武器；东欧国家和俄罗斯之间不和，东欧国家就会布置美欧的先进导弹；另外，菲律宾、越南、马来西亚、印度尼西亚、印度等中国周边国家对现状的任何不满，都能够成为其购买军火的合理理由。国际局势的不稳定，是军工企业生存的条件。军工资本要在其中获取利益，需要在政治上具有可行性，即不稳定的局势达到一定的规模，使购买一定规模的武器系统成为必要。

美国最近提出“重返亚洲”的战略，目标是中国。中国是融入以美国为首的

① ［英］罗恩·史密斯：《军事经济学：力量与金钱的相互作用》，185页，北京，新华出版社，2010。

国际经济秩序后才获得长期发展的，中国虽然成为世界第二大经济体，但在经济实力和军事实力上与美国还存在巨大差距。以中国文化和历史传统为基础的国防战略不具有扩张性质，中国发展之路需要和平的国际环境。在国力强盛的明朝，中国未建立一块海外殖民地，而当时西班牙的殖民地已经遍布世界了，这说明中国文化及民族性本身就不具有侵略性、掠夺性。自新中国成立以来，中国一直声明对周边地区的利益诉求，包括南海主权、藏南归属和钓鱼岛问题，而最近一段时期以来，以美国为首的政府机构和媒体反复宣称“中国威胁”，表示中国越来越具有侵略性，这就是一种有意的舆论营造，同样是强势认定与媒体鼓动的结合。在中国对南海问题退让、隐忍的时候，这些声音都不存在，也没有任何舆论表示中国的做法值得肯定，但当中国主张权利的时候，美国等马上表示中国在欺凌弱小。并非中国真的突然具有侵略性和进攻性，而是美国开始将中国的发展视为触动其国家利益的某种威胁，开始予以遏制了。尽管在历次声明中美国一直表示愿意看到中国和平崛起，美国保持中立、不偏向任何一边，但其在南海、南亚、东亚的存在本身，其貌似公允的表态本身，就是一种明确态度，是在鼓励中国周边的国家与中国进行博弈。如果仅听美国的表态，似乎它是公正、开放和善意的，但正如听话听音一样，表面态度与内在动机可能完全相反。这些举动背后，虽不乏美国处心积虑的战略运作，但不能排除军工与金融利益集团为自身利益诉求而进行的夸张渲染。

美国对中国的战略遏制，一方面确实将中国视为假想敌，防备中国崛起，另一方面，在不断夸大“中国威胁”的背后，是美国军工集团的经济利益。通过引起越南、印度、蒙古、菲律宾、马来西亚和中国台湾等国家或地区对中国经济发展和军事力量的恐惧，巧妙地以盟友姿态表示政治上的支持，但随后一定是这些国家或地区军事装备的改革和提高，而这些支出将为美国军工企业带来源源不断的生意。美国是一个以商业立国的国家，当前美国的对外政策部分已经受挟于军工利益集团，没有战争，没有敌人，军火商的利益就无法保证。美国军火企业的私营化体制决定了它们拥有独立于国家和民族意志的利益。人性的贪婪和恐惧成为谋取利益的最好手段，以安全名义将恐惧出售；战争，成为美国最大的生意！

在总统离职演讲中，艾森豪威尔谈到在美国的技术革命中，研究工作已趋于集中，变得更为正规、更复杂、更昂贵，需要在联邦政府的指导下实施，并应尊重科学研究与探索，同时，他指出“与此同时，我们必须对这一同样严重的负面危险保持警惕，即政府政策本身可能沦为一个科学—技术精英阶层的俘虏”。美国具有深远战略眼光的人不是不能看到美国政治制度具有的一些弊端和危险，但在目前的体制下，美国民主却无法防范这种危险和弊端。在艾森豪威尔总统任期期间，美国还在实行金汇兑本位制，他预见性的见解，如果放在今天，应该加上“美国更应防止成为金融资本精英阶层的俘虏”。

金融制裁等于制裁了世界

在这里，金融力量不是指广义上以金融作为媒介匹配资源的作用，而是指金融本身作为对抗力量的手段，对不服从者予以金融制裁的能力。

冷战以后，市场经济模式成为世界经济的主体。随着经济发展和网络科技进步，国际贸易迅速发展，交易规模不断扩大，各国都在某种程度上融入世界经济体系之中，国家之间的贸易成为正常经济生活不可或缺的组成部分，没有任何国家能够或者需要生产所有产品，相互进口和出口是国际经济的正常状态。

在对外贸易中，主要结算货币为美元，这赋予了美国某种独一无二的优势；美国为实现其战略利益，可凭借其军事和经济实力对其他国家的政策产生影响，可以调动金融力量对其他国家经济进行重大打击。

制裁手段与美元的头寸制度密切相关。一般人认为，国家有美元储备就是在该国的央行留有美元现汇现钞，但实际上，这只是一种假象，所有美国以外的金融机构账面上的美元都是体现在美国金融机构的账户中。“美元用于全球支付清算并被广泛持有或储备，只是一种转账记录，实际上只是表象，其他国家的美元储备或美元资产只是‘影子账户’，代表着所有权和调拨权，而美元的真实资金则保留在美国，是很难调离美国的，美国的美元账户才是‘真实账户’。”① “各国的外币储蓄是把一大笔钱放到政府管不到的地方。”② 这样的地位决定了美国可以动辄冻结一国在国外的资产，让他国缺乏外汇或者无法交易购买本国需要的商品。针对古巴几十年的制裁、针对萨达姆时期对伊拉克的制裁、现在针对伊朗的制裁，

① 王俊峰、钟震、蔡晓谦：《危机透视》，193页，北京，清华大学出版社，2010。

② 吴学云：《美元刀：美元全球经济殖民战略解析》，207页，北京，中国经济出版社，2009。

都是这种力量的体现。

不仅美国自己对敌对国家进行制裁，而且要求其他国家必须跟从它的政策，否则它对其他国家的经济体也进行制裁，这是类似株连的制度。鉴于美国强大的实力，维护与美国经贸关系的重要性决定了其他国家只能在美国或者其敌人之间做出选择。历史上，美国在一战和二战前期因保持中立而获得重大的经济利益。在战争中，通过与交战方的贸易，美国在经济上取得巨大优势。战争破坏了原有的经济格局，为两次大战之后美国跨上新高度创造了条件。美国不会再让别国利用这样的机遇，其他国家可以不情愿执行美国的政策，却不能反对它。这种“顺我者昌，逆我者亡”的态度严重影响了国际上正常的贸易往来，因为贸易不仅是美国敌人的需要，其他国家也需要美国敌人的产品，美国制裁措施对于它这个制造美元的经济体不会产生重大影响，但对其他国家，却是在损害它们的利益，去满足美国政策的需要。

例如针对伊朗的制裁，其他国家因不能从伊进口石油，本国的经济发展和正常需求将受到影响。石油作为最重要的大宗商品，石油市场本来就是卖方市场，即卖方在市场中更具有主动权。在历次中东战争中，石油输出国组织往往以限制产量、禁止出口来胁迫西方国家改变对中东的政策，中东国家一直在用石油生产作为武器与西方讨价还价。可现在美国政策给人一种时空倒转的感觉，它开始通过制裁主动限制石油市场的供应量了，以过去石油输出国组织的逻辑难道美国想制裁自己不成？伊朗不能出口石油，导致国际市场上供给减少，石油价格必然上涨；其他国家不能从伊朗进口石油，就需要从其他产油国购买，上涨的油价将损害进口国的经济利益；随着页岩气的开发，美国最近对能源的需求已经能够与能源产量相平衡，所以制裁导致的进口油气价格上升对美国影响不大。石油价格上涨，国际贸易交易资金总额上升，反而增加了对美元的需求，等于世界需要美国印制更多的美元、世界需要向美国出口更多产品才能达到新的平衡。美国名义上是制裁伊朗，实际上是制裁了世界，而各国还必须支持美国的政策而损害自己的切身利益。

制裁措施影响到与人们日常经济活动密切相关的大宗战略物资，是缺乏任何道义基础的，因为所有人都正常需要这种物资，而它又是自然的，无法由人工制造出来，所以制裁措施不仅仅影响被制裁国的政府，还影响到所有需要这种商品的人们的正常生活。设想另一种情况，如果世界多数国家哪一天发生严重干旱需要进口粮食，而这时美国将对一个粮食生产大国进行制裁，难道其他国家的人民要忍饥挨饿去服从美国政策？制裁的目的是伤害被制裁者，而不是伤害自己。从这一角度来看，美国对有些国家的制裁，是绑架了全世界。

在20世纪80年代，里根总统为拖垮苏联，曾与美联储一同将世界石油价格维持在历史低位，苏联通过出口石油获得的外汇大为减少，降低了国家实力，为苏联解体创造了经济条件；但是此一时彼一时，美国现在没有这个能力，而且也没有这样的意愿将石油价格再运作到低点了，否则受益的将是全世界。更何况，通过制裁伊朗提高石油价格对美国又大有益处，这一政策伤害的只能是中国、日本、印度、欧洲这些需要大量进口石油的经济体。

制裁对美国无法产生重大影响，但不断上涨的油价反映在一切商品的生产中，反映在世界性的通货膨胀中，所以，北非国家——包括美国的战略盟友穆巴拉克等——的革命在某种程度上也是这种政策的间接后果。

金融武器的另一个重要作用是美国和欧洲可以冻结敌对国家和人员的资产，进而干涉这个国家的内政和政策走向。虽然冻结外国资产在革命时期是经常用的手段，但美国目前的经济地位赋予了它更为方便的条件。对于不符合美国利益的政府或者领导人，其海外财产是放在美国的抵押品，其国内政策随时会受到美国的检验与评判。

我们不能说美国的所有冻结措施都违反了公平、正义的原则，在冻结措施中，有些措施代表了人民的诉求和愿望，比如菲律宾前总统马科斯逃到美国夏威夷时，其随身携带的大量实物财富被美国海关扣押，这是马科斯从菲律宾人民那里剥削的财产，理应还给菲律宾人民。

但另一方面，美国冻结措施更是从本国利益出发的政治决策，与公平、正义关联不大。同时，在萨达姆统治时对伊拉克的制裁主要效果没有体现在政权崩溃上，反而加重了伊拉克人民的苦难，有报道指出，在制裁伊拉克期间，几十万儿童因为营养不良、医疗条件欠缺而死亡。在制裁者与普通民众之间，受制裁的政府永远可以将制裁结果和压力传递给本国民众。

如果某国国内发生冲突或者争议——这点美国很容易提出理论见解并鼓动成功，美国将依据自己的判断来决定是否采取措施，利用强大的金融网络，对美国希望打压的一方势力的资产予以冻结。更有趣的是，美国或者欧洲承认反对势力为合法代表后，这些资产终将由被制裁国的反对势力继承，为其国内的危机和平解决制造更大的困难。更有甚者，美国国内司法机构可以判决，以美国冻结资产补偿在战争中受伤的美方战斗人员，例如，2002 年美国将 9 亿美元的冻结财产补偿给了在伊拉克战争中被俘的 17 名老兵。[①] 这么高的补偿，其合理性在哪里？通过国内司法征收他国财产，实际效果就类似于中国《孙子兵法》中的“以战养战”了。

比如利比亚，美国对反叛分子的支持直接导致了反叛势力的强大，结果在一个美国支持发生动乱的国家，美大使却被残杀，直到目前，利比亚的内乱仍在持续。在以宗派为主导的内战中区分哪一方是正义的，外人实在难以分辨，但美国、英国却将卡扎菲政府的资产冻结再给予反对派。且不论卡扎菲政权的合法性，对于一个完全倒向西方的独裁者，当他在台上时，美国利用其作为独裁者的条件设立监狱，将基地疑犯外包给利比亚采用酷刑审查，利用违反人道的手段打击基地分子；但当遇有更大的利益时又能抛弃他，这种做法就道义本身而言就是充满矛盾和讽刺的。

实际上，美欧对卡扎菲、萨达姆等独裁者实施资产冻结是很好的启示。那些通过贪污聚敛了巨额财富的政治领导人及其亲属将资产转移到美欧等国家，他们以为规避了风险，实际上却是将这些资产作为抵押品，同时也将自身意志的决定条件留在了那里。如果国内发生动乱，美欧很容易找到借口采取干涉政策，它们会根据自己的利益做出判断，影响动乱国家的具体政策，进而冻结这些人在海外的资产。

---

① 参见《追讨独裁者在海外的不义之财》，见凤凰网，2011－09－21。

第七章
西方民主历史钩沉

看到巴菲特富有的人大多数会投身股市，但却不愿学习他的经历。人们往往崇拜完成的事业，却不愿经历艰辛的过程。

前面几章我们讨论了美国货币金融霸权对美国的意义和影响。从本章起，我们将探讨美国输出的核心意识形态：普世价值。货币金融霸权与普世价值之间有何关联？我们已经阐述，货币金融霸权本身是一种掠夺、欺骗的手段，但它所带来的实际财富却为普世价值镀上了金光，让人们的认知发生错幻，以为美国的富裕生活水平完全得益于普世价值的践行。我们不能否定普世价值对社会发展的良性作用，但是，一个依赖于欺骗和掠夺的制度却大谈人类的共同利益和价值，本身就是虚伪可笑的。另一方面，西方民主、自由制度也是随历史而发展变化的，我们不了解西方的历史，以僵化的观点看待历史发展，结果将落入现实与理想的矛盾之中。

民主制度作为历史现象，与其他历史现象一样，有其产生、发展和消亡的过程，这一过程与当时具体的历史条件相结合而演化。民主产生于当时合适的经济、文化和政治条件，随着历史发展，经济、文化和政治条件演变，民主也一定会发生深刻的变化。人们热爱民主，在某种程度上发挥主观能动性，但并不代表在具体历史条件下主观上能够控制、掌握民主的发展进程。客观地看，民主会在某个阶段因为其发展逻辑成为与当时社会条件不相匹配的因素而走向困境。我们不能因为热爱它，就盲目相信它的永恒发展及其价值的唯一性，就如同我们热爱生命，但也知道它将会逝去一样。

西方社会已经将民主置于宗教时代上帝的位置而顶礼膜拜，颇具代表性的，如具有广泛影响的福山认为："我们所看到的可能不仅仅是冷战的终结，或者说战后某个特定历史阶段的消逝，更是这样一种历史的终结，即人类意识形态发展的终点，以及作为人类最后一种统治形式的西方自由民主制度的普遍化。""我们找不出比自由民主理念更好的意识形态。""历史的终结是指构成历史的最基本的原则和制度可能不再进步了，原因在于所有真正的大问题都已经得到了解决。"① 民主自由自有其伟大之处，它使人类实现某种程度上的平等、发挥创造潜能、实现政治清明，所以民主成为近现代以来所有社会力量都努力高举的旗帜，专制、假民主成为政治势力攻击对立面的重要罪名。我们无意于否定民主的进步性，而是希望所有国家、所有民族在民主、自由、平等的基础上建立起公平合理的国家关系、社会关系和政治制度。但是，现有的国际关系体系下，西方社会对以中国为代表的发展中国家在建立民主制度方面的指责，在很大程度上却与出于良好动机促进社会共同发展的愿望无关。

西方法治的历史沉积

西方民主起于何时？有人会提起 1688 年英国的光荣革命、美国独立后 1783 年宪法的制定和 1789 年的法国大革命，似乎民主制度是从类似于革命事件中建立起来的。当然，民主制度源起于更早的希腊和古罗马共和国，但现代民主制度的起源更多人会归因于资产阶级革命。

民主制度诞生于革命不假，但民主制度的孕育期却要长久得多，正如同生命的诞生需要孕育过程一样。历史并没有展现这样的图景，根据启蒙思想家的原则，资产阶级推翻封建制度之后，一夜之间即建立起了民主制度，整个社会便以民主

---

① ［美］法兰西斯·福山：《危机与未来：福山中国演讲录》，2～3 页，北京，中央编译出版社，2012。

原则自觉地进行治理了。如果要给民主孕育期找到一个标志性的事件，英国《大宪章》的颁布应该是更有意义的开端。1215 年，英王与封建贵族签署的《大宪章》，虽然是保障封建贵族的权利，但却开了在法律上保护人身自由和财产自由的先河，其第 39 条衍生了人身保护的观念："除非经过由普通法官进行的法律审判，或是根据法律行事，否则任何自由的人，不应被拘留或囚禁、或被夺去财产、被放逐或被杀害。"体现了难能可贵的"王权有限，法律至上"的精神原则和保护公民权利的立场，虽然其规定的执行在后来几百年间颇有反复，但提倡法律权威精神的影响是巨大而深远的，它在英国得以树立、保持并繁衍出各个法律领域的原则、判例，逐步形成了成熟的普通法和衡平法[①]体系。

在英国历史上资本主义制度建立前的几百年中，无数案例形成法律体系的完整构架，在纷繁复杂的社会中，案例被归纳总结，原则之间的关系得到梳理，形成了在整个社会层面思想上的统一，承认案例中的逻辑和程序中细致微妙的惯例。在英国历史中，复杂历史带来丰富的法律渊源，日耳曼习惯法、教会法、国王司法体系的普通法，都成为司法体系中有意义的组成部分。当时的司法中即具备陪审团这样的民主成分，甚至为了竞争重要政治权力的司法权，国王委派正直、公正的法官巡回审理案件，当事人可以选择公正的法院审理案件，法院成为竞争公正审判的机构。英国法律虽没有大陆法系的法典化系统，但是在众多具体案例的细节处，却蕴含着整个法律的逻辑体系和原则构架，且在司法领域能够得到普遍信奉，在执行中能够得到自觉遵守，在民众中能够得到真诚信赖，构成了社会意识形态的主流。这种法治状态是依靠岁月累积逐步实现的，是英国社会的一项伟大成就。在英国社会，司法权威已经树立，法治精神成为社会共识，自由得到完善的肯定和保障。

历史终结论的提出者福山指出，"大多数观察家明白，欧洲法治早于责任体系的建立（例如民主），但是他们却忽视了法治其实也早于现代国家的建立。法律——最早是教会法，并随着时间的推移而逐渐形成了复杂的非宗教法律体系——逐渐在 11 世纪叙任权斗争之后的封建制的欧洲建立了起来。宗教和世俗的法律体系逐步在层级制中实现制度化，并存在于国家体系之外。这样的封建法律

① 英国自 14 世纪末开始与普通法平行发展的、适用于民事案件的一种法律。英美法系中法的渊源之一，以"正义、良心和公正"为基本原则，以实现和体现自然正义为主要任务。

体系是不能保护普通老百姓不受特权阶层的欺压，但是这却起到了限制拥有绝对权力的帝王的产生，从而保护欧洲特权阶层的作用。”[①] 超越帝王权力的法治传统是欧洲在近代发展出民主制度的重要前提条件。

人们往往对于重大的冲突或者社会事件怀有兴趣，并认为这些标志性重大事件引导了社会的进步，但历史告诉我们，重大事件背后日积月累的变化和传统对影响社会发展方向同样重要，虽然它没有在历史中被特别关注或者重视，但它实在是社会进步必需的条件。英国以及欧洲的法治传统正是其社会重要的品质。尽管英国发生过内战，有过圈地运动，但是，英国法治传统却是世界上确立最早，而且贯彻得最好的。民主革命不过是将王位上的国王替换为无形的民主原则，保障个人人身安全、自由和财产权利以及法律至上是从英国民主革命中一脉相承下来的社会传统，民主革命不过是赋予了法治下的民主原则和自由平等原则更为广泛的内涵。

法国缺少英国的法律传统，国王路易十四当时拥有更广泛的专制权力，王权成为横行行政、司法等领域的绝对权威。尽管法国的民主理论似乎更为流行，但在更为壮阔的法国大革命后，民众并没有立即在他们所提倡的自由民主原则内构建新社会，在缺少法治传统的社会中，人民成为轮番顺从与反抗激情的奴仆，法国民主进程相比英国要波折、反复得多。

美国往往自诩建国 200 多年就取得了如此成就，似乎此成就应归功于建国元勋的远见卓识，但我们更应当看到，第一批乘坐五月花号的 102 名清教徒移民带着怎样巨大的无形财富来到美洲大陆，这个无形资产，就是他们的法律传统，以及从英国社会传承下来的契约精神及组织社会的习惯。后来美国先民在美洲建立的 13 个殖民地是英国社会管理模式的翻版。他们在这个新大陆上建立的最初社会即具有司法体系来保障人身财产安全。即便是美国开国元勋参加大陆会议和制宪会议，也不过是这种法治精神的具体实践。如果没有历史传承的这种精神，也不会有这些建国者平心静气地制定宪法，宪法中也不会体现出这样的远见卓识。所以，美国历史虽仅 200 多年，但其政治文明史应该从近 800 年前的《大宪章》算起。

其他发达国家如德国、日本等，民主制度的建立过程要远远短于国家制度和

---

① ［美］法兰西斯·福山：《危机与未来：福山中国演讲录》，71 页，北京，中央编译出版社，2012。

法治的建立过程，是法治土壤培育了民主果实，是法治社会结构保障了自由基因的形成。只有在社会中绝大多数人认可法治、自由等理念并在行动中予以遵循的时候，民主才成为社会进步的自然选择。

这些国家所保障的自由在初期当然是有限度的，自由权利没有如今天这样广泛和完备。但是，这种制度的重点在于，有限自由意味着确立了对权利的保障，只要一旦确定为法律认可的某种权利，就能够获得整个体系的全力保护，而不再会受到权力的肆意侵犯。权利范围与获得实体权利是两个不同的概念，一种情况是，权利范围很宽泛，但是在广泛的权利中没有一项权利能够得到切实保障，司法、行政等具体执法人员以淡然的应付态度敷衍了事；另一种情况是，虽然权利范围有限，但是每一项法律权利会得到整个司法体系和社会体系的保护和尊重。相比较而言，落实到位的少数权利要比无具体条件和路径实现的广泛权利宝贵得多，对社会进步的促进作用也远胜于无法实现的广泛权利。因为具体权利的落实，是整个体系维护、保障的结果，这项权利受到侵犯时，需要整个体系动员起来，形成从司法体系到社会意识层面普遍统一的社会共识，体系中任何违反权利保障的行为都会受到彻底的、严格的、认真的追究，并且不会受到不当权力的干扰，这样，此项权利才称得上在社会中得以实现。所以，即使是保障一项简单的权利，也需要整个体系的完善和健康，其实现背后是复杂体系的全面配合与支持。

在尚未具备社会体系支持与配合时，法律上承认的普遍权利往往埋下众多纷争和干涉的种子，对于一项权利，各个阶层、不同利益的人各说各话，司法不统一，结论在社会中没有权威，权利被有选择地授予或剥夺，最后，混乱的社会往往需要强有力的政府来予以约束。缺乏法治的社会不论起点如何，不论是民主还是其他，结果常常走向威权主义。

检阅这段历史的目的是想说明，远在民主诞生以前，法治保障下的“自由”就已经在成长了，没有自由基础作为保障，民主中的矛盾和冲突就无法找到合适与平和的解决途径。民主制度虽然提倡妥协，但没有规则的民主将引起争议和冲突，在没有法治和个人权利保障的情况下，民主会突破自由的底线，形成为了“大多数人利益”而牺牲少数派自由权利的局面。正如在法国大革命时期，民主派轮番上台后代表“大多数派”对少数派进行清算，甚至是屠杀。法治传统保障自由权利，限制国家权力和王权。建立法制体系固然重要，但法治精神却存在于民族国家的文化、传统和历史之中，只有民众整体上对法治有了深度认同，才能在社会层面形成尊重政治权力结构的法律安排，国家才能具有稳定的自由权利。

权利扩展的历史阶段性

资产阶级民主制度在英、法、美建立起来之后，当时这些国家并没有立即赋予全体国民同样的民主权利。英国当时没有给予无产者和妇女民主权利，美国没有给予印第安人、黑人和妇女民主权利，法国民主的结果是由拿破仑恢复帝制，依赖战争推行资产阶级的平等理想。如果英国、美国给予这些群体广泛的民主权利，以当时人们的认识水平、知识水平以及社会的经济发展水平，这些国家不会有几百年的快速发展。历史不应当被苛求，但历史却是一个好老师。英美并没有在建立民主制度之初就赋予所有人以全部平等的自由权利，而在当时，这些人的民主意识和从政能力也使其无法行使这些权利。他们的权利，只有在意识形态提升到一定高度，并且在主体争取的状态下才能够获得，赋予没有民主主动性的人以民主权利类似于剖腹产，对于母体和婴儿都未必健康。1832 年英国颁布《改革法案》之后，选举权比例仅从原来男性公民占总人口的 14%提高到 18%，其将财产和选举权联系得更加紧密，从而剥夺了大量没有财产或者财产极少的劳工的选举权。而在此之前，地主可以通过影响佃农、贿选、赞助等手段控制绝大部分次郡一级的选举。在英国的宪章运动中，英国甚至镇压过争取政治权利的工人阶级。美国于 1870 年通过宪法第十五条修正案，严禁各州“以种族、肤色或以前曾受过奴役为由”剥夺选举权，但南部各州在 1890—1908 年期间却通过人头税、财产限制和文化程度测试等手段剥夺黑人的选举权。①

另一方面，在 19 世纪初的经济条件下，如果资产阶级与劳工阶层共享民主，以劳工所处的经济状况而言，将会出现劳工阶层要么与资产阶级形成尖锐对立，要么因为知识能力及经济状况被有权有势的力量轻易收买；如果美国人给予印第安人同等的民主，印第安人也许不会仅仅是少数保留地的主人；以如今的观点看过去会觉得当时的民主极为狭隘，但历史过程自有其逻辑，民主是需要整个国家

---

① 参见［英］张夏准：《富国陷阱：发达国家为何踢开梯子？》，120～123 页，北京，社会科学文献出版社，2007。

经济水平达到一定水准，整个民族的知识水平、民主意识达到一定程度为条件的，而不考虑当时社会经济发展水平，不考虑现实所处的历史阶段，一味以民主为终极原则和判断标准，无异于邯郸学步。

再看看日本和德国的例子。日本在明治维新后得到了快速发展，又通过战争掠夺获得了巨额资本，日本在甲午战争中索得的赔款相当于它二至四年的国民生产总值，经济获得了极大推动，国家体系构建在二战前已经接近于发达国家水平，而当时日本与民主概念还不存在任何交集；德国在俾斯麦领导下统一后，建立起完善的国家制度，包括免费义务教育、社会保险等等，社会和经济得到了极快发展，但直至一战，德国的发展与民主的关系还不大。那些以战后德日发展总量来论证民主制度对发展的作用，是对历史图景的断章取义。日本在美国的刻意保护下，其财富（主要工厂）、人才甚至官僚体系都得以完整地保存了下来；同样，德国受损失的主要是城市的楼房，而工厂、道路和人才并没有遭受多大的损失。德日民主制度的建立，是在一个比较发达的社会政治经济条件下、在有利的国际环境下培育的结果。

亚洲的中国台湾、韩国、中国香港和新加坡属于战后发展起来的经济实体，其发展路径无一不是在威权制度下发展一段时间后再实行民主体制的。中国台湾在蒋介石和蒋经国的统治下离民主制度的标准相距甚远；韩国在朴正熙的统治下从1960年代初直到1979年实行类似于独裁的管制；中国香港是在1997年才根据基本法设立了立法会；新加坡的李光耀真正退出内阁是2011年。但威权体制并不代表它们没有进行制度建设，尤其是建立起法治社会，严格保障了人身和财产权利。经济发展与其说依赖于民主制度，不如说与稳定的法治环境和特殊的社会文化更有关联。

当然，更多例子是威权制度下国家没有得到发展，比如中东许多国家、东南亚一些国家，它们在威权制度下既没有为其人民创造良好的经济发展机遇，也没有在社会制度建设上为国家的长期发展打下牢固基础。但同样多的例子是许多国家虽然实行了所谓的民主制度，却使国家陷入了混乱和长期停滞之中，相关内容在谈到发展中国家时详述。

历史还存在一个极端例子，在民主体制下社会却主动走入到专制主义中去，这就是一战后的德国。希特勒成为德国总理，是通过民主竞选而正式当选的，后来，德国人民又投票将元首之职授予他，结果希特勒将德国带入到法西斯专制的噩梦中。正是民主无法带给当时受到其他民主国家挤压的德国以正常发展，才为希特勒这种极端分子提供了机会。按照西方正统理论，民主国家怎么可能最后成为残暴的专制主义的诞生地呢？历史现实就是这样复杂，但对此，西方主流意识形态似乎已经完全失去记忆，民主的颠覆性、极端性在当前思潮中是没有给人以任何提示警醒的。

这些实例说明，西方发达国家的民主制度是逐步完善起来的，民主如果未能在法治精神条件下得以贯彻，如果没有经济、文化条件足够的容量空间，它可能带来对抗、暴力冲突和无政府状态，这是发达国家民主带给我们的经验教训之一。

发达国家民主制度建设带给我们的经验之二是，民主制度的建立和实施是可以分解的，即民主本身是一个体系，但却是可以分解的体系，比如民主权利在发达国家历史上是逐步扩展到所有公民的；先建立法治体系保障部分自由权利，然后社会在普遍的民主意识下进入平等民主时代，这在民主的历史演进过程中得以证实；自由权利保障是从财产权利、人身权利逐步向政党组织、言论自由权利的扩展过程。

发达国家民主制度建设带给我们的经验之三是，民主制度和社会制度的建设可以彼此促进，但也可以分步骤进行，建立社会保障机制可以为弱势群体的教育、劳动保护、养老等提供制度保障和现实途径。郑永年先生[①]对此做过深入的研究，他指出，在西方民主制度建立之前，很多保护社会的制度就已经建立起来，因为民主制度下很多分蛋糕的事情容易引起争议而难以达成妥协，反而在建立起社会保障机制后，民主制度不再对这些基本社会制度进行投票表决，从而促进了民主的发展。

大众民主化社会的盛宴

正如同福山所指出的那样，当代发达国家将所有社会问题付诸民主制度予以解决，“所有真正重大的问题都已经得到了解决”，少数民族、妇女拥有选举权，有色人种、妇女可以并已经成为国家领导人；在民主制度下，发达国家政治清明，腐败事件不是没有，但不存在普遍的系统腐败；领导人接受监督，并对决策承担

① 知名学者，新加坡国立大学东亚研究所所长，主要从事中国内部转型及其外部关系研究。

责任，选民的选票是最好的评价。如果在一个封闭国家内，这样的制度“达到历史的终结”可能是略带夸张却也中肯的评价。但很可惜，这种乌托邦的梦想也仅仅是假设，发达国家特有的社会结构及依赖于民主制度的决策过程，决定了这种民主在相当程度上不过是新式不平等盘剥的变种。

西方民主基础由上层社会逐步扩展到整个社会。在民主制度建立初期，只是有财产、有知识、非有色人种的男人拥有选举权，直到20世纪初期，随着劳工团体、妇女团体及有色人种团体的不断斗争，民主才逐步向这些群体开放。我们可以说民主对全体国民开放是无产阶级、妇女和有色人种斗争的结果，但另一方面，人们参与民主运动是以其思想意识提高为前提的，如果思想意识没有达到普遍要求民主、实践民主的水平，社会给予其民主权利就有可能存在问题。

思想意识提高与经济社会发展密不可分。在资本主义初期的手工场劳动模式下，劳动分工程度不高，专业化不强，组织程度要求很低，工人不过是在工场里劳动的农民，缺乏组织意识和集体意志；随着工业化大生产和公司形式的发展，公司内部分工、公司与公司之间的社会分工都大大提高了社会经济体的组织程度，而工人在伴随着工业蓬勃发展的过程中，人口在增长，组织意识、阶级意识也在增强，对民主思想的认识也得到了相应提高。有组织的抗争不仅提高了抗争力量，而且一旦谈判破裂，资产阶级所受到的损失也远远超过以往。在此情势下，资产阶级为了自身利益，同意逐步赋予这些阶级民主权利。所以，争得民主权利更是普通民众民主意识、社会意识和文化水平不断提高的结果。社会权力像自然界一样不会存在真空，对于没有民主要求的劳工阶层，资产阶级政权主动给予民主，未必会带来劳工阶级行使权利的主动性和能力提高。思想解放和意识形态进步需要社会发展和思想理论储备，权利需要争取才会得到有效行使，也只有在各方权力之间存在博弈的时候，社会才能够达成必要的、合适的平衡和妥协。

当然，历史并非只是充满了斗争，在社会意识普遍提高后，随着进步运动、伟大社会等社会运动提供了思想动力和文化支持，社会经济发展为国家主动采取进步举措提供了条件，越来越多的人迈入了中产阶级行列，社会阶层之间也逐渐从对抗转向主动调整对立关系。

郑永年先生客观论述了西方民主的三大转型：第一波民主化是资产阶级民主化，资产阶级从封建贵族那里分得了民主权利，政府即由资产阶级通过民主而成立，政府与资本之间的关系很融洽，政府和资本站在一起对劳动者进行雇佣剥削。第二波民主化的动力是工人阶级，资本主义在发展的同时也培养了无产阶级的发展，随着资本主义组织结构的发展，工人阶级也相应提高了组织能力并要求与资产阶级分享权力。工人运动为资产阶级民主带来了很大变化：一是工人以其人口的力量要求参与政治；二是工人阶级崛起后政府的角色发生了变化，由资产阶级的政府向社会型政府转化；三是政府与资本分离促成了政府对经济活动的管制制度，比如环境、安全、食品等方面规制的建立；四是在社会制度上促成了西方社会向福利制度转变，社会主义的目标从原来的最低劳动保护、最低工资等方面向医疗、教育、住房等社会改革方向转化。第三波民主化运动是将社会的所有群体都纳入到民主进程中，主要是妇女和少数族群。①

随着民主权利的普及，这些阶层与群体的经济利益和社会利益将得到一定体现和保障，民主权利方面的进步，也导致西方发达国家从原来的资产阶级民主向大众化民主、中产阶级民主转化，中产阶级成为民主力量的主体，成为选举国家各个层面领导者的决定力量。目前在欧洲、美国，各个政党的政策都在向中间多数人的立场倾斜，对立党派之间的政策相互靠拢成为一种趋势，最终选举结果体现为竞选人之间难分伯仲，差别甚微，所提主张不是过去的左派和右派之分，而更多的是第三条道路的政策。关于国家政策，大众化民主对西方社会经济和政治产生了重大影响，“在资产阶级民主阶段，政治和经济体系相互配合，没有重大的冲突；在大众民主化早期，政府开始和资本脱离，向社会倾斜，但政府还是可以超越资本和社会，在两者之间充当协调人；但在后来的大众民主化时代中后期，政府很快向社会倾斜。”②

当然，这种民主结果虽然向社会倾斜，但并没有损害资产阶级的根本利益，大众的联合虽是资本联合的对立面，却并不能取代资本联合的力量。民主需要金钱的保障和支持，需要组织的力量，需要宣传渠道的支持，需要系统意识形态的传播，这些条件，往往是资本支持的力量起到了更大作用。政府虽然向社会倾斜，但是在不伤害资本的前提下，仅仅对资本在社会中的责任大小进行划分。这种调

---

① 参见《全球化与弱政府》，见郑永年博客，http：//www.caogen.com/blog/infor_detail.aspx? id=66&articleId=36016。

② 同上。

和，保证了西方民主的平和、稳定和非对抗性质。

在这种社会背景下，当代欧美国家制度是中产阶级民主与政客竞争性承诺相互作用的结果。民主在社会管理方面的作用得到了良好发挥。首先，国家制度安排将财力向社会倾斜，保障了多数人的权利，医疗、教育、住房以及最低工资、产假、年假等劳动保护得到了制度性的安排；其次，政府清明，腐败在这些国家属于个案；最后，民主权利和自由权利得到了保障。在此意义上，我们无法指责欧洲民主社会主义制度是虚伪的民主，是资产阶级的民主，是少数人的民主，而应当承认历史和现实的变化，对此如果盲目否认，反而会让指责者的理由在现实面前丧失信任的基础。仅从民主发展来看，民主为社会带来巨大的进步，西方社会对劳动者的保护、对消费者的保护、对环境的保护、对弱势群体的保护、对少数族群平等权益的保护、对妇女的保护，处处彰显民主制度的良性与伟大。民主促进社会平和、有序地取得进步，既避免了大规模社会运动带来的社会震荡，又能够按照多数人的意愿对社会各项事业逐步改革，相比较前苏联、中国“文化大革命”时期的社会改革模式，西方民主制度无疑表现出了相当的优越性。从单纯的民主程序看，它既符合人性，又体现了社会公平。

第八章
西方民主的异化

福利社会是西方国内民主与非民主对外政策混合的结果。

福山先生认为，当代西方大众化民主已经抵达“历史的终结”的目的地，西方社会也普遍认为自身制度具有无可比拟的优越性，民主成为普世价值的核心价值观。但是，正如人类社会之所以伟大在于人是具有主观能动性的社会主体一样，人的思想、意识形态等并非停留在特定时点和状态之下，而是在新的条件、环境和历史阶段，思想变化为社会带来了新的问题和矛盾。

大众民主化的逆向选择

大众民主化似乎已达到全民民主的境界，每个公民具有平等的政治权利，政府对所有国民负责，应该是最完备的民主形式。实际上，当代西方民主在促进国内社会公平、政治清明的同时，自身又产生了新的弊端，而且，这样的弊端，结合西方货币金融霸权的强大功能，对社会发展产生反向作用。

大众民主化在两方面造就了其负面作用：一是导致西方国家选民对权利边界认识不清，在政客的竞选宣传中无法分清国家长远利益与短期利益的界限，导致社会过度福利化；二是在固有神话中对民主的膜拜导致其对民主制度的过分自信和傲慢，而西方民主不过是民族、国家利益的外部化合适的工具。

“主权在民”，以民为本，但“民”不是抽象的人，一方面从消极层面看，他要保护自身固有权利不受侵犯，另一方面，从积极层面看，他是有血有肉充满了各种诉求的普通人。现代选举制度决定了，政治家和政客必须获得多数选民的认可才能获得掌握权力的资格。而“为人民服务”的竞选纲领需要满足大多数人的诉求，这些诉求涵盖经济、社会生活中诸如医疗、教育、安全、环保等各方面保障，它们在维护基本权利方面提供了充分保障，是社会的进步。但诉求应当与国家经济发展水平和社会提供能力相匹配，社会能力是提供利益、满足诉求的基础。

现实却远非如此，当代选民所处的高速信息化社会一方面提供了快速、全面的海量信息，另一方面，将世界形象展现于所有人面前，为所有人追求内心认定的美好生活提供了样板，经济不平等、贫富悬殊、物质生活和精神生活的巨大差异，使其期望值与现实社会存在着巨大差距，而信息化社会加剧了这种差距。这种期望有两方面作用：在激励一些人为实现梦想而努力工作的同时，却使其他相当多的人要求国家和社会提供“最低的保障”。期望转换为要求，转变为天然的“权利”。

表面上，是国家保障民主所诉求的权利，但归根结底，所有用来保障权利的成本付出应落实到选民的劳动付出中，选民应该清楚，他提出的要求越多，付出的劳动就应该越多，这种付出不仅体现在税收上，也体现在劳动强度、休息时间、退休年龄等各个方面。当然，国家的重要功能之一是合理分配经济负担和资源，资产阶级和中产阶级税负比例的承担、财政支出比例等等都对具体政策产生影响，但不论实际情况和理论如何复杂，都存在选民通过民主要求的权利与当时社会、经济发展状况不相匹配的可能。如果这种不相匹配仅仅是微小的，或者源于经济的短期波动，那么政府可以通过发行债券等手段予以调整，或者通过对富人征税等措施予以弥补，但如果是结构性的错配，那么，就有必要对整体收入结构、经济发展模式进行改革。

从选民诉求角度来讲，民主权利的行使结果是否就完全是合理的呢？如果此种诉求超出社会提供的能力和范围，即诉求存在不合理的因素，又有哪个仲裁机构来判断合理与否呢？在经历过长期的经济繁荣并实现大众民主化进程后，美欧社会面临大众民主的社会要求与国家经济发展程度之间的结构性矛盾。西方学者强调，不论民主制度好坏，政府至少对大部分公众是负责的，不至于被某些利益所操纵。而正是这个对大部分公众负责的制度，在极端情况下却是过度负责，不能或者不敢违逆大部分公众的自我幻想。

欧债危机爆发后，很多有识之士明确指出了福利开支过大是其主要原因。而福利开支过大背后的原因是什么？除了经济制度方面的原因外，在政治领域，我们应该反思的正是西方的大众化民主制度。民主制度成为一种倒逼机制，构成对政党的压力，任何违逆中产阶级意愿的主张，都将面临中产阶级的抵制，进而在民主选举中被淘汰。这是一种逆向选择，竞争性的选举变成了竞争性的承诺，越是承诺将给予选民无所不包的利益的政客越不能兑现承诺，越不能保持国家经济的正常健康发展，但这种政客却越能赢得选民的认同与支持，负责任的政治家讲述实情并指出需要国民做出牺牲，反而在没有发生重大危机的情况下无法获得执政资格。没有人告诉选民“你们的要求太多了，凭国家的条件满足不了”，没有几个政治家能够像丘吉尔那样，告诉英国公众类似在二战初期“我带给你们的只有血、汗水和眼泪”这种实事求是的表白。

福利制度本是社会的进步，但在某个点上，福利国家跨过了合理界限，以当代民主制度作为发动机的西方社会列车一头扎入了债务深渊。民主是可以分解来观察的，在使社会公平发展、政治清明方面，民主发挥着积极而正面的作用；但在当代全球化和货币金融体系下，民主成为选民向国外和未来不断索取、诉求无度的决策过程，民主制度真正成为了威权制度的反面，威权主义下的人民是缺少民主权利，但在欧美民主制度下，人民却成为了民主专制的主人，是法国大革命时期人民民主在国家层面上的变种，从某种程度上讲，这是另一种形式的腐败，是民主的腐败。

欧美债务危机的另一个重要原因是经济缺乏可持续增长性，经济可持续增长需要新的投资和创新机制。它与欧美的福利社会是一个硬币的两面，一方面，对劳动者的过度保护使企业成本过高，在投资风险与成本不成比例的情况下投资乏力；另一方面，优越的生活条件增加了人们的道德风险，失业在西方某些国家成为谋生手段，努力工作的收益与付出之间无法得到普通人认可的平衡。在这样的社会环境下，希望通过竞争性资本主义创业致富的想法被得到社会关爱保护的现实替代。福利社会培养了社会观念，人们形成集体迷失的思想，对此纠正需要极为痛苦的社会变革，只有不对社会过度依靠、国家不过度扶持、无法寅吃卯粮，社会才能逐渐觉醒。①

德国前总理施罗德对德国社会福利进行过大刀阔斧的改革，包括失业保险、养老保险、退休年龄、医疗费用等方面都做了削减福利政策的决策，改革方案虽然推行下去了，但他本人却于2004年黯然辞职下台。施罗德毕竟完成了社会改革，令人担心的是其他有改革志向的政治家还没有实施实质性方案，便“出师未捷身先死”，改革者为了国家长久发展不惜得罪于民众，却为本国的人民所抛弃，这样的民主制度，其弊端确实值得深思。希腊、意大利、西班牙等国不断爆发民众示威游行，政治家或者政客走马灯一般的上台下台，表明民主主体对权利的滥用已经伤害了民主制度本身。

当然，即便是欧洲，各国的情况也不完全一样，一些以福利制度闻名的北欧国家并未在经济上受到严重伤害，同时保持了福利制度的连续性，这说明了像挪威这样的国家，其经济体系与实行的福利制度之间达到了合适的平衡。

有人评论，美国的状况比欧洲稳健，美国劳工市场更加自由一些，社会福利也没有欧洲水平高，但要看到，美国的国家负债率要超出欧盟总体负债率，奥巴马能够在失业率达到8%以上时竞选连任成功，同样是依赖承诺增加财政支出帮助社会中产阶级而获得胜利的。美国之所以目前没有发生类似欧洲的国家危机，主要原因之一在于其拥有强大的货币和统一的财政制度，没有类似欧洲各国需要协商的制度。但在其体系内部，2013年10月初“政府关门事件”又一次将民主协商推向了极端。共和党与民主党之间的政见之争，在多大程度上影响美国的税收水平、债务水平和货币发行程度，将是其民主制度的另一个注脚。但不论怎样，相信两党在2014年的协商结果仍将是向世界注入货币，最终解决国内的纷争。

民主时与效的周期错配

随着历史的发展，西方民主在当代遇到另一个问题，即民主的决策周期与经济的运转周期发生错配，民主决策的利益和弊端无法在决策人任期内在经济运行

① 例如，美国宾夕法尼亚州前公共福利部长加里·亚历山大所强调的情况。一个带着两个孩子的单身妈妈兼职挣2.9万美元，再额外领取28 327美元的各种补贴，这比她接受一份年薪6.9万美元的工作更划算，因为那样的话她要交税11 955美元。引自哈佛大学教授尼尔·弗格森：《“美国梦”已成噩梦》，载《参考消息》，第10版，2013-07-01。

方面得以完全展现。在200多年前的民主制度运行中，经济范围狭小，利益相关者单纯，民主决策圈与经济活动范围基本重合，民主决策后果能够快速反映在经济行为当中，决策人能力很快反映在社会经济状况中，所以其地位受限于其能力和决策水平的高低。当代，随着全球化的发展，尤其是金融领域对政策的传导作用，将决策人的行为后果扩展至全世界，最终后果在延期一段时间后才展现出来，这种决策效果与民主选举周期可能严重不匹配，导致在某种程度上，民主选举在民意层面产生失真的效果。我们称之为民主的折射作用，就像光线进入水中发生折射，将导致目标的实际位置与所看到的不符一样。

金融资本的作用更使民主决策的实际效果与其当时设想发生偏差。例如，里根时期的政策后果可能直至克林顿时期才展现出来，而选民却认为克林顿的政策得当；小布什减税政策的后果也许在奥巴马时期才能发挥作用。这些经济政策，通过金融手段，比如次贷产品，蔓延至全世界是多年金融资本操纵的结果，其问题的显现——如通过提高利率来遏制——之时就已经对经济体产生了重大影响。作为问题的制造者却没有受到民主机制的裁判，比如小布什在第一个任期内推动美国家庭住宅的普及，但次贷却没有在他的第一任期内产生严重问题，进而帮助小布什顺利续任。民主选举的周期是200多年前确立的，但经济运转的周期已经随着社会的发展而发生了重大变化，两者之间的关系，值得人们认真思考。

社会复杂性导致权力上移

西方民主面临另一个重要问题，即民主决策的问题越来越专业化，同时决策链条越来越长，影响社会、经济的机制越来越复杂。200多年前的美国民主，大多数人投票决定的事务是与自身周边相关的议题，对外政策远不如今日重要，选举投票的后果作用于投票人自身，因果关系明了。如今除了减税、增税、提高就业等简单术语外，多数选民对经济运转并不理解，投票结果与政府作为之间的距离越来越大。这一方面在于社会越来越复杂，对过分复杂的事务，无法让多数选民完全了解内部关系并做出全面判断；另一方面，政府决策议题涉及的领域也越来越广，利弊界限变得模糊，政策效果显现变得长远。在这个过程中，选民判断越来越依赖于专家或者政府，尽管听取辩论、阅读文章，但对利害关系的决定，选民更多依靠直觉，而非真正理解问题的实质。西方社会民主决策越来越像股份公司的经营决策模式，当今绝大多数巨型公司股东同样越来越依赖于公司管理层的判断，出现问题时更愿意相信管理层的解释和说明，现代公司的复杂性导致股东难以了解公司背后决策的真正动机，公司运营的专业化程度超出了多数股东的理解能力，所以只有在公司发生非常重大的事情上，股东才委托机构表示意见，或者干脆用脚投票，通过转让股份而避免理解公司决策带来的成本和麻烦。绝大多数情况下，董事会的决策能够说服股东。当今西方国家民主的运行机制与此类似，选民凭借直觉投票，或者干脆不参与投票，行政和立法机构的意志在国家事务中往往发生着决定作用。

这些特点决定了选民的关注焦点在于身边的利益关系，多数选民对于管理国家及世界经济秩序的逻辑关系、运行手段和脉络等并不理解，因此无法做出清晰判断，导致在基层实务中民主起到了良好的监督管理作用，但在国家大政方面，选民对福利等方面的要求与政客的承诺之间存在巨大错觉，国家是否有能力和社会是否具有可行性被有意忽视。一方面经济、政治、社会管理方面取得重大进步，社会财富绝对量飞跃式增长；另一方面，民众需求和福利要求也在急剧膨胀，两者能否达成稳定的平衡比例，则由选民与政客之间的博弈不断调整。在这个过程中，社会主义的一些元素在西方民主制度下得以部分实现，在教育、医疗、养老、失业等各方面民生取得了相应保障。但随着权利叠加，部分权利演变为闲适、懒惰习惯的保护伞，社会逐渐沉沦于享受、用尽法律权利的氛围之中。韦伯所揭示的新教中勤勉、节约精神被享乐、闲散所取代，社会失去了承担义务、奉献的内涵。

民主决策的延时和错位特点增加了政客对选民承诺的勇气和胆量，金融体系分散成本功能和聚敛财富能力更能使决策者敢于向未来的欠条背书，选举承诺成为可以分期付款的商品，至于未来到底能否实现，则完全交给将来的现实情况。

政治与经济是密不可分的。欧美债务危机不仅仅是经济危机，它在某种程度上体现的是政治危机。中国许多精英、专家、公共知识分子已经抛弃政治经济学理论了，认为西方经济学才是真正的科学，他们将理想市场经济条件当作现实，就经济论经济，认为单纯考虑投资、消费、进出口贸易、利率、汇率等纯经济学术语就能够了解世界经济的发展规律，这种只见树木不见森林的认识，无法全面分析发达国家经济状况与西方民主制度的关系，也无法全面解析经济与国际政治之间的联系。

西方民主从未脱去民族外衣

我们指出欧美的债务危机是这些国家的政治危机，是民主制度与发展政策之间的结构性矛盾导致的危机，目的是要分析并认识西方发达国家的民主的本质。

西方民主制度是为其国家服务的，是以多数人的福利为目标的。所以，它是全民民主，但更是其国家内部的民主，西方民主根植于其民族主义，民主过程既是在民族国家内部决策的过程，其结果更是民族国家内部妥协、对外一致转移负担的共识，不能根据西方选举过程中的政治斗争而认为其各主要党派的主张存在严重分歧。西方民主不是普世的，它与其经济政策、政治方针相结合，产生了极大的外部性特征，即通过国内民主制度、民主程序、民主舆论和民主决策而形成的政策，影响本国对外经济、政治和社会关系。西方民主是本国人民意愿的表达，但其结果却外部化为对他国的经济、政治和文化政策、进程及社会状态产生影响。这种影响可能是正面的，比如要求统一市场、鼓励贸易、交流文化、促进科技创新，即并非所有的西方国家决策都产生对他国不利的影响，而且在各国之间，存在着正面、积极的协调与沟通，这是国际秩序得以存在的基本前提。但也存在负面影响，破坏了他国的经济、政治、文化和社会关系。在国际秩序表面平等的理论下，无法掩盖国家之间实际不对等的现实，在一定情况下，强国的国内民主诉求会转化为单方面追求强者利益的工具。这其中最突出的例子就是美国的对外政策对发展中国家经济和国内政治的影响。

外交成为利益派别的抵押品

前美国总统国家安全事务助理[①]布热津斯基[②]认识到了美国民主制度与其对外战略关系的矛盾之处，他指出："在某种程度上，美国建国时独特的环境构成了损

① 简称国家安全事务助理。美国设立国家安全委员会，它在国家安全机构中高于国防部和外交部，处于各种行政和智囊机构的顶层。国家安全事务助理一职设立于 1953 年，开始只是扮演国家安全委员会的行政秘书角色，任命无须经过国会的批准。但他却是总统最重要的人事任命之一，是总统最主要的外交政策顾问和利益维护者，成为总统外交决策的主要助手和咨询对象。

② 著名的波兰裔美国国际关系学者、地缘战略家、国务活动家、外交家。卡特政府的国家安全顾问，美国国家安全事务助理（1977—1981），目前美国重量级智囊之一，美国前国务卿奥尔布赖特的博士生导师。

害美国制定且持续推行一项长期扮演全球领袖政策能力的结构性障碍。但是，现代沟通方式和金钱对美国政治的冲击又进一步导致了体制性的退化。美国的宪政体制……往往很大程度上在国内刺激下制定出那些具有世界范围影响的政策。这一现实强化了一种在世界上广为传播（绝非没有道理）的观点：一个狭隘的美国只把其自身一贯的关切、形形色色新式的口号以及特殊的利益推广到全球舞台上。……无论是行政当局还是立法部门都没有一个正式的协商过程，使得他们能以长远眼光认识全球未来，共商政策。行政部门……导致了长期的利益从属于短期的考量。立法部门则几乎一味地只关心眼前的国内问题。”对于美国对外政策的制定，布热津斯基的观点更为极端，他指出：“进一步促进国家政策的统一，还需要更正在国内，而且在国外也日益扩散的一种印象，即美国的外交政策的某些方面是可以用来出售的。华盛顿内部围绕外交政策的游说作用日益凸显，既导致也反映了上述这一现象。……随着时间的推移，这些外交政策游说集团筹集并达到选举活动经费目标的能力已经成为其影响力的主要来源，其重要性超过传统的投票力量。”① 基辛格指出：“由于存在国内各种压力集团，国会的立法不仅介入到具体的对外政策策略，而且寻求通过一系列的制裁向他国强加行为准则。”② 布氏和基辛格对美国对外政策的批评之严厉，恰恰说明了，所谓的民主社会无法建立对外平等的、基于世界范围普遍民意的长远政策。

为什么西方民主制度在对外关系上无法真正尊重别国的利益呢？这既有历史的原因，也有现实的原因。从历史上看，很多人赞叹美国宪法虽然制定了200多年但仍然有效，但当时的美国仅13个殖民地，除了与少数欧洲国家有联系外，对世界范围内政治经济政策的考虑还不是其主要关注点，涉外关系对国家的影响远远小于当今情况。虽有全球贸易，但规模和在经济总量中的比重较现在没有可比性。所以宪法制定者们就对外政策仅对国会与总统的权力做出了简单的规定。

现实的原因在于，美国的选举制度（包括任何西方国家的选举制度）要求根据国内的投票决定领导人，国内选民往往无法将对外政策的影响与国内问题挂钩，对外政策成为行政部门和立法部门相对自行决策的领域，涉外事项不能成为国内

---

① ［美］兹比格纽·布热津斯基：《第二次机遇》，154～157页，上海，上海人民出版社，2008。

② 同上，157页。

民主的真正议题；换句话说，外国不能给予行政部门选举和立法议员选举任何选票支持，这两个部门只有表现出为选民争取利益才能保证政治权力。但选民支持的候选人其所主张的政策在国内与国外却可能相互冲突。例如，在保守的选民面前，竞选人同时主张攻打伊拉克和赞同同性婚姻，那么选民同意竞选人的哪个主张呢？美国的批评家罗格·莫里斯指出，“普通的美国人把注意力都集中在日常的家庭生活问题上，对地球上的事只是漫不经心地瞥上一眼。”对外政策不在选举的议题选项之中，那么获胜者代表他的团体操作对外政策的空间就非常巨大了。美国的国际目标——成为世界重塑的领袖与其国内民主本身是存在冲突的，而将国内民主与国际目标相统一的手段在宣传中则演变为大量的欺骗、恐吓和收买。

基于历史形成的宪法框架和现实决策的利益考虑，美国民主决策无法外化为对他国利益的尊重。这个结论并非意指美国的对外政策完全没有战略规划，或者受到其他所有国家的反对，只是说明其对外政策与国内民主制度之间存在相互隔绝和相互矛盾之处，国内民主并非是解决国际问题的灵丹妙药。在国家关系问题上，外国利益是否能够得到尊重往往要服从于美国国内的政治状况，但此处的政治状况并非是民意，而是综合因素。

当下突出的两个例子体现了西方尤其是美国民主外部性的特点，即对待埃及的二次革命的表态和对待日本二战历史的态度。

美国自己对埃及穆兄会能否获得政权本就充满猜疑，当军队通过政变囚禁穆尔西之后，美国甚至不承认这是政变，只是犹豫观望；当军队强行清场导致大量人员伤亡后，美国媒体及政府虽然表示严厉谴责，但采取的制裁措施不过是毫无实质内容的停止举行军演。美国媒体可以对此表示谴责，但是，政府的表态更像是双簧表演。埃及军方对美国表面上表示不服，美国政府表面上谴责军方行动，但是，双方对彼此的不满都是为了做给那些简单概念的宣扬者观摩的。2013 年 10 月美国终于决定对埃及实施部分制裁，但是，伴随这种制裁同时所做的声明更像是安抚埃及军方，告诉他们制裁并非当真。如果同样的情况发生在前利比亚、现在的叙利亚，估计北约军舰马上就停靠在地中海一带，兵临城下，导弹和飞机已经做好介入准备了。同样的暴行在西方会受到不同的对待，这就是西方普世价值的双重标准，背后是国家之间的战略利益。也许有人会提出，毕竟西方国家谴责了埃及军方的暴行，说明西方还是追求民主价值的。如果在国际政治中，仅仅看到这些表面文章便认为这是掌权者内心的真实想法，那就过于天真幼稚了。对埃及军方谴责不过是为了保持自己所宣扬的价值观的体面和一致性，不过是为过去干预历史的道义理由保证起码的表面合理性，不过是对未来发展变化留出足够的退路和空间。但是，在实际处理过程中，一定是战略利益成为西方国家行动的真实指南。可怜的穆兄会如果以为国际社会将像对待利比亚、叙利亚那样热情介入，坚决打击施暴者的话，那他们一定会彻底失望了，并且还将因为相信国际介入而增强斗志付出重大代价。二次革命是穆兄会决策失误的正常结果，但是，西方国家对此陷入了自相矛盾的泥潭，只能通过虚情假意的谴责挽回逻辑混乱造成的信誉损失。殷鉴不远，在卡扎菲和叙利亚政府镇压持不同政见者而受到西方严酷打击的例子中，埃及军队能够自信不会重蹈这些政府的命运，这本身就说明了西方高层与埃及军队高层达成了某种默契。有趣的是，阿拉伯世界某些国家成为西方战略实施的有力工具，美国等可以停止军演、停止援助，但像沙特等却能够公开对埃及的镇压行动表示支持，提供大量经济援助。再看看沙特等国家对叙利亚民主的热情，具有正常逻辑能力的人谁还会相信，对这些民主运动的干预是出于正义公心的呢？

如果民主代表人民具有正常的人类理性，对外政策能够维护国际正义，则日本对军国主义的留恋成为又一个反例。德国用法律规定法西斯主义为非法，而在日本，右翼成为日本政坛的主导力量。美国在 1951 年主持与日本签订的《旧金山和约》，已经将日本从战败国提升到反对社会主义国家的前线盟国，美国沿用日本政府官员扶持日本发展，为军国主义留下了复兴的根苗。而在对待二战历史问题上，日本政府对二战时期历史借尸还魂，重走军事扩张路线，美国并没有通过民主手段予以遏制。从日本来看，其内部民主制度未能起到对历史予以全面认识和反省的作用；从美国来看，美国民主也没有对日本违反人间正义的复辟思潮进行强烈抵制，政府层面仍然将这样的政府视为重要盟友。其根源是什么？根源就是日本在东亚仍然是美国对抗俄罗斯和中国的马前卒。美国对日本军国主义的容忍，一定具有深远的战略目标，即希望通过中日两国的交恶，最终得以遏制中国的发展。所以，我们看到，在美国为民主目标在世界范围内摇旗呐喊的过程中，对违背历史、违背正义的日本历史问题，却完全采取淡然无视的态度。西方部分媒体对日本行为的否定和谴责，根本无法影响这些政府的核心政策。由此，日本政客才敢于更为明目张胆地参拜靖国神社。[1]

民主决策外部性特征导致了这样的逻辑结果，从决策的权力来源上以民主、人权旗号作为对外政策的准则，将民主等普世价值时时挂在嘴边，展现了公平正义的捍卫者形象，但是，经过行政部门和立法部门实际利益的过滤，民主大旗的基座却由阶层利益和狭隘民族利益浇铸。这是为什么美国在世人面前呈现出两面性、对外政策出现双重标准的原因。布热津斯基奉劝美国应当具有长远眼光，并避免对短期利益的追求损害其长期价值观，因为其看到了美式民主对全球政治觉醒的罔顾，发自内心地表示对美国未来的担忧。他形容“在某些方面，美国加冕为世界领袖也让人回想起拿破仑当年的那场自我加冕。拿破仑……视自己为历史的代理人，引导法国民众把革命觉醒转化为一场重建欧洲的宏大进程。自由、博爱、平等在整个欧洲被强行推广，也不管欧洲人是否翘首相盼。在第一位美国的全球领袖自我加冕（指老布什）十多年以后，一位美国总统（指小布什），与当年的拿破仑一样，宣布美国的历史使命（以及他自己的使命）就是推动整个伊斯兰世界在文化和政治领域的转型。”[2] 这里，以美国地位类同于拿破仑的加冕实在恰当。拿破仑向欧洲传播的思想内涵与其本人的专制做法相互冲突，违反自身逻辑的征服导致了他的失败。美国向世界传播的思想与其行动也存在矛盾，在未来，也许存在美国思想传播并实践于世界的图景，但以美国现有的做法，世界民主化进程却可能是以反抗美国民主和伪善为结果。

我们无意完全否定美国民主制度和其所宣扬的价值观，在当今的世界中，美国所确立的国际秩序对包括中国的发展中国家并非没有利益，我们需要清醒认识到的是，在接受外部思想和规则时确立自己的利益边界，不要因为被西方国内民主状况和发展水平所迷惑，进而认为从这些国家所派生出来的政策会对发展中国家产生同样的促进作用。外国尤其是发展中国家的利益，本身不具有在美国政治博弈中优先考虑的地位，而恰恰是从属于美国国内政治利益和经济利益的。

---

① 参见《美借墓地献花批“安倍史观”》，载《参考消息》，2013-11-13。对于日本的军国史观，美国的抗议也就仅限于美国官员不去靖国神社，而去东京千鸟渊公墓献花吗？如果愤怒的表达如此无奈，世界上还有什么抗议值得重视呢？

② ［美］兹比格纽·布热津斯基：《第二次机遇》，2页，上海，上海人民出版社，2008。

第九章
西方民主外部化

人类已经进化到为他人利益而无私奉献的地步了吗？如果是这样，还要市场经济干什么。

西方国家将自身民主结果外部化的手段是什么呢？在这里，美国是积极推动其国家政策的主要角色，所以，推动世界向其理想化方向前进的政策主要是美国政策。发达国家的政治手段主要集中在两个层次：一方面通过理想的和平手段推广民主理念，实现对目标国的民主化改造；另一方面，如果采用和平的手段无法实现，那么将以无可匹敌的军事优势维护其核心的政治经济价值观，通过人权、民主等普世观念进行国际动员，选择性地进行军事干预，直至发动大规模战争。

发展社会的理想狂躁症

在人类的知识与经验之间，永远存在着巨大鸿沟，将两者协调统一起来，是人类永恒的理想之一。学习知识的人往往认为，他所学到的就是知识的全部和精髓，加上人性感情方面的偏好，往往对于某些理论产生狂热的崇拜。这种热情可以用来追求真理，促进人类社会进步；但也可能体现为另一种情况，掌握部分知识代表着无知，自身成为有限知识和狭隘视野的奴隶。

最近在国内有不少文章大谈西方民主、国外体制的各种优点、进步之处，似乎通过理论上的对比就能够说明社会应当选择的发展路径，这些文章抛开具体社会、具体历史、具体文化和具体条件，以完全抽象概念反驳抽象概念，因其具有的美好理想词汇而引起社会认同和感情共振，实际上对自身地位及条件缺乏客观分析。这是部分精英的通病。

追求理想本是社会进步的重要动因，但在不平等世界中，在西方国家强势地位的诱惑下，追求理想被引导到追求西方形而上学民主概念的歧路上去，从而完成了对西方核心体系的附从。个人或者社会阶层对民主的追求，结果却导致国家和民族在国际上丧失民主权利，这也是国际社会对民主理论的一种异化和讽刺。

西方国家软实力的影响建立在这种美好理想和愿望之上，通过国家、非政府组织、研究机构、国际组织等向发展中国家灌输。美欧因为在历史中先行一步，所以对自身历史中的坎坷崎岖可以有意忽视，甚至要摆出一副追悔莫及的懊恼面孔告诉后来者，自己当初是如何幼稚和错误，以至于走了许多弯路。这就像是40岁的成功人士告诉年轻人，之所以成功是因为他现在敢于投资花费，而过去的错误经历不过是失败教训，任何人都可以轻易跨越。

完善的理论和光鲜的现实让不少发展中国家的人们感染上理想狂躁症，不少人觉得不能过西方社会的人生就不是完整的人生，不能享受到那种生活就根本谈不上生活。他们看到身边任何事情都以牢骚和愤慨对待，对待远方社会的任何事情又都能以宽容和理解开脱。这种病症，构成了西方软实力影响并颠覆发展中国家社会的合适土壤。

我们不否认，在东西方社会都存在真心希望社会进步、并为此努力奉献的人士，我们也不认为所有西方著作、宣传都是出于阴谋目的，人类追求美好事物本身就是社会进步的重要动力。但是，这种高尚情感与客观现实相结合，却恰恰契合了西方金融霸权和垄断资本的运行逻辑。理想与霸权相结合，正如同爱情与金钱相结合一样，结果却与理想目标南辕北辙。

若要打击一个国家，首先要摧毁它的思想意识形态体系。西方国家与中国的部分精英针对中国的历史、发展道路等进行抽丝剥茧地侵蚀，目标是破坏历史的道义基础和民族自信。“任何针对道义基础的挑战都是一种战略性挑战，一种存亡绝续的挑战”[①]，“对于一个意志衰颓的民族，落后会挨打，先进也会挨打；贫穷会挨打，富有更会挨打。……销蚀一个民族的意志，折服一个民族的雄心，夺走一个民族的自豪，是一种通常的战略。”[②] 中国近现代史中也许有这样或者那样的局限性，社会未能一步到位地选择发展模式，在民族发展的道路上存在各种失误，但是，这些不足背后的民族意志没有过错。民族意志体现了为中华独立、崛起和发展而奋斗的强烈愿望，这是中华民族能够经历百年衰败、长期战争、十年浩劫而仍然蓬勃发展的精神动力，尽管追求进步的手段存在各种问题，但不能因为批评手段而进一步否定这样的民族意志。有些人和有些国家，希望通过否定这种独立奋发的民族意志、打碎这样的民族立场，从而实现对西方财富体系的臣服。例如，有的文章为英国发动鸦片战争正名，搬出国外观点，认为那不过是国与国之间正常的贸易冲突，似乎错在中国没有实行开放政策；关于朝鲜战争，又有人根据现在的朝鲜现状来反推当时中国参战是如何地不明智。

相比较而言，日本的民族意志在日本同样受到保护，尤其在右翼分子那里，他们将二战视为其国家历史的正常发展，这种意志代表了其扩张旧梦和缺乏历史是非判断的思想，是应当坚决予以否定的。但同样不可否认，百年来日本民族意志在其社会发展中发挥了核心灵魂作用。对此，西方却很少公开批判这种思想下的历史倒退思潮。

在西方社会，存在一种良好情感和社会氛围，这就是对自身历史的宽容。市场经济鼓励人们追求未来利益，无暇过于追究过去的是非。历史的是非曲直，往往不再成为社会关注的重点。例如，林肯在南北战争后对南方领导人没有采取任何报复措施，西方对二战中战犯以外的人也少有法律追究[③]，即便南非曼德拉在取消种族隔离后也通过招待昔日的狱警而展现宽容平和的心态。这种态度一方面是对历史的客观评价，另一方面，他们对历史错误的宽容也避免了当下社会矛盾的对立和思想分裂。一个国家内部对人的宽容和对历史的宽宏是社会团结的基础，

---

① 黄树东：《大国兴衰：全球化背景下的路线之争》，28页，北京，中国人民大学出版社，2012。

② 同上，55页。

③ 参见［美］弗朗西斯·福山：《国家构建：21世纪的国家治理与世界秩序》，37页，北京，中国社会科学出版社，2007。“在德国，战后的民主政府曾要求同盟国占领当局允许他们继续实施一项纳粹时期的法律来治理其引以为豪的文官制度。原先被清洗的5.3万名常任公务员中除1 000人外最终还是被重新任用了（谢孚特，1993）。”

尽管历史中存在令人批判和谴责之处。

但在发展中国家，似乎专门有人喜欢鼓动对历史进行无休止的清算，对历史中的仇恨、狭隘、极端进行同样极端的社会性的批判。他们理由充分，认为这是还历史公道。历史自然有是非曲直，教训自然不应当被人们遗忘；但是，以什么样的眼光去审视历史却格外重要。对历史的过度激情批判，目的往往是为了后来者，即现在而已。这种批判者往往因为站在正确位置上，便以与过去同样偏激、仇恨的态度批判历史，这实际上是以与其所批判对象相同的情感对待历史，而自己则成为所批判思想逻辑的奴隶。即便是正确的立场，对于历史态度也应当有合理的限度，并非越是仇恨错误便越能够避免错误，错误只有在理性、客观的基础上才能得到深刻认识。比较一下“阿拉伯之春”中的埃及民主运动，最初穆巴拉克镇压民主运动，随后穆尔西当选总统后对穆巴拉克党羽进行历史清算；在其执政中发生社会问题时，穆尔西也对社会抗议采取压制行动；而二次革命后，军方又对穆尔西的历史进行清算，社会缺乏包容和共同向前的气度，缺乏对错误既往不咎的大度，便会成为尖锐对立的战场。

同时，对自身历史的否定和割裂，往往也是无知的另一种形式。例如，西方和俄罗斯对斯大林的批判比对日本军国主义的批判还要严厉，中国便有人跟从，但是，不熟悉历史的人很少知道，二战初期在中国遭受日本侵略的时候，在西方国家一致对日本采取绥靖政策并大量供应日本军用物资的时候，是苏联供应蒋介石国民政府近千架飞机和大量军用物资，提供了众多培训人员，抗战前期共向国民政府贷款 2.5 亿美元。[①] 这虽然是为了维护苏联的利益，但是，苏联援助对中国避免军事急速溃败起到了重大作用，这又是历史的恩义。当有人采访获得诺贝尔文学奖的莫言，谈到如何看待“文化大革命”时，莫言深刻地回答：“几乎没有人扪心自问：‘我是否伤害过别人。’”我们看到的历史是彩色的，并非简单的善恶，所以，对待历史的态度一要客观，二要平和。

这些历史批判者对于现实又是有选择地宽容，例如对于俄罗斯在 20 世纪 90

---

① 参见陶文钊、杨奎松、王建朗：《抗日战争时期中国对外关系》，74～81 页，北京，中国社会科学出版社，2009。当时苏联三笔易货贷款实际到位 1.732 亿美元（因苏德战争而中断），所提供军事装备在苏军中属于一流，而且订货价格相当便宜，如飞机折合美金 3 万元，比当时国际市场售价要低很多。当时孙科表示此贷款相当于 4 亿卢布，以至于当时中国共产党一些干部抱怨，苏联将飞机大炮给了蒋介石，却只给了共产党马克思主义书本。

年代的悲剧，他们会指出，难道俄罗斯人民希望回到苏联时代吗？对于伊拉克现状，他们又会指出，现在伊拉克人民会怀念萨达姆时期吗？他们在失败变革中总要发现闪光点，就像是告知医疗事故中致残的病人，即便出现了医疗事故，总比不治疗而死去强，所以，不要有任何意见！

发展中国家存在的另一个问题是，对于普世价值等概念进行过于简单化理解，认为社会只要信奉这种价值观念就会不断进步，其实对于具体的步骤、社会组织构建、文化准备等思考并不深刻，他们以自己的愿望代替周边人们的思想，以为自己的价值观就构成对社会其他人行为的约束。这是一种过于简单和乐观的预期。当今社会，任何简单概念背后都有一套极为复杂的系统在约束和支撑，表面上概念的共识在具体社会运行中却可能处处是分歧和矛盾，所以要建立一个体系是复杂的系统工程。这正如很多人信奉乔布斯的极简主义，将普世价值作为极简主义的外在表现而认为只要掌握几个关键概念就能够改变社会。在极简风格的产品中，任何极简的美观功能背后都有极为复杂的综合体系支撑。简单概念之所以简单不过是人类表述的方便，绝不代表简单理念的社会结构和组织同样能够简单实现。

基于这样的社会意识基础，西方意识形态在发展中国家长驱直入，获得了社会认可，并在一些发展中国家导致了社会变革。这些国家，成为遵从金融霸权逻辑更为开放自由的领地，无疑将为西方贡献更多的财富。同时，由于采取了市场经济制度，部分国家必会在社会层面上创造更多的财富，人民物质生活条件将获得绝对提高，也为社会遵从这种逻辑提供了空间。实际上，为社会进步发挥主要作用的更可能是因为落实了市场经济制度，而非西方民主的作用。政治制度变革需要更为广阔的社会机制的调整和适应，是需要时间和谋划的过程。

受到发展中国家社会意识形态的认可，西方民主价值观成为美国所自诩的软实力也就不足为怪了。实力是可以获取实际利益的手段，软实力成为服从者自愿贡献的渠道。

西方以立体和平手段推行民主化

西方推行民主化的和平手段是立体式、全方位的，从西方国家政府到新闻媒体，从“独立”非政府组织到国际机构，从学校课程设置到对专业著作的资助，从电视电影作品到知名人士感人肺腑的演讲，从吸收崇拜分子到直接介入选举，西方通过金融霸权所吸食的巨大财富为发展中国家制造了美轮美奂的民主盛宴。

事物的复杂性在于，众多西方民主宣传团体、阶层中，其动机并非完全出于自私目的，其所宣扬的民主理念也并非完全没有道理，从事民主鼓动宣传的志愿者可能拥有圣徒一样的理想，拥有无私奉献的崇高志向。但是，也正是因为民主价值观杂糅着理想主义与现实私利的特性，才能赋予它如此的吸引力和事实上的软实力。民主思想向世界发散性地传播，但是它能否到达它的目的地，却需要资本作为指路者，所以美国民主不会被引导到讨论沙特、巴林等国家民主状况的路上。资本并非是民主的天然伙伴，它可以成为民主先锋的殖民者，也可以控制民主的具体范围、指向对象和持久能力。所以，西方作为发达经济体，它天生具有了特殊的先发优势，民主和资本所具有的优点和弊端可以选择性使用，这在西方社会本身并不会产生问题，而西方可以毫不保留地向世界传播，让发展中国家的人民觉得这些东西具有世界普遍性，放之四海而皆准，从而形成了普世价值观。

作为国家战略，西方却完全清楚民主价值观的宣扬将对发展中国家产生何种效果，这种效果同样呈现出不同的色彩，但总体上看，在促进各民族思想活跃的同时，并没有为发展中国家带来理论所预言的理想效果，因为它宣扬价值的唯一性，脱离社会发展路径和现实，结果却使自己的声誉蒙羞。

从国家政府层面看，西方宣扬民主价值观不遗余力，甚至日本在中国周边搞价值观外交，美国更是推动北约成为其民主外交的坚强后盾，包括希拉里在内使用的外交手段总是通过民主话题拉近国家之间的关系，“民主共同体”已经成为一个排斥异类、自我感觉良好的圈子。凡是在政策上不能与西方合拍的国家，包括俄罗斯、委内瑞拉等都被称为不民主的国家。

除国家之外，用力推动民主化的还有国际组织，最有力度的是布雷顿森林体系成立时诞生的国际货币基金组织、世界银行和世界贸易组织（前身为关贸总协定）。它们原本的目的是发展世界经济，提供国际经济运行的组织框架和贷款帮助。但是，随着发展中国家债务危机的频繁发生，国际货币基金组织和世界银行的角色发生了重大转变，开始对发展中国家实施政策影响。它们通过贷款附加条件，要求发展中国家治理的先决条件包括了广泛的政治内容。①

---

① 参见［英］张夏准：《富国的伪善：自由贸易的迷思与资本主义秘史》，16 页，北京，社会科学文献出版社，2009。

宣扬民主的第三个层面是西方国家的非政府组织，包括“自由之家”等非政府组织已经成为民主标准的制定者，索罗斯成立开放社会协会并投入大量资金，美国全国民主基金会不过是政府下设的表面独立推动民主的组织。非政府组织数量巨大，涉及各个领域，其中不乏在专业领域对社会具有推动作用的团体。但就西方推动民主自由的非政府组织而言，首先美国政府对此进行了大笔投入，其次各层面资本的积极介入，思想智库等方面的配合发展，为提升西方软实力、介入其他国家民主化进程提供了充分动力。比如“自由之家”年年出具评估各国民主情况的报告，西方领导人甚至以此来评判各国的民主状况。在2012年的报告内容中，它甚至将新加坡的自由度置于印度之后，这种鉴定本身就能够说明其标准的形式化和肤浅。不少非政府组织直接介入各国的选举培训、宣传，这更是对他国政治生活的强行干预。俄罗斯2012年出台修订的《非政府组织法》，直接将接受外国资金并从事政治活动的非政府组织视为“外国代理人”，并进行了严格规范。

在西方从政府到非政府组织等一系列民主攻势下，最近20年频繁发生的“颜色革命”成为西方民主制度在发展中国家和前社会主义国家取得优势的成熟模式，通过思想灌输，这些国家人民主动洗脑而达到社会变革的目的，是西方花费成本最少而又能够获取巨额财富外溢的手段。各种革命发生的背景和具体条件各不相同，但大多数都是在美国各种势力影响下实现的。

利己动机下的普世情怀

西方理论有一种说法，民主国家人民对其他国家民主状况具有感同身受的情感，所以，对于他国人民争取民主，民主国家不能袖手旁观，在需要提供帮助的时候应当及时出手，对于损害普世人权的政府予以谴责、制裁，甚至进行人道主义干涉。

人类情感虽然能够随着社会的进步而发展，但要达到一种无私境地还需要历史的巨大进步。我们相信人类本身具有诚实、自尊、责任、信仰、公德心等利他主义动机，这些情感由社会教育和人类实践逐步内化为个人品格。但市场经济仍然建立在人是自私的利己主义者基础之上，虽然不排除少数为社会、为他人、为国家无私奉献的贤达人士，社会整体的运转规律却不能片面地以人性本善为基础。

市场经济祖师爷亚当·斯密所说的“无形的手”是指人类自私动机而引导的市场经济规律，市场巧妙地利用了利己主义能量达到了社会经济发展的自然状态。撒切尔夫人断言：“根本就没有社会这种东西。有的只是男人、女人，还有家庭。”没有私利动机，西方国家宪法就没有必要规定私有财产神圣不可侵犯，“华盛顿共识”中保护私有产权这重要一条也就成为多余的了；在政治领域，西方制度设计是以私利无限膨胀为假设前提的，三权分立的目的之一即为了限制权力的滥用，必须用权力来制衡权力。对于权力的来源，民主选举制度以选民的自私动机来推动，参加选举的候选人不会提出侵占选民利益，反而承诺他将带给选民利益，对于私利的推崇和认识，西方要具有更大的发言权。

而在以美国为代表的西方国家对外政策中，政客和理论家们突然像是抛弃了作为其社会哲学基础的原则，而大力推行帮助他国的政策。这种做法与其社会状态存在严重的逻辑冲突。如果因为人民热爱民主，便以他国民主视同自己的事业，以他国人民情感为自己的情感，那么在国内，这种情感就可以用来消灭私有制度，人们同样应当在看到比自己处境困难的人时给予无私帮助，直至平分财富，如果这样，共产主义社会不仅不是资本主义的对立面，反而应当殊途同归了。西方也失去了反对东欧和苏联社会主义的基础，共产主义假设“每个人都是无私的或至少在很大程度上都是利他的”反而具有了现实基础。

在现实中，市场经济制度使个人对经济利益的关注达到前所未有的高度。在市场经济社会中，没有金钱确实寸步难行，西方社会所强调的个人主义思想也是以个人利益的维护为基础，在几乎人人为自己的利益而奋斗，为生存、现实生活所吸引的社会里，要求人们对远方他们所不了解的历史、民情和现状的民族或国家利益迸发出替天行道的激情来，这本身就充满了矛盾和讽刺。2002 年美国国家地理协会做的一项研究发现，85％的美国年轻人不能在地图上标出伊拉克或阿富汗的位置，60％的人无法找到英国，29％的人甚至无法在地图上指出太平洋所在的位置。[①] 对于这样的民众、对于这样的认识，民主对外政策的结果不过是精英人士与媒体帝国共同宣传和引导的产物。更重要的是，如果对外政策中支持民主与本国利益相互冲突，像美国等西方国家将如何自处呢？是将民主放在首位还是将自身利益放在更优先考虑的位置上？历史给美国提供了无数证明自己的机会，结

① 参见［美］兹比格纽·布热津斯基：《第二次机遇》，159 页，上海，上海人民出版社，2008。

果是明确的，在决策关头，总是自身利益走在了追求民主理想的前面。

另一方面，人们当然不会对世界其他地方的人道状况完全无动于衷，一个国家恶的势力占据优势，进而影响国际关系基础，这时需要国际上有道义感的国家联合起来予以抵制、抗争，甚至消灭，比如二战期间的德国和日本法西斯主义。但是，出现这种情况是因为德国和日本都已经侵略别国并施行令人发指的惨无人道的暴行很久了，英美等国才真正介入；20 世纪 90 年代发生在非洲的大屠杀，美国对此没有地缘利害关系的事件却无动于衷。在干涉和不干涉之间必须有一个界线，由于一国具有特殊情况，对于外国干涉来说，难以判断绝对的是非曲直，其历史、文化、社会结构的特殊性决定了特殊的发展道路和社会矛盾的解决方式，而强行干涉标准的双重性又容易导致虚伪的私利实质，不统一的标准成为维护自私利益而进行道德宣扬的借口。

自由主义外衣下的现实主义逻辑

美国在国际战略上存在两种观点，一种是自由主义也称为理想主义的战略思想，这种思想相信国家之间的合作和国际秩序的建立，相信国家之间能够进行有效的沟通协调；它认为，经济高度相互依赖能够避免国家之间的战争，而民主国家不会对其他民主国家发动战争，同时，国家之间的合作前景也能够有效地避免战争。另一种是现实主义的战略思想，这种思想认为，由于国际上缺乏超越各国主权的权力，结果必然导致各国之间争夺权力，而国家目标应当是在丛林一样的国际社会争取最大权力。两派各有理论体系，每派理论中又存在各种分支，对国际社会有不同的解读。在实践中，自由主义思想需要推广民主，建立和谐的国际关系，而在现实主义理论中，只要能够获得国际权力，与威权政府合作也并无不可。

美国实践是以哪种理论为指导呢？事实上，两种理论在指导国家政策中的界限并非绝对分明，它们都在指导对外政策实践，但也根据现实情况随时调整，它们之间的关系反映了美国内部理想政治与现实实际的关系：它不能在国内抛弃民主说辞，但又要以现实态度维护在世界范围的切实利益。一个用在正式外交场合，一个是在自己的具体做法中，美国实际上是披着自由主义的外衣，实行着现实主义的做法。美国不反对符合自身利益的国际合作，并且以强大实力建立了以美国为核心的国际合作体系，在此国际合作和交往中，由于美国金融资本的力量，由于美国的技术实力，它获得了极大的利益，同时发展中国家在美国建立的国际经济政治体系中求得发展和国际交往，取得了一定成绩。但是，这种合作并非以普世价值观为基础，而是以美国的国家利益，更确切地说是以美国金融资本和实业资本利益为出发点的。一旦其他国家的历史选择或者国家战略违背了美国国家利益，美国就仍然打着自由主义大旗，以推动民主和人类普世价值的面目寻机干涉他国。所以，美国既没有一味地强调武力，公开以权力为最高目标，也没有完全相信国际合作，它是在两者之间寻求平衡，同时又具备对两者都予以推行的实力，以此建立了以美国为核心的霸权体系。所谓的霸权就是通过强力与认可相结合而获得的权力，单纯通过强力无法保持长久的权威，它或多或少是建立在自愿接受的基础上。没有世界范围内众多国家对美国的认可，美国不可能维持当前的权力。这也是美国一方面在加强自己的经济、军事实力，另一方面在宣扬民主、自由等普世价值观，大力打造美国软实力的原因。只是在软实力背后，发展中国家民众看到的是美国的民主制度、人民的富裕生活，但无法了解硬实力与软实力的真正来源和运行逻辑，而仅仅与美国所宣扬的价值观相联系而已。

美国的政策是：在进行现实主义的权力竞争中，要表现为为利他主义的事业而奋斗，表现为是在追求普世人类的价值观，表现为在为被干涉国家的民主制度做奉献。美国市场经济的逻辑基础所在，及其宣传的价值观所限，决定了美国的行为一定是一种有选择地执行价值观的政策，结果在他国看来，美国的政策充满了虚伪和伪善。

我们不必追究美国对印第安人的历史、对黑人奴隶的历史、对建设美国铁路的华人历史、对在二战期间美国日裔的历史，仅在二战之后，美国所宣扬的价值观绝大多数是其本身利益的掩护服。二战后美国在欧洲实施的马歇尔计划，是美国少有的以利他主义原则协助他国发展的实例，虽然出于对抗苏联社会主义阵营的动机，但其实际效果帮助了困境中的西欧，恢复建立起强健的经济和社会。

在南美洲，美国称得上是名副其实的反民主斗士。美国实际上并不关注他国民主状况，而更关注该国是否实行具有社会主义倾向的政策，如果这个国家通过民主方式进行社会化改革，改变那种以市场原教旨主义为原则、赢者通吃的经济模式，发展以保护社会、保护普通民众的治国方式，那么美国就需要根除这种坏榜样，建立以美国市场为原型的经济体制。如果独裁者能够实现这种目标，与独裁者合作或者干脆支持独裁者，对美国推广民主普世价值似乎就不存在任何障碍了。

查韦斯在委内瑞拉的支持率始终高居不下，而美国媒体和政府却反复强调查韦斯是独裁者。即便在2002年委内瑞拉发生反查韦斯的政变期间，查韦斯也赢得了其本人无法实施胁迫的选举，这难道不是民主吗？为什么查韦斯获得如此之高的支持呢？原因在于委内瑞拉是南美洲的重要产油国，它依赖出口石油，本应当是富裕的国家，但查韦斯执政之前，委内瑞拉只有极少数超级富有的精英和高级特权阶层，其他贫困的平民占社会大多数。查韦斯执政后改变了这种状况，他推行的社会计划帮助了大多数平民，比如在教育、医疗、住房等等方面的慷慨帮助，大大提高了人民的生活水平。这种模式触动了美国资本的灵魂，所以，委内瑞拉国内的反查韦斯政变获得了美国小布什政府的支持。查韦斯的经济政策到底是否适合社会发展尚有待观察，但民主的结果表明，查韦斯当选和后来马杜罗当选是对完全市场化的否定。

智利前总统阿连德是民主选举的总统，而美国中情局支持皮诺切特发动政变推翻了他。阿连德的主要主张之一是通过议会民主形式推行社会主义制度。不论阿连德的政策是否符合经济规律，他的当选是智利民主的选择。阿连德的经济政策不符合美国经济意识形态，且将对美国投资资本进行抵制，美国反对他，结果皮诺切特发动政变获得了美国的支持。之后从1973年到1990年，智利一直在军政府独裁统治之下，在此期间智利几千人“失踪”，这是政权恐怖主义，但智利也因为实行“芝加哥男孩”[①]带来的新自由主义市场经济而得到了一定发展。皮诺切特通过专制政府压制劳工，为资本创造了最大的空间，它一方面为经济发展创造了条件，但同时也导致了严重的贫富分化，导致了智利的长期社会动乱。而皮诺切特实行的新自由主义却是反民主的思想结晶，没有反民主的强力推行，它不会在一个民主国家真正得到执行。

---

① 芝加哥大学是经济学货币主义米尔顿·弗里德曼的大本营。货币主义学派主张实行自由市场制度，严格管理货币，严格限制政府干预经济的权力，尽量发挥私人企业和自由竞争的功能，反对政府主导的统制经济。1960年代智利的一批学生在芝加哥大学系统学习了这些知识，他们于1970年代在智利推行货币主义的主张。这批年轻的经济学家被称为“芝加哥男孩”或“芝加哥小子”。

在涉及民主的问题上，美国向来不是原则的坚持者，经济利益考量和政治服从才是美国判断其立场的主要根据。自由主义的导师哈耶克曾表示，“我从来没有主张过，威权主义政府比民主政府更有可能确保个人自由，我说的恰恰相反。但这并不意味着，在某些历史环境下，在一个威权主义政府下，个人自由能得到比在民主政府下更好的保护。自雅典民主制以来，这种事情时有发生……而在现代，也当然有很多例子说明，在威权主义政府下，个人自由比在很多民主制度下更为安全。”例如智利的皮诺切特政府。哈耶克又进一步解释说：“受到制约的民主制度，很可能是人类已知的最佳政府形态，但这并不意味着我们在任何地方都可以拥有它，甚至也不意味着，它本身就是一种最高价值。”哈耶克在 1981 年接受智利一家报纸采访的时候又说：“事实上，在一般性地考察制度的时候，我是完全反对独裁制度的。但在某个转型时期，它可能是一种必要的体制。当一个国家在某个时间具有某种形式的独裁性权力的时候，它就成为必要的。如你所知，一位独裁者是有可能以自由主义的方式进行治理的。而一个民主政府完全拒绝自由主义而进行治理，也是有可能的。我个人更愿要一位自由主义的独裁者，而不愿要一个缺乏自由主义的民主政府。我的印象尤其是——这也适合于南非——在智利，你们处于由一个独裁政府向自由主义政府转型的过程中，而在这一转型过程中，保持一种独裁权力是必要的，不是将其作为永久性的东西，而是作为一种转型安排。”不能不认识到，哈耶克的理论存在一定合理性，在其为臭名昭著的专制独裁者开脱辩解的同时，也指出了社会转型过程中所需要的切实权力的必要性。如果哈氏的理论存在可资借鉴之处，那么民主精英们所推崇的精神导师不是指出了发展中国家转型过程中那种盲目空洞的普世价值口号的荒谬吗？

这是美国一以贯之的标准，民主普世价值观的约束条件永远可以通过变换来获得认可或者否定。在中美建交的 1979 年，美国却强行通过《与台湾关系法》向中国台湾销售武器，当时中国台湾还在实行戡乱法①，压制反对派，与后来所谓的人权民主还没有任何关系。② 在美国的外交政策中，道义永远是可以选择的道具。

---

① 指公布于 1948 年 5 月 9 日的《动员戡乱时期临时条款》，蒋政权以此冻结了宪法部分条文，其主要作用是扩充总统权力。蒋介石到台湾后，在此体制下，许多冠上“动员戡乱时期”的严峻法规纷纷出笼，成为整肃异己维护专制的工具。该法直至 1987 年蒋经国才予以解严。

② 参见［美］傅高义：《邓小平时代》，466 页，北京，生活·读书·新知三联书店，2013。

伊拉克战争：从犯审批主犯？

众多拉美国家与美国的分歧还仅限于经济发展模式和如何进行社会化改革问题，但对于中东地区，美国政策却是赤裸裸的霸权主义，其中最突出的例子是第二次伊拉克战争，美国以解放伊拉克名义发动战争，如果说萨达姆统治的伊拉克是地狱的话，那么美国入侵让伊拉克人民见识到了地狱还有十八层。伊拉克战争彻底粉碎了美国推行民主的动听口号，对其国际政策产生了重大影响，而且在伊拉克战争之后，世界不再相信还有公平的国际政治经济秩序，美国单边主义彻底破坏了人们的理想。而这种政策，是美国式民主的结果，不要忘记，是美国民主制度的结果。

看看这段话是否适合美国发动第二次伊拉克战争的情况：

“人民当然不想要战争，然而，毕竟这是由这个国家的领导人来决策，而且，将人民拖曳向前总是件轻而易举之事，你所要做的一切，就是告诉他们说，他们正在遭受攻击，并谴责那些和平主义者缺乏爱国精神，将国家暴露在危险之中。这在任何国家都同样有效。”①

这不是“9·11事件”后美国政府官员的表白，但却是对美国伊拉克战争宣传恰当的描述，这番话是德国纳粹宣传部长戈林在纽伦堡审判中的发言。而在小布什宣称应该向伊拉克宣战的当时，美国70%的民众相信伊拉克领导人卷入了袭击美国的事件。

首先我们抛开国际原子能机构核查等一系列针对萨达姆政权的国际行动，作为具有常识的理性的普通人，坐在离美国和伊拉克万里之外的家中，仅仅凭借公开的新闻信息来分析一下事实，我们就能断定：伊拉克肯定不存在大规模杀伤性武器。为什么？当时萨达姆内外交困，北部库尔德人反对他，南部什叶派穆斯林反对他，伊拉克又面对着国际严格的制裁，这些说明作为独裁者他在国内能够稳定政权已属不易，依靠石油换食品的援助，他需要供养部队、政府、妇女和儿童，在这种条件下，他如何有能力集中人力、物力、财力和科技去发展一个偌大的项

① ［斯洛文尼亚］斯拉沃热·齐泽克：《伊拉克：借来的壶》，1页，北京，生活·读书·新知三联书店，2008。

目？研究核武器是系统工程，需要设计、施工、采购、生产精密仪器、冶金锻造，这是涉及成千上万人具体工作的大事，是需要工业力量和科技实力作为保证的，如果有从事核武器的事实，必然存在各种痕迹；正如同现在朝鲜和伊朗的任何活动都在美国卫星的监视之下一样，当时的伊拉克也逃脱不掉被严密监控的命运。以当时伊拉克的弱势地位，萨达姆内外反对势力的能力，以及美国收集情报的水平，不可能从这样庞大的工程中发现不了彼此印证的痕迹；更何况萨达姆当时已经完全屈服于国际社会的压力，同意联合国核查团进入伊拉克各地核查，核查人员与伊拉克人之间可以自由接触，甚至不时有伊拉克人叛逃，萨达姆已无力控制所有活动处于绝密状态。从一个开放的大门进入，要寻找这样巨大的工程应该轻而易举，但这种完全不对等的力量反映在公开信息中，却没有确实证据能够证明萨达姆违反了其对联合国的承诺，所以，不必需要内部信息，我们就能够判断，萨达姆没有大规模杀伤性武器。如果说萨达姆确实有使用过大规模杀伤性武器的历史，那就要追究他在两伊战争期间对伊朗使用过化学武器，而对此行径，美国当时却装作没有看到，在那时，事实上成为了与萨达姆共同对抗伊朗的从犯。

现在，我们回到专业人士的叙述当中，伊拉克历史上确曾试图发展过核武器，1989 年，在两伊战争结束后，美国邀请伊拉克的核工程师访美，就如何研制核武器对他们进行培训[①]，在 1991 年第一次伊拉克战争之后，国际原子能机构曾对伊拉克核查并查到了伊拉克发展核工业的证据[②]，而且对其核设施进行了销毁。相对于核查人员，美国总统掌握了更为全面的信息，如果布什总统并不比我们这些平常人更为愚笨的话，那么他就知道伊拉克到底有什么，也同样知道他自己要做什么。对于同一个人，美国支持他的时候他就可以做任何事情，而当美国反对他的时候，他却担负起莫须有的罪状，这样的法治逻辑，能够让国际社会中对美国怀有敌意的国家相信自己会得到美国的善待吗？

布什于 2002 年 9 月公开宣布了美国新的国家安全学说，其主要论点是：当今的主要敌人是“非理性”的原教旨主义者，那么美国就有权先发制人；尽管美国应为这样的行动谋求建立国际联盟，但如果得不到充分的国际支持，就应当保留

---

① 参见［美］诺姆·乔姆斯基、［美］大卫·巴萨米安：《美国说了算》，50 页，北京，中信出版社，2011。

② 参见［埃及］穆罕默德·巴拉迪：《谎言与交锋》，15～17 页，北京，中信出版社，2011。

独立行动的权利。其暗含的意义就是：什么是威胁美国利益的危险行为由我美国来定义；而如果国际上没有朋友支持，美国也有权采取先发制人的单方面行动。美国以全球化的民主捍卫者自居，但却夹带私货，为自己的利益行动，正如齐泽克所说："今天的美国，其问题并不在于它是一个新的全球帝国，而在于它不是。换言之，它一面冒充全球帝国，一面继续扮演民族——国家的角色，无情地追逐自身利益。"[①] 这句话的含义是：如果作为帝国，它应当为维护国际秩序暂时牺牲自己的非关键性利益，从而为国际树立榜样和规则；但如果它一味地谋求自身利益，那么它是不配做这个世界的帝国的。海牙成立全球战争刑事法庭，美国对此的态度更能说明问题，该法庭作为国际政治体系处理全球战争罪行的良好平台，可以对战争罪行进行追究，美国却反对它，因为美国担心其官兵在海外的行为会在这个法庭受到追诉，美国士兵在伊拉克的犯罪行为、在阿富汗的暴行，却受到美国法庭的审理，换句话说，在文明昌盛的21世纪，治外法庭仍然是美国等发达国家抵制自己所建立的国际秩序的需要。这本身又是与美国的民主成果相矛盾：既然美国已经解放了阿富汗和伊拉克，并建立了民主体制，那么为什么美国士兵在这片土地上的罪行不能通过你所建立的民主体制下的司法体系来审理呢？美国催生、孕育并建立了它所希望的民主制度，但同时又不相信自己所建立的东西，那么如此兴师动众地建立它并标榜它实现了民主目标又有何意义呢？如果你不相信自己所建立体制的有效性和公正性，那么，你所进行的战争又有何意义呢？

大多数人看到的是布什政府对伊拉克战争的自由宣言，但很少有人关注美国在伊拉克的具体作为。在美国占领军最高当局将行政权移交给伊拉克政府前，美国代表行政长官布雷默颁布法令，试图为运作良好的市场经济建立起基础法治框架。《布雷默法令》第39条规定，允许伊拉克200家国有企业私有化，允许外资对伊拉克商业100%的持有资格，允许外国公司接受"国民待遇"，允许对所有利润和其他资金无限制地免费汇款，以及允许40年的所有权许可证。第40条法令将银行部门从国有性质转变为市场导向的系统，允许外国银行收购不超过50%的伊拉克银行。第17条法令赋予外国承包商对伊拉克法律的充分豁免权，受害方必

① ［斯洛文尼亚］斯拉沃热·齐泽克：《伊拉克：借来的壶》，10页，北京，生活·读书·新知三联书店，2008。

须在美国法院中接受美国法律的审查。[①]

在一个破败的战争后国家实行新自由主义经济政策，伊拉克如何有能力与其他国家经济实体进行竞争？如何能保证经济不为其他外国势力所控制？对此，也就可以大体估计会产生什么样的结果。

美国可能认为伊拉克不过是日本二战战败后的翻版，美国以软实力可同样在伊建立民主的样板，既然日本在战后得到了快速发展，伊拉克为什么不能在美国的保护下成为中东经济发展、政治民主的样板呢？这种比较缺少对历史的深度理解：且不论日本和伊拉克在战前的经济发展水平不同，仅在两国受到美国控制的原因上，两国民众的感情也存在巨大差别。日本在侵略多国后被强国联盟彻底击败，在日本民族感情中，不论他们是否承认，日本知道侵略行径给各国带来的巨大灾难，潜意识里对美军占领和统治视为理所应当的报复，从感情角度来看，日本接受这种失败后受到惩罚的结果，所以日本人能够接受美军占领，甚至对占领当局达到顺从和崇拜的程度；而在伊拉克，民众认为美军是地道的、不请自来的侵略者，他们没有日本人的心理弱势，而且具有受害者的积怨和怒气，对萨达姆的抛弃不等于认同美军统治，况且，与美军在日本对战犯类似法外开恩的处理相比，美国给伊拉克仅仅带来披着市场自由化外衣的对资源的觊觎和战略控制，所以，在意识层面，伊拉克人没有屈服。

第二次伊拉克战争是美国的一个宣言，但恰恰不是关于民主自由解放的宣言——伊拉克目前是占总人口多数的什叶派掌权，而什叶派又与伊朗关系密切，美国民主在伊拉克换来几十万平民伤亡和无休无止的恐怖活动。美国的宣言表明它是一个可以抛开一切法律规则的国家，是一个完全“例外的国家”，是一个自我意志无法抑制的国家。

当朝鲜于2013年初进行第三次核试验的时候，有中国精英发表文章，认为这是中国对朝政策的彻底失败，这种陶醉式的谴责，似乎在印证朝鲜与中国因为这次试验成为绑在一起的失败者。难道朝鲜针对的对手是中国吗？朝核问题失败的种子早在美国凭借虚假借口攻打伊拉克时便已经深深种下了，在2011年对卡扎非的清算中更加暴露了美国的真实意图，美国行为告诉了朝鲜，只有手中拥有可抗

---

① 参见［美］乌戈·马太、［美］劳拉·纳德：《西方的掠夺：当法治非法时》，142页，北京，社会科学文献出版社，2012。

衡的力量才能够让美国有所顾虑。当布什的宣言威胁可以先发制人地打击可能对美国利益有损害的国家时，美国政策已经决定了潜在对手的博弈策略。中国虽然对朝具有重大影响，但实际上却无法左右朝鲜的决策。中国政策失败论还无中生有地给中国安上与朝鲜具有相同意识形态的帽子，这是对中国现状和美国逻辑的无知。

更糟糕的是，对伊战争在告诉潜在对手应当采取强硬对抗策略的同时，美国陷入战争泥潭，不断投入部队，阵亡达 4 000 人，在游击战争中伊拉克无法保持社会的稳定，最终，美军虽然于 2011 年撤军，但美国在其中投入 8 000 亿～10 000亿美元，而且此次战争没有盟国分担费用。这又展示了美国的虚弱，“以美国‘超人’般的军事力量连一个没有国家政治实体支撑的松散组织和一群非正规的游击武装都对付不了”[①]，这种困境说明了战争执行者具有典型的雇佣军心态，他们不是去解放人民，不是与当地的人民混成一片，不是拯救人民于水火，并没有走“群众路线”，而是为钱而战，是没有理想、不具备意识形态支持的征服。美军能够以先进武器和强大物质力量获得针对国家的战争胜利，却无法真正赢得民心。

美国在伊拉克战争中道义上的残缺以及法律上的不足（从战争发动的借口以及后来的阿布格莱布和关塔那摩的虐囚事件），不仅没有消灭小布什发动战争时所宣扬的恐怖主义，反而为恐怖主义——美国定义的伊拉克到处散布的暴动者——提供了支持，它增长了阿拉伯世界和伊斯兰教对美国的敌意，强化了极端主义分子的吸引力。更重要的后果是，它鼓舞了伊朗，一方面坚定了伊朗发展自己武器系统的决心，另一方面，在美国为伊朗推翻宿敌萨达姆的同时，又为伊朗提供了地缘盟友，一个对伊朗感到亲近的什叶派伊拉克。同时，伊拉克民主为教派冲突打开牢笼，在一个宗派主义盛行的国家，美式民主带来更多的恐怖袭击。布热津斯基指出，“伊拉克是一片多灾多难的土地，不会被改造成民主国家。”[②]

总之，在布什谦逊地表示“不是美国给了伊拉克人民自由，而是上帝给了人民自由这一高贵礼物”的时候，动听的言辞背后是美国的现实主义逻辑，用小布

---

① 戴旭：《C形包围　内忧外患下的中国突围》，64 页，上海，文汇出版社，2010。

② ［美］兹比格涅夫·布热津斯基、［美］布兰特·斯考克罗夫特：《大博弈：全球政治觉醒对美国的挑战》，18 页，北京，新华出版社，2009。

什的一名高级助手嘲笑针对美国政策的批评时的话说，就是："那已不再是世界真正运转的方式（指需要国际联盟的认可）……我们现在是帝国，当我们行动时，我们创造出我们自己的现实，并且当你研究那个现实的时候——尽管你们很聪明——我们将再次行动，创造出其他新的现实，你们也可以研究这些新现实，这就是事情的解决之道。我们是历史的行动者，你们所有人将会被甩在后面仅仅去研究我们做的事。"[①] 这种狂妄声明是美国民主的蹩脚注释，也是对美国自由主义价值观的有力嘲讽。用当时美国国防部长拉姆斯菲尔德哲学式的解释来说，这是美国"已知之已知，已知之未知，未知之未知"之外的第四种情况，"未知之已知"，美国在国际上是一个不受民主、秩序等约束自我行动的强国，他们仅仅知道自己力量之强大，却不知道其行为与其宣扬目标之间的巨大差距。

西方民主在伊拉克战争问题上没有表现出能够制止行政部门的肆意决断，在错误发动战争之后，对总统的调查也只是走走过场而已，西方民主下民众对于领导人的"错误"仍能够以国家利益为出发点，不自觉地站在维护自身利益的立场上，这是民主具有民族国家内核的证明。

美国对伊第二次战争近八年之后，在"阿拉伯之春"中再次显示出了它的逻辑的荒谬性。一向支持民主自由的美国对于阿拉伯国家的民主运动却采取了完全不同的态度，对于它的对手，包括叙利亚和利比亚，美国虽站在远处，但却极力促成政权变更，新闻媒体的报道充斥着独裁者的暴行。但对于沙特、巴林等美国阿拉伯朋友的国家动乱，美国却对现政权表示支持，甚至默许沙特对巴林出兵镇压民主运动，配合这些国家采取一定的安抚措施，在没有外援、没有支持的国际语境中，这些民主运动难以扩大范围和声势，在西方资本控制的媒体中很快便被忽略并消失在人们视线之中。如果说伊拉克、叙利亚、利比亚是独裁者统治的国家的话，那么沙特、巴林却是君主制国家，难怪伊朗前总统内贾德嘲笑道："一群君主却讨论别国（指叙利亚）的民主问题。"在美国出兵干预"阿拉伯之春"中埃及民主运动之前，奥巴马曾表示对穆巴拉克埃及政府的支持，但民主运动又不得不让美国改口表示支持政权更替；在第一任民选总统穆尔西任职一年后被军方政变拘禁后，美国却对此表示，军方行为不属于政变，这又是睁眼说瞎话。姑且不讨论穆尔西政权的错误有多少，单从民主程序来看这不是政变又是什么？民主国

---

① ［美］兹比格纽·布热津斯基：《第二次机遇》，108～109页，上海，上海人民出版社，2008。

家难道没有平和的程序对违法总统进行弹劾更替吗？美国民主概念和逻辑已经无法适应现实的复杂性了。

在针对伊拉克进行的战争陷入长期性后，一个附带后果是美国与中国的关系能够暂时得到发展。在小布什刚刚就任总统的时候，他宣布中国是美国的战略竞争对手，而非克林顿时期的战略伙伴，但是“9·11事件”与之后的伊拉克战争，要求美国做出必要的战略调整，布什政府又将中国重新定位为建设性战略伙伴关系。萨达姆不是中国的朋友，但美国在伊拉克政策的失败，却为中国发展提供了宝贵的战略空间。从这里我们体会到美国对外政策的灵活性和策略性：美国在利用优势地位时表现出一种能屈能伸的气度，需要盟友时以亲近态度争取最大化同盟，但在利用完毕之时又能够无情抛弃。面临最近的朝核危机，美国又有人出来发表文章，指出现在是中国与美国重建互信的最好时机，言外之意在这个问题上中国站在美国一边就会赢得美国的信任，毫无疑问，这又是一种权宜之计。当然，中国不会支持朝鲜发展核武器，但是中国也没有必要为此表现得需要美国的信任。待到朝核问题真正解决，美国同样会翻脸不认人，美国是将毛泽东抓住事物主要矛盾理论应用得得心应手的大师。

伊朗——“民主”伙伴到邪恶国家

伊拉克战争还引发了另一个地缘政治问题，就是伊朗的核问题。

对于伊朗核问题，一般民众仅仅知道，美国与以色列一道对伊朗发展核武器的可能性予以高度关注并表示强烈反对，似乎伊朗发展了核武器就将对以色列和美国发动恐怖主义袭击。要透彻理解伊朗立场和核问题的来龙去脉，就必须充分了解美国与伊朗之间的历史关系。

二战期间及二战以后，美国帮助伊朗将苏联和英国势力排挤出去，为此赢得了伊朗人的感激之情。为拯救二战后糟糕的国内经济，伊朗政府需要对石油资源进行国有化，而在与英国的谈判中，深得民望的伊朗摩萨台首相拒绝了英国提议，这同时触动了在海湾地区美国石油公司的利益，美国最终通过筹划政变将摩萨台政府推翻①，并成功借机与英国竞争当地的石油资源，伊朗国王巴列维也重新登上

① 2013年8月，美国解密文件承认当时伊朗政变为中情局所策划。

王位获得权力。这次政变将民族主义者摩萨台推翻是美国在伊朗人面前支持君主独裁的第一次表演。之后，美国给予巴列维国王不断的支持和援助，巴列维的独裁统治得到进一步维护与巩固。肯尼迪推动巴列维改革触动了宗教界的利益，霍梅尼谴责伊朗给予美国人员治外法权，从而被迫流亡海外。结果在肯尼迪推动的改革名义下，巴列维非但没有推进民主，反而通过美国对伊朗在国内镇压反对者的支持，扫除了各种阻挡专制的障碍，实现了更为独裁的统治，美国的良好愿望让伊朗人得出结论：美国是巴列维国王专制独裁的坚定支持者。之后美国仍通过出售武器等方式支持巴列维国王，这段历史将华盛顿变为了国王专制独裁统治的帮凶。

巴列维的经济政策与其政治政策同样糟糕，在伊朗逐渐积累起对他的强烈不满。到卡特任总统的时候，精彩的一幕上演了，卡特以人权宣扬者自居，他甚至抨击基辛格的外交没有道义感，宣称人权已经成为美国外交政策的中心主题，布热津斯基当时也是一位人权事业的弘扬者。美国对其外交政策的宣扬进行了重点调整，这对巴列维国王来讲是一个令人担心的问题，巴列维知道其统治手段与美国所宣扬的道义之间的差距，为此，巴列维还做出一定姿态对国内政策予以调整。实际上，他对卡特政府的对伊政策产生了极大误解，以为美国真的要压制他进行民主改革，而伊朗反对派对卡特及伊朗国内的变化充满希望。

当卡特总统访问德黑兰的时候，他对巴列维国王表达了不遗余力的支持和赞扬，甚至表示“不管你干什么，我们都百分之百地支持你”。结果美国对伊朗的政策不仅没有促进人权，反而让国王更加无所顾忌，这让伊朗反对派失望透顶，美国在人权问题上前后不一，招致了伊朗人民对美国更深的厌恶。在此期间，卡特总统还表示，如果伊朗允诺提供适当的安全措施解除美国担心的话，美国可以向伊朗出售核电站设施，这为今天的伊朗核问题埋下了伏笔。在革命前夜卡特访问伊朗时所做的演讲中，他仍然盛赞伊朗是世界的稳定岛，“巴列维国王对卡特总统的这次访问非常满意，以至于在送走卡特后国王竟然‘双眼挂着喜悦的泪花’对美国驻伊大使沙利文说：‘你们美国人真好！’”

1978年中伊朗开始爆发动乱，到1979年初巴列维出逃，美国为其虚伪政策付出了巨大代价，革命的伊朗人认为美国是巴列维的支柱，对巴列维国王怀有深仇大根的霍梅尼回国，直至德黑兰美国大使馆人质危机[1]爆发，美伊彻底交恶。

1980 年，两伊战争爆发，里根任总统后，虽然表面上美国政策是中立的，但华盛顿很快偏向伊拉克萨达姆一方，当时伊拉克被美国列入支持恐怖主义的国家名单，里根政府将并未根本性改变政策的伊拉克从名单中删除，为美国向伊拉克出售军事装备提供了条件。1982 年美国虽然知道伊拉克在战争中使用了化学武器，但仍然向伊拉克提供了重要作战援助（想想 20 多年后萨达姆因为什么罪名而被判处了绞刑）。在两伊战争的八年中，伊朗深受伊拉克化学武器的伤害，伊朗尽管向国际社会提出控诉，但美国对此置之不理甚至袒护伊拉克，自然更加引发了伊朗人对美国的强烈憎恶——美国对叙利亚使用化学武器的指责，仿佛是历史的轮回。但同时，里根政府又通过后来所称的“伊朗门事件”[2] 向伊朗出售导弹，这又一次揭示了美国对外宣称的政策与其所作所为之间的巨大差距。战争后期，美国甚至为支持伊拉克的科威特油轮护航，直接对伊朗海上目标进行了攻击，在此重压下，伊朗不得不同意停战。

两伊战争之后不久，伊拉克又侵略科威特，美国的朋友转眼之间变成了敌人，美国也立即改变政策，寻求与伊朗的合作，化敌为友，建立了临时统一战线。萨达姆很快失败，在之后美国主导的中东和平进程中，伊朗与美国因观点、利益不同而又重新交恶，克林顿政府对伊朗和伊拉克实施“双重遏制”战略，美国颠覆伊朗政权的企图更加冷却了两国关系。虽然两国在克林顿第二届任期后期试图接近，但因为在对以色列以及对恐怖主义的观点等方面分歧过大，双方关系并没有获得实质性进展。小布什上任后，立即结束了两国稍显好转的氛围，但因为后来的“9·11 事件”，美国需要攻打阿富汗塔利班政权，需要伊朗帮助，双方又走到了一起。随后，小布什政府将伊朗、伊拉克、朝鲜称为“邪恶轴心”，在对伊拉克的第二次战争中，伊朗不再支持美国。[3]

之后，美国与伊朗的关系集中到核问题上来。20 世纪 90 年代初，伊朗在俄罗斯的帮助下开展核计划，但美国认定伊朗获取核技术的目的在于研制大规模杀伤

---

① 1979 年伊朗伊斯兰革命后，伊朗德黑兰学生占领美国大使馆并扣押 66 名美国外交官和平民为人质。这场人质危机始于 1979 年 11 月 4 日，一直持续到 1981 年 1 月 20 日。

② 发生在 1980 年代中期的美国政治丑闻，里根政府向伊朗秘密出售武器一事被揭露后而造成严重的政治危机。因国际新闻界普遍将其与水门事件相比，故因此得名。

③ 参见范鸿达：《伊朗与美国：从朋友到仇敌》，北京，新华出版社，2012。

性武器，因此实施强力打压。而在20世纪50年代，美欧等国家还曾经支持伊朗巴列维国王发展核项目，1974年，麻省理工学院向伊朗出租整个核工程系或其大部分，同意伊朗核工程师到美国参加培训，同样的一批人，基辛格、拉姆斯菲尔德、切尼、沃尔福威茨等当时是同意转让核技术，现在却反对同一个国家获得核工业的发展；美国能够支持独裁专制的国王获取核技术，却不能容忍教士统治的国家获得同样的核技术，伊朗人在心理上无法接受这一点。更重要的是，以色列已经成为拥有核武器的国家，作为伊朗30年的敌人具有毁灭自己的能力，而如果不能对等拥有抗衡力量，这在国家意志层面同样是无法接受的。同时，美国教条主义的政策也导致伊朗认为有损自己的尊严，伊朗曾经在与欧洲国家谈判期间中止两年的铀浓缩项目，而这些善意表示没有得到美国的任何对等回应，况且伊朗还是《不扩散核武器条约》的签字国，美国政策充分表现了美国对伊朗的敌视。2013年11月，伊朗新任总统与奥巴马通过电话破冰之后，采取与西方对话的策略，启动了国际商谈。美国在以色列、沙特、伊朗之间如何平衡，以及自身的真实意志为何，都有待于随谈判的展开而逐渐明朗。

美国就是这样一个国家，需要的时候能够屈尊俯就，以权宜之策达到目的后立即翻脸不认人。如果民主意味着，只要获得国内多数选民支持就可以对其他对手使用任何手腕，那么，美国的国际信用也必将存在危机，就如同在经济危机中美国对外国承诺保护美元的价值一样，长久下去，其承诺价值终有耗尽的一天。

美国可能会奇怪，为什么美国为中东送去民主、自由，但在阿拉伯世界和伊朗并未得到人民的好感，反而存在普遍反美情绪，这样的根源在哪里呢？美国人认为这一地区的各种势力都善于将自己的过错推诿给美国，而且利用反美情绪团结民众。美国宣扬的是民主制度，而对于中东地区的民主情绪却予以否定。美国政策问题的根源在于美国以普世价值包装谋求私利，在于在面对同样问题的时候，实行双重标准，它选择性地指责、制裁一个国家，而该国及其国民无法认同这种矛盾的逻辑。另外，“美国决策者的特长之一就是对概念的偷换。当针对美国的‘9·11’袭击发生后，美国立即声明，坚称这是恐怖主义对全世界明目张胆的袭击，是对整个人类犯下的滔天罪行，因此，一切正义的国家和人民都应该紧跟美国的步伐，投入到反对恐怖主义的战争中去。这样，美国就完成了从‘反美’到‘反人类’、‘反世界’的概念扩张，把自己描述为全世界的悲剧的承受者。同样，在面对中东的反美主义问题时，美国人把那里广泛存在的反美主义简化为‘恐怖主义’，从而实现了从‘反美主义’到‘恐怖主义’的概念偷换，为自己在中东的争议性政策增添了一块遮羞布。”①

现在，美国对伊朗进行经济制裁，实际上是同时经济制裁所有使用石油的国家，虽然美国也进口石油，但它的美元是美国通过印刷创造的，这点我们在有关金融的一章进行了论述。关键问题是，美国在小布什时代遗留下的政策“如果你们不与我们为伍，你们就是与我们为敌”在奥巴马时代同样适用于当前的世界，美国以自己的强势地位绑架了世界经济，让其他各国跟随美国的政策伤害各国自身，这是在国际层面的专制，与民主更是判若云泥了。

另外，美国作为以色列的坚定盟友，对于以色列不断扩张领土、不断吞并巴勒斯坦人的土地却不置可否，这也让阿拉伯世界和伊朗对于美国所主导世界的公正性产生了极大的怀疑和否定。“美国从以色列和阿拉伯之间的调停者转变为以色列的党羽，产生了某种奇怪的效应，它既减少了美国决定性地左右事物（比如赢得和平）的影响力，也削弱了美国试图强化以色列长期安全的能力。相反，美国被更深地拖入一个更加激进的地区，它的激进揭露了美国军事力量的有效性。”②也许，保持世界上存在一个充满矛盾和争议的地区，保留这样的热点，保证自身在该地区的存在和具有左右平衡的能力，对于美国经济、军工企业的生存是一种必要吧。

---

① 范鸿达：《伊朗与美国：从朋友到仇敌》，186页，北京，新华出版社，2012。

② ［美］兹比格纽·布热津斯基：《第二次机遇》，130页，上海，上海人民出版社，2008。

第十章 西方民主对发展中国家的迷幻

发展中国家经济目标与政治目标同时完成的条件相互冲突，民主带给发展中国家的可能是剧烈冲突和无法稳定的社会。

任何良好制度的运转都需要一定具体条件的支持，民主制度仅仅是国家政治经济制度中的一部分，国家和社会不能因为在其他条件不具备的时候，片面将一种价值标准奉为唯一目标和终极追求。民主作为人类追求的理想之一，如果未能根据具体情况来实践，则具有广泛道义价值的目标在具体应用中却可能成为谬误。

如果民主作为一种个人权利的诉求，在探讨民主的实行条件之前，是否先要弄清楚国家的权利是否有保障呢？国际社会中国家是否应当具有某些政治经济权利呢？国际社会分配的政治经济权利是否平等呢？国家之间的权利是否应当平等呢？还是大国有大国的权利，弱国有弱国的责任呢？人生活在民族国家内部，其社会关系大多数在国家之内，他们的民主权利与国际经济政治秩序有什么联系吗？他们行使民主权利又与其他国家是否存在关联？

在讨论国际关系时，首先我们想要知道：世界是否应当存在公正的价值观？如果认为世界本应当是丛林社会，强者生存、弱者任人摆布的话，那么，就没有必要追求社会的公正和自由了。人类漫长的历史虽然是一部追求自由、公正的历史，但现实始终没有给予明确的答案。同时，既然世界上仍然存在着不公正的社会、政治、经济秩序，那么，追求公正秩序的行为还具有何种意义？是否所有人都应当投入到适者生存的游戏当中追求自己的利益？这是我们首先必须面对的问题。

我们相信，人类经过历史的进化，文明程度在不断进步，社会虽然存在不公平不公正的现象，对于公正的认识也永远存在不同的观点，但无论社会如何发展，追求道义、追求正义始终是人们的良知所在。

其次，我们想要知道，当前的国际政治经济秩序是公正的吗？由谁来裁判国际政治经济秩序的公正性？是西方发达国家吗？依靠印刷美元获取世界财富的经济秩序，它能够公正吗？这个国家一边享受着不承担任何代价的世界财富，一边充当其他国家是否民主自由的裁判，它是否具有这种资格呢？本身依赖金融体系的垄断、依赖福利制度的民主，却成为民主普世价值的宣扬者，它的模式可能复制吗？一个无法复制、模仿的模式，怎么可能成为世界的榜样呢？但是否发展中国家认为这是不公正的经济秩序，就应当自我封闭呢？

最后，我们想要知道，西方发达国家将这种民主模式树立为世界的典范，这对它们有什么益处呢？它们为什么如此热心地宣传这种普世价值观呢？

对这些问题的回答勾勒出一幅国际政治与具体各国政治之间逻辑关系的轮廓，我们试图简单回答这些问题，并进而说明西方民主对于发展中国家的作用。

发展中国家的民主撕裂社会

透过历史与现实的观察，发展中国家实行西方民主制度的结果有两种：一种是发展中国家并非如西方普世价值观所设想的那样达到目标，而是在民主的旗帜下充斥了混乱、贫困和冷漠；另一种情况是发展中国家自此奋发图强，走上了良性发展之路。

在发展中国家，民主必须与其他条件配合才能发挥其良性作用。而在其他条件尚不具备的情况下，民主反而成为破坏社会的力量。部分发展中国家的民主制度并没有为社会带来预想的进步，例如，20 世纪 80 年代，印度的富裕程度约是中国的 1.5 倍，当时印度的条件更为有利，改革开始前所有的西方认可的民主制度已经确立，经济上建立了私有制。但民主没有带给印度明确的方向，反而带来了迷惘和缓慢的改革；蒙古国的民主是可以私下收买的；美国为伊拉克建立的民主充斥了腐败。

发达国家的民主制度具有外部性特征，那么发展中国家实行民主制度，是不是也具有外部性特征呢？如果当今各国仍处于封闭锁国的状态，也许任何国家的民主都不会影响其他国家；但在日益紧密联系和相互依赖的世界环境下，发展中国家不分条件地进行民主改革，必将产生强烈的外部性特征。只不过这种外部性特征，与发达国家民主外部性的特征相反：发达国家民主的外部性，能够化解危机，为本国人民创造福利制度，并占领意识形态的高地，转移国内的矛盾；而部分发展中国家，由于实施了民主制度，反而给国内制造了矛盾，分化了社会，对立了贫富关系，且为国内长久的动乱、腐败提供了制度性的温床。民主没有带来社会的进步和稳定，反而造成社会财富的流失和大多数人的贫困。与发达国家相反，民主发展不当，会使发展中国家付出的社会成本远远大于它所带来的收益，而承担这些成本的过程同时也是向发达国家输送财富的过程。虽然并非所有发展中国家在进行民主化的过程中必然会遇到消极的民主外部化问题，但是，遍观发展中国家的民主进程，能够在市场经济条件下顺利实现稳定民主制度的国家并不普遍，民主为社会提供稳定的机制不是一种常态，反而是一种例外。

发达国家的国内民主，将国内经济和社会问题部分外化为世界问题。而外部化的手段，是当前不合理的国际货币金融等经济秩序和政治秩序。由于国际政治经济秩序不公正，以国家为单位的权利义务不对等，一些国家不公正地占有了世界上过多的财富，要求发展中国家内部实现西方民主，这就如同要在一条船上建设百米高楼，缺乏稳定的基础。

美国通过美元霸权、金融体系在世界范围内攫取了巨额财富，虽然在现代市场体制下，世界财富总量在快速地增长，但是，发展中国家的付出要远远超出其所得。西方国家国内民主制度是维护这一体系的，而发展中国家在不公平的国际经济秩序中获得的财富份额过小，分配的不公必然会连锁反映到其内部的分配体系中。发展中国家虽然存在逐步富裕起来的阶层，但是，更多平民阶层对自身经济地位的不满将会反映为对国家制度、社会体制的不满，这种不满不会因为发展中国家是否实行了民主制度而有所不同，人们只会将其归罪于所处的社会，却无法认识到不公正的国际经济秩序是造成这种结果的重要原因之一。民主权利仅与人们所生活的社会相关，他们可能是封闭的，但是，这种封闭并不代表他们与世界没有关系，在穷乡僻壤的农民可能因为国际上的农产品政策而发家致富或者倾家荡产，在工厂里日夜加班的工人可能因为万里之外的贸易公司破产而失业。如果表达不满的手段在发展中国家通过民主选举来诉求，则国家政策会表现为极度的不稳定、不连贯；如果选举产生的政府同样不能解决这种不满，极端情况下社会就会发生动乱。如果没有法治的保障，没有一定的经济发展为条件，发展中国家片面追求空洞没有内涵的民主，结果可能造成社会的分裂。

发展中国家民主制度在矛盾激化、社会冲突的环境中发展建立，在国内矛盾无法协调的情况下，保障社会、保护公民的制度无法得以通过民主方式建立起来，在一些国家，民主成为社会动乱、种族冲突、有产者和无产者对立的根源。在这样的社会环境下，民主将成为相比发达的社会更容易操控的机制，包括外部势力、国内的崇洋势力，在民主混乱中谋求自身利益，存在民主成为反社会力量的可能。

在过度开放的发展中国家实行民主，还面临商业阶层如何处理自身利益与国家利益矛盾的问题。在一般的语境中，国富民强是相互统一的，全球化告诉人们商业利益就是国家利益。实际上，随着对外开放政策的发展，商业利益与国家利益之间并非完全重合。依赖于国外资本的商业阶层，正如同美国与英国在 1812 年战争前美国国内利益集团联邦党人坚决反对禁运一样，他们在两者发生矛盾的时候将背弃国家利益。当时民主制度成熟的美国能够通过民主手段抵制损害国家利益的政策，但后来拉美国家的民主决策却将国家引向了自由化。在当今发展中国家，如果民主制度鼓舞了民族主义，则与外部联系紧密的商业阶层可以抛弃这个社会；如果这个商业阶层控制了国家的对外政策，他们又将以自身的利益维持附从的对外关系，从而损害国家利益。这样的矛盾能否在发展中国家民主中平和解决，需要社会和思想的成熟、制度的完善。

民主化需要一定的社会经济基础结构，良好制度的运转需要特定条件的支持。民主制度在发展中国家良好运转的一个理想前提是在世界范围内具备公正的经济环境，各国公平竞争，各国人民的权利均衡发展。发展中国家并不缺乏民主化的经验，但经过民主化后却成为失败国家的例子比比皆是。民主制度不能代替现代国家制度的全部，由于外部性作用，民主也无法在发展中国家建设各方面的现代社会制度。

穷国社会发展的特殊途径

在论述发展中国家的民主与秩序、经济发展的关系中，新加坡东亚研究所的郑永年先生是具有清醒头脑和宏观智慧的一位学者。他对东亚国家的发展历史和现状有着清醒的认识和深刻的剖析。针对中国发展路径选择问题，他指出，民主不见得能够推动经济的发展，经济发展需要秩序，而民主政治并不能保证顺畅的社会秩序。民主导致国家经济生活和社会生活的过分政治化。如何追求好的民主和避免坏的民主是发展中国家的重要战略决策。民主化往往不能成为建设国家的过程，反而会成为毁灭国家的过程。

在一般人看来，民主结果是大多数人选定的，应该建立起最富有权威的秩序，为什么民主在发展中国家会成为秩序的对立物呢?

首先，我们要理解民主是否是秩序下的产物，即民主是否是在法治的条件下有序实施的制度。民主在其发展历史中出现过很多类型，有自由民主、大众民主、人民民主等等，这些类型存在交叉，但一个基本的区别在于，民主是保障自由制度的民主还是以大多数人意志为核心的民主，也就是说，民主在与自由发生冲突的时候，是以何种价值观为第一条件的民主。在发展中国家，由于国家建立的历史较短，缺少法治精神要素，而对民主概念的简单理解让民众认为，表达的民意就是国家最高意志，不论这种民主是否侵害了正当的财产权利。即便宣称保护正当财产权利，而对于确认何种情况为正当也存在巨大的意见分歧；普通民众的民意往往对于富者怀有敌意，因为富者包括依赖权势的腐败阶层和依靠自身奋斗的企业家阶层，民众对此难以区分，富者对于普通民众的意志也充满怀疑，于是会采取各种手段破坏这种民主结果，在这点上，有时权贵阶层与企业家阶层构成联合阵线，而在权贵阶层掌权的情况下，企业家阶层又成为权贵阶层的对立面。

在这种缺乏法治精神的民主下，各方力量都在将自己的利益最大化，平民派认为为富不仁，将所有的富人视为一类人，对资本应该予以限制和再分配；富人手中拥有资源，同样要保护自身的利益，他们要么离开无法控制的社会，要么采取手段破坏这种大众民主。结果是民主斗争下，各方都无法建立对未来稳定的预期，必将影响稳定的投资和正常商贸往来。

我们在论述发达国家民主历史的过程中指出，英国、美国的民主是建立在其几百年前就已经确立的司法独立、人身财产权利的保障之上的，这些自由主义权利是民主大厦的基石。而在发展中国家，司法制度本身受制于政治因素，社会普遍缺乏对人身财产权利的尊重，人们意识中对于保障他人合法权利缺乏历史的、文化的以及制度的认识。在威权制度下，存在对统治者的敬畏心理，从而尚能保障社会的基本秩序，但是，在肤浅的民主口号下，却可能爆发出巨大的破坏力量。

发展中国家与发达国家的民主建立过程相反，发达国家建立国家制度和法治社会后，民主才逐步由少数上层社会阶层的民主逐步发展为大众化民主，而大多数发展中国家，一部分是从殖民地直接进入了民主社会，一部分是由威权社会在外力的推动下发生了民主运动，两者都是在未建立起保护社会的机制前、在未建立起保障自由的法治体系前疾风骤雨式地进入了民主社会，这种社会环境下民主为社会动乱和各阶层发泄不满提供了充分的可能性。

经济发展需要秩序，但民主政治并不能保证这样的一个秩序，民主也不见得能够带来社会和谐。如果国家政治动员过度，将会造成政治空间过大、经济和社会空间过小。布热津斯基对此有着精辟的论述：

“认为美国困境的解决之道是将民主体制迅速强加给该地区（指中东伊拉克等），这同样是一种误解。历史上，民主通过增强人权的漫长过程才能得以出现，从经济到政治，从某些特权阶层到更加广阔的范围。这个过程依次呈现出法治不断进步的面貌，渐渐接受把法律和以后的宪法统治置于权力结构之上。在此背景下，对自由选举的接受渐渐导致基于妥协和包容之基本概念的规则体系的问世，政治对手尊重游戏规则，而不认为他们的竞争是零和游戏。

相反，当民主被迅速强加给没有经历公民权利渐进扩张和法治逐渐出现过程的传统社会时，它很可能陷入激烈的冲突，伴随着相互不能容忍的极端势力之间的暴力冲突。这正是目光短浅的美国在伊拉克、巴勒斯坦、埃及和沙特阿拉伯努力推进民主所产生的后果。它没有增加稳定的前景，而是加剧了社会的紧张。这种努力的最好结果可能是产生强烈但偏狭的民粹主义，表面上民主但实质上是多数人的暴政。

人们不能完全排除这样一种怀疑，即绝大多数热情的中东‘民主’支持者明白这个道理，但他们视推进民主为最终强迫接受武力的有利工具。民主成为动摇现状的颠覆性工具，并导致军事干涉可以通过追溯历史经验而获得合法性，即民主实验已经失败，实验所产生的极端主义使得片面使用赤裸裸的权力成为合法。”[①]

由此可见，西方的政治精英们完全清楚发展中国家民主进程的要素，懂得民主与法治建设及历史文化之间的关系，而且，他恰恰以合理的怀疑指出了西方对发展中国家推行民主的真实意图和目的所在。布热津斯基虽然论述的是小布什的对伊政策，但是，其评价美国的民主政策对美国向其他国家——比如中国——输出民主的类似情形同样适用。

其次，经济基础条件不同导致民主产生的条件迥异。西方发达国家的公民在经济地位上同样是不平等的，但政治上和法律上能够保障他们的平等地位。政治平等和经济不平等表面上是完全分离的，两者的分离不仅为民选政府的合法性奠定了基础，而且为人们开启了一种希望，即通过运用民主的国家权力改变继承下来的社会经济不平等状况。政治权力是改变经济地位的最终手段，经济力量也同样能够接受政治力量的调整[②]，因为在整体上，经济力量强大一方拥有足够的调整空间，在不侵害其根本利益前提下同意妥协是更为明智的做法；另一方面，就是我们论述的，它可以通过经济成本的外部化而转移政治力量对其所做的调整，通过民主的正常程序，外部化为从国际中获取经济利益。在这一点上，在发达国家内部所有主体的利益是一致的。

由于处在社会经济发展阶段，加上发展中国家本身在现有的国际经济体系中的分配份额不公平等因素，发展中国家两极分化严重，这样条件下的民主运动无法带给社会稳定的秩序；而不稳定的秩序，导致整个社会都在为权力而斗争，社会则体现为过分政治化倾向，民众不停地示威、游行，政府在不断地改组、交替，社会的博弈结果是负和游戏，几乎没有真正的受益者。

俄罗斯在20世纪90年代的现实证明了过度民主化对于一个国家的危害，苏联解体后，尽管俄国人民拥有了一种民主形式，但他们所付出的代价与从这种民主政体所享受的利益极不相称。我们在后文还将详细论述俄罗斯的情况。印尼是另外的例子，苏哈托专制政权垮台后，印尼开始了民主化的进程，但同时，印尼开启了民族国家解体的过程。东帝汶独立了，其他省份也在要求独立。[③]

---

① ［美］兹比格纽·布热津斯基：《第二次机遇》，123页，上海，上海人民出版社，2008。

② 参见郑永年：《中国模式：经验与困局》，42页，浙江，浙江人民出版社，2010。

③ 同上，36页。

发达国家民主成为国家制度和社会保障制度的一种建设力量，因为这种民主是在一定经济水平发展程度之上建立的，它促进了社会妥协、民主决策、民主监督；在发展中国家，民主化可以是一股强大无比的摧毁非民主旧制度的力量，但由于贫富分化和严重的利益冲突，它很难以同样强大的力量来建设新制度。西方社会对威权社会的标准话语是：威权导致腐败，导致一切不好的社会结果。但事实上，威权在不同的领导者手中发挥着完全不同的作用，它既可能是腐败堕落的源泉，但自近代以来，威权也可以成为建设国家、追赶先进的重要手段。很多国家制度不是通过民主化所能建立的，反而是在专制的威权主义下依赖国家权威得以建立，例如俾斯麦在德国建立工伤保险、义务教育等制度，日本在明治维新后建立的义务教育等制度为其迅速工业化提供了强大的动力。而在当今的许多发展中国家，一旦民主化到来，或者建立民主政体后，有些国家制度就再也建立不起来了，民主化不能等同于国家建设。

最后，历史条件不同，历史发展阶段决定西方民主与经济发展的良性互动。西方是在经济发展、资产阶级和其他社会力量崛起后驯服了专制的国家权力，而在发展中社会，是国家或者政府必须生产出市场力量并推动经济发展，这是由发展中国家的产生的历史条件决定的。发展中国家的产生过程是西方殖民主义的过程，这些国家在二战后获得独立建国后，用政权力量支持初生的资本主义。在19世纪的西方，如英国和法国，新生的企业家阶层是推动民主的主力，但在第三世界，催生和支持这样一个资产阶级本身就是一项政治任务，要由国家来主导和辅助，这种历史发展决定了，在很大程度上，民主是政治精英因对社会发展持不同看法而执行特定政策的结果。这样，发展中国家民主就面临一些结构性障碍，国家对社会经济的主导地位本身就是反民主的、非民主的，而市场经济发展又需要民主制度提供一定的活力。①

在发展中国家，当权者要同时完成两项必要的任务，即建立一个独立的国家和发展经济。独立国家需要对国土的有效控制，而且要确立合法的、对人民需求负责的国家机器；而发展经济，不仅要推动经济发展，而且要协调发展与再分配之间的关系。民主不是不需要任何主体和秩序而存在的概念，而是需要存在最低限度的国家制度、政治秩序和政府对人民的有效控制。②

---

① 参见郑永年：《中国模式：经验与困局》，44页，浙江，浙江人民出版社，2010。

② 同上，45页。

缺乏社会条件的幻想

民主同样存在好的民主和坏的民主：好的民主需要一定的社会和经济发展程度和水平。穷的地方可以发展民主，但人民过穷的话，就没有力量去抵抗掌权者，无论这个掌权者是选举出来的还是通过其他方式产生的。

最近两年发起于“阿拉伯之春”、被视为北非和中东受西方民主影响而发生的民主运动，历经两年尚未将这些国家带入民主的轨道。西方从“普世价值至上”的角度出发认可群众运动的“民主”与“革命”特性，是仅以其动听的口号和群众性运动作为西方表态的依据，说明了西方政府对于民主概念理解的肤浅与极端。事实上，西方对这种民主运动的心态也应该相当矛盾，一方面，从其价值观出发它不能不表示支持，否则就与其历来教条式的布道相互冲突；但另一方面，对于某些民主结果它又不愿认同，因为民主的宗教色彩结果并非符合西方利益，所以又出现埃及军事政变后美国的暧昧态度。阿拉伯民主运动虽然热烈，但这些国家没有现代的法治，没有对自由权利的精神追求，没有经历过现代文明的洗礼，而是依据伊斯兰教义、部落传统进行管理的传统国家，不论推翻专制制度和动摇独裁政权的场景如何激情四射，在深层次上并未引起社会思想和文化层面的裂变。阿拉伯国家依然是宗派主义的热土，在伊拉克、利比亚、叙利亚，甚至还有埃及，宗派主义让种族、部落或者宗教团体将所属种群利益凌驾于国家和民族利益之上，以亲缘关系和宗派习俗取代法律和国家认同，国家和社会有分裂和内战的种子，在这样的社会中，民主结果并未产生良好的管理和社会进步，而是不断的纷争。历史并非一如人愿地将在所有方面抵达理想的终点，在进步历程中，需要民族和文化从内到外脱胎换骨式的变化。

历史殖民时期，不乏发达国家在发展中国家建设国家制度的情况，例如英国对新加坡、香港和印度殖民地的司法建设，虽然有些制度带来了进步，但整体上并未促进社会发展，像香港这种能够成长为稳定成熟社会的情况少之又少。福山指出，“倘若国家构建是指创建一种在外国指导和支持撤出后能自己维持的国家能力，那么历史上成功的实例则令人失望地屈指可数。……美国曾经武装入侵和/或占领了许多国家，其中包括古巴、菲律宾、海地、多米尼加共和国、墨西哥、巴拿马、尼加拉瓜、韩国以及南越。在每个国家里，美国均开展了国家构建活动——举行选举、清除军阀和腐败，并促进经济发展。然而只有韩国一个国家实现了长期的经济增长，而这一成就的取得还主要归功于韩国自己的而不是美国的努力。”①

无论是“茉莉花革命”② 后的阿拉伯国家还是西方直接扶持参与国家构建的国家，除极少数外它们的民主之路没有特定地指向西方社会的稳定和繁荣，反而给社会带来不稳定和冲突。独裁专制固然不利于人民的福祉，但是，在确定路线图的时候，应当明确国家需要什么样的制度条件。没有具体路径的革命对国家而言可能仅仅是一次失败的经历。

发展中国家引进民主过程中，如果社会缺少核心价值观，缺少主流意识形态，缺乏爱国主义凝聚力，这种情况下的贸然推进，将起到摧毁、瓦解社会组织的作用。社会具有组织能力，正是其发展和进步所需要的重要条件。前文指出，发展中国家民主可能破坏秩序，而组织能力与秩序既有联系又有区别。秩序更强调被动的稳定，而组织能力是一种积极配合、协调的能力。

庞大而有序的社会组织体系是社会稳定进步的重要支撑力量。在良好的组织体系内，社会神经得到良好传导，各方面机制能够顺利互动。个人在社会体系内，既得到信任，同时也仰赖于对他人的信任而行事。在这样的体系内，社会如同一台巨大无比的机器，但却能够顺畅运行。西方社会因其历史传统、宗教、文化、法律制度等因素，虽然在表面上赋予主体无限自由，但却形成了良好的社会组织，尤其其经济上的优势能够承担起社会组织的巨大成本。在发展中国家，缺乏良好的社会组织将导致社会在任何重大事项上，无法落实社会整体执行力，不成熟的民主反而是破坏社会组织的强大力量。

中国 30 多年的发展得益于国家具有的组织体系，虽然它存在许多问题，但却能够建立起社会顺畅运行的机制，在改革开放后快速、有效地将新的市场体制移植到社会体系内部。③ 在这点上，不得不承认，过去重大历史错误无意中为中国快

① ［美］弗朗西斯·福山：《国家构建：21 世纪的国家治理与世界秩序》，37～38 页，北京，中国社会科学出版社，2007。

② 2010 年底至 2011 年初，非洲突尼斯发生了要求总统本·阿里下台的持续抗议活动，并演变为持续骚乱，最终本·阿里被迫下台。茉莉花是突尼斯国花，这次政权更迭也被称为“茉莉花革命”。因其影响在北非和中东发生一系列抗议运动，并向利比亚、埃及、叙利亚等国扩散。

③ 参见［美］傅高义：《邓小平时代》，642 页，北京，生活·读书·新知三联书店，2013。作者总结道：“他（邓小平）接过了由毛泽东统一起来的能够有效运转的全国性的政党和政府；他有很多经验丰富、像他一样赞同深刻变革的老干部共事……”

速发展提供了一定条件，而这种组织体系，在改革开放过程中做出了符合中国历史现实的决策。反观那些施行了坏民主的发展中国家，无一不缺乏社会组织能力，社会像一盘散沙，实施民主的后果是，对人民的要求如同捧着一把沙一样小心翼翼，却无法用力将人民团结起来；越是用力团结它，越是用力攥紧它，沙子反而越会从指缝间滑落。民主虽然是一种精神，但是，社会必须具有超越民主精神的更高层次的追求，民主才能起到组织、团结社会力量的作用。

同时，如果民主不能解决国家的民族性问题，那么它可能产生的仅仅是迷信的结果，是崇拜、盲从和丧失自立、自信和自尊的民主。这里的民族性不是指语言、服饰、文化上的特点，而是指它在国际中的地位，它是否具有独立、追求自身道路的选择。当今的发展中国家，如果徒有一套民主标牌，而当权者不过是服从国际金融资本的逻辑、服从放弃核心利益说辞的学术派，那么，民主将成为独立的反面，转化为掠夺和奴役的帮凶。

第十一章
发展中国家的民主乌托邦

全球化以及信息发达的社会，再配以个人主义的意识形态，往往会使发展中国家的民主结果成为西方社会的附庸。

为什么发展中国家的社会能够发展出坏民主呢？为什么发展中国家的民主容易产生对立性矛盾而且容易激化呢？这要从发展中国家所处的经济发展阶段、信息社会对人们认识的影响、外部力量对社会的推动等几个方面来分析。

经济的发展因素当然是多元的，包括文化因素（新教伦理与资本主义文明）、政治因素（政府是否清明、法治是否健全）、地理因素、历史因素等等，综合因素决定了一个国家发展的历史和现实环境具有特殊性，在普遍性原则上针对特殊国情提出并实践符合自身特点的路径对发展中国家至关重要。

依附体系下难以摆脱中等收入陷阱

发展中国家经济处于资本主义世界经济体系的边缘和外围，它向核心区输送了大量的财富。将世界分为中心区、边缘区是埃及马克思主义学者阿明的代表观点，有人认为他建立的发展中国家对发达国家依附理论已经过时了。但结合当今世界的客观现实，这种中心区、边缘区之间的依附关系理论仍然具有重要意义。姑且不论其理论中有关理想社会的最终结论对现实有何指导意义，其对现实的分析仍是深刻透彻的。他指出资本主义中心区在五个方面的垄断地位决定了世界规模的不公平分配关系，以及目前国际经济秩序的某些重要本质特征。资本主义的中心区具有五大垄断优势：技术的垄断、世界范围金融市场的金融垄断、自然资源的垄断、媒体和传播的垄断和大规模杀伤性武器的垄断。这五大垄断优势互为因果，彼此促进。它们作为一个整体规定了全球化价值规则在其中的运作框架，并瓦解了边缘地区的工业化影响，降低了它们运作的有效性，并且过分高估了中心地区对这些垄断活动的价值。

在以市场经济为主体的发展中国家，如果其经济的主要部分不是依赖于自然资源（如特殊的旅游资源、矿产资源），而是通过生产制造类企业参与国际竞争，那么，该国经济发展就受制于与其竞争的其他发展中国家的生产率水平。生产率的提高，需要资本积累和投入，在经济发展的初级阶段，资本积累中一个重要方面就是依赖于劳动力的竞争力，即劳工阶层的工资薪金水平越低，生产通用类产品的竞争力就越强。即便为了调整生产结构、提高生产率，也必须经过残酷的资本积累阶段，这样才能有条件购置先进设备、聘用懂得技术和管理的人员。市场经济需要自由劳动力，需要自由资本要素，作用之一是提高了劳动生产率，促进了技术进步和社会组织完善；但另一相反作用却是压制了劳动力的价值，导致了社会的贫富悬殊。这种贫富悬殊的发展并非意味着贫者陷入绝对贫困的生活，相反，竞争的存在、生产率的提高，贫者也可能获得绝对生活水平的提高，只是与资本增值速度相比，要远远落后罢了。这一结果体现在社会阶级和社会阶层的形成中，如果没有生产率的普遍快速提高，没有中产阶级的快速增长，社会的矛盾就会比较对立。

通过建立华盛顿共识体系，外国资本在发展中国家的作用表现为两方面：一方面，跨国公司资本促进了发展中国家的经济发展，将对于该发展中国家而言的新技术和先进生产方式、组织管理方式快速带入发展中国家；但另一方面，跨国公司的资本投入是借助发展中国家劳动力资本的比较优势和资源等生产要素优势，当其所在的发展中国家的人民生活水平得到提高，市场得到充分开发，而该国比较劳动力等优势失去的时候，外国资本会果断地离开该国，去寻求新的地区或发展中国家作为生产基地和市场目标。由于发展中国家之间的彼此竞争，在对世界生产制造份额的贡献达到一定程度，无法再继续扩张的情况下，竞争表现为趋向零和博弈，生产能力不断提高，但贡献的附加价值越来越低，相应地，劳动力所获得的报酬也会相应降低，这也是发展中国家发展到一定程度会出现中等收入陷阱的重要原因。

国际经济金融体制赋予美国等西方国家绝对的权力，但没有任何制衡这种权力的机制，它造成了这样一种局面：任何国家都必须依附于这种体制，如果不进入这个体制，那么国家就得不到发展；但一旦进入这个体制，就必然成为这个体制的附庸。美国成为这个体制的化身，它如果发生问题，其他国家也会跟着发生问题；但如果其他国家发生问题，美国却可以获取利益；如果这个体制死亡了，其他国家也会跟着死亡。美国这个国家成为了“大到不能倒”的最大实体。①

在拉美国家，政治精英、经济精英和社会精英由同样的一部分人组成，他们控制了国家的政治机器、国内资本，并代理国际资本，在自由化打造的顺利通畅的结构下，这些精英完全控制了国内经济，通过借贷、外汇之间的自由调动，通过对金融系统的操控，他们能够将资产及时变为美元等外国资产并获得经济发展的大部分好处，而国内经济恶化时，沉重的经济负担和还债压力却由国内的平民承担，拉美是贫富悬殊的一个样本。

东南亚的菲律宾、马来西亚等国家陷入中等收入陷阱，它们的人才无法留在国内、产业升级缓慢、腐败丛生、投资不足、政治动荡，结果从 20 世纪 80 年代起，就陷入发展停滞或者缓慢的状态。

中东和北非发展中国家大部分还没有从威权主义政治体制中解放出来，但社会的贫富悬殊因为经济主要依赖于石油等资源而更为严重。

发展中国家也可以像发达国家一样，通过向市场发债的形式获得短期繁荣，但两者的效果完全不同：发达国家通过货币手段和金融系统向世界范围扩散货币政策和财政政策，所以发达国家债务即便存在问题，它形成显性问题的时间也较长，爆发危机的周期也较长，解决途径也较多；而发展中国家不具备这样的金融优势和国家信誉，它通过发债形式发展，由于自身开放性和外汇等因素的不稳定性，导致发展中国家的金融市场容易受到国际流动资本的强烈冲击，虽然当经济繁荣的时候，富人和平民都会得到好处，但当危机发生时，平民受到的冲击更大。这进一步导致发展中国家贫富更为悬殊。

---

① 参见郑永年：《为中国辩护》，124 页，浙江，浙江人民出版社，2012。

发展社会资本、政治与社会三者之关系

在贫富悬殊的发展中国家，缺少对生活感到满足、对未来期望较为稳定的中产阶级，或者虽存在中产阶级，但他们在社会中所占的比例较低，无法形成有力的政治力量，少数的富有阶层和庞大的农民、劳工阶层尖锐对立，无法进行公正、自由的全民选举。如果在这样的社会进行选举，富人和穷人的矛盾将会极为对立，代表穷人的政府会对富人阶层实行类似剥夺的税收政策、社会政策，而如果富人通过操控媒体、控制军队、司法等手段左右民主选举，贫民阶层就可能组织社会运动予以抵制，结果正如泰国的红衫军和黄衫军之间的斗争一样，整个社会无法稳定。在发展中国家，贫富差别不仅仅是经济问题，而且是政治问题。

发展中国家因为经济能力有限，对保护社会的保障体系建设也相对落后，国家没有能力让贫民获得足够的社会保障福利，这影响了在经济动荡时期的社会安定和团结。随着医疗成本的上升、教育费用的提高、生活费用与世界水平的接轨，贫民生活越来越受到严酷现实的挤压。

所以，在发展中国家难以具备发达国家实现大众民主化所需要的经济条件、社会条件的情况下，实现大众民主可能激化社会矛盾。

郑永年指出，任何一个国家的经济可持续发展、社会正义和政治稳定都在很大程度上依赖于三种权力处于一种均衡状态，即经济或者资本权力、政治权力和社会权力。政治权力与资本权力走到一起，政府官员个人可能会获得好处，但政治权力本身已经成为资本利益的牺牲品。更为严重的是，在资本权力毫无节制的情况下，政治和社会权力失去驾驭和管制资本的能力。一方面资本渗透政治权力，影响政治权力的运作，操纵政府政策的决定和实施；另一方面因为政府官员和资本关系紧密，很难下决心节制资本，容易形成寡头经济或者寡头政治。俄罗斯在叶利钦时代形成了政治和经济寡头。到普京时代，通过大力整治经济寡头，不仅巩固了政府的政治权力，而且更使得俄罗斯走上了健康的经济发展道路。[①]

发展中的民主国家，如泰国和菲律宾等，因为财富分配极不公平，社会高度分化，民主往往成为社会暴力和政治恶斗的根源。在极端情况下，甚至会导致政

① 参见郑永年：《保卫社会》，85～86页，浙江，浙江人民出版社，2011。

府瘫痪和解体，最终往往要诉诸军人政治或者其他方式的暴力来维持社会的稳定。在这些国家，民主运作往往表现为富人选举出来的领导人穷人不接受，穷人选举出来的领导人富人不接受。[①]

信息化社会催生个人欲望下民主的贫弱

信息化社会激化了由于贫富悬殊所带来的社会矛盾。

信息化社会给世界带来了巨大进步的同时，也极大提升了人们对生活的期盼。通过好莱坞电影、互联网中的新闻和照片、本国文化产品中富裕阶层美轮美奂的生活展示，当今新闻和文化产品为人们在潜意识中设定了美好生活和富裕程度的标准。不管它如何不符合实际，它都影响人们心理并预设期望值。不排除对美好生活的期望激励人们更为努力地创业、辛勤地工作，并最终实现梦想生活的可能，但以目前发展中国家的经济发展阶段、教育水平以及社会制度来说，实现梦想的毕竟是少数人。

虽然个人主义在某些方面强调个人奋斗，但大众文化中与西方文化产品接轨的是享乐的相对主义，没有深层次的信念，没有精神层面的承诺，人们更愿意相信运气、家族和在发展中国家无处不在的权势。这样的文化对社会影响是多层次的：对于平民，他们会认为西方发达是拜西方社会制度所赐，他们容易接受西方民主观点，但却不一定理解民主的含义，对于法治的理解和尊重等文化内涵从信息中和所在的社会中无法获取，贫困的绝对状况导致他们对社会和国家的当权者不满；对于中产阶级，由于他们属于少数，在国内获得良好生活条件的同时，他们在全球化世界中获得了更大的空间，凭借专业技能在世界范围内容易获得工作，如果社会不稳定，他们离开母国了无障碍，同时，西方为其提供了追求现代美好生活的可能；最重要的，对于官僚阶层，他们的工资薪金在可预见的时期内无法达到其所向往的美好生活水平，而作为当代生活的一个分子，在缺乏理想和事业雄心的社会中，他们又向往享受最高标准的生活水平，现实贫困与世界发展水平的强烈对比极大地刺激了一些人的贪欲，恰恰是手中的权力成为获取人生享乐的唯一手段，腐败行为在发展中国家成为普遍现象，毒化了社会风气，国家经济发

① 参见郑永年：《保卫社会》，88页，浙江，浙江人民出版社，2011。

展也会受到严重影响，结果贫富更为悬殊。在信息不发达的社会和时代，因为比照对象是身边的社会和人群，腐败分子相对容易得到满足，而在信息社会，腐败分子追求的目标和比照的对象却是世界性的，要满足其私欲和虚荣心，所要付出的代价远远超过过去水平。

所以，在这样的社会，贫苦者感觉到的是加倍地贫困，而贪腐者却是加倍地贪腐，在对立的情绪中，实现社会阶层之间的沟通、理解和树立共同的奋斗目标是非常困难的。

少数富裕阶层实现了在有生之年与现实社会生活最高标准的接轨，但在发展中国家，他们又时时担心巨大社会差距所造成的社会不稳定因素，因此，他们需要分散风险，而手段无疑是转移资产，这种具体措施对于发展中国家来说不过是国家财富的转移，这又进一步导致了国家资本的不足。

信息社会拉近了人们之间的距离，却又在他们之间制造了深深的鸿沟。典型例子如“阿拉伯之春”中的突尼斯、利比亚和埃及，它们共同特点是独裁者家族过着穷奢极欲的生活，而普通民众却承受高物价、高失业的压力，快速传递的信息成为革命的催化剂，无论是互联网等新型交际工具中专制者对国家财富掠夺信息的传递，还是对于组织民众运动的消息传递，抑或专制政府镇压行为的残酷画面，它们都借助互联网实现了无缝对接和即时互动，形成了滚雪球般的无限裂变。[①] 这场运动是在没有明确的革命理论下的群众运动，虽然专制政府被推翻了，但是，怎样建立符合民主标准的政治体制在民众中还存在着重大分歧，以至于利比亚和埃及不断出现新的民众暴乱，以反抗现有政府的各种政策。[②]

在东南亚、拉美和非洲失败民主的国家里，民众的不满情绪同样强烈，形成了这样一种局面，即不满情绪的发泄对象是身边社会，而对于实际产生社会贫富不公的一个重要原因——不合理的国际经济秩序——却难以形成理论性分析并为民众所接受，也无法形成组织性力量对国际经济秩序予以调整。

信息社会对于思想改变发挥着巨大作用，它在开阔视野、拓宽交流渠道、培养宽容的社会氛围、传播新的思想、提高工作效率、丰富生活等方面起到了无与伦比的推动作用。但它也更加昭示了社会不公，展示了生活的巨大差异，刺激了

① 参见马晓霖主编：《阿拉伯剧变：西亚、北非大动荡深层观察》，9页，北京，新华出版社，2012。

② 本文作于埃及二次革命之前，对于埃及未来的发展，仍需要继续观察。

人们的强烈欲望，模糊了社会的强制力量，淡化了集体意识形态。它展现了世界平面的一面，美国总统、英国女王似乎在每个人身边，但同时，它又提示了立体社会的阶层化、人和人之间的重大差距。在这样的社会里，由于人们见多识广，能够展示出宽容的情感；但又由于人们欲望难圆，又表现出躁动不满的情绪。

同时，易于取得信息不等于人们能够接受更加系统的教育。信息社会虽然可以更加便利地获得各种观点，评估各种理论，但是，信息社会给予的远远多于人们所需要的。封闭社会的问题在于难以取得信息，而现在的问题是如何筛选过滤信息，因为筛选信息需要时间成本。信息社会充斥了各样的娱乐信息，比如足球、电影、电视、歌曲、娱乐新闻、各种评论等等，人们虽然获取信息容易了，但是，对于某些方面却难以集中精力学习、透彻理解了，多元信息分散了精力。网络让任何人都能够在博客、微信中提出理论，尽管可信度非常低，但只要有几个人看到这个理论，知道者的数量就会呈几何级增长，并且有人热衷于传播。现代的人们不是对现实认识更加深刻、理论水平更加出色了，反而可能在可分配时间中对有意义的信息获取更少了。更多情绪的表达，分散意见的汇集，这种状况下人们存在两种倾向：一种是思想受到各种信息的干扰而容易混乱，无法形成定见的系统知识和价值观；另一种倾向却由于思想混乱，也易于受到某些理论引导，尤其是系统化、理论化且有西方社会实践和资本支持的西方正统思想的引导，我们在前文论证过，知识也是能够受到垄断影响和控制的。在这种环境下，民意也是善变的。

在这样的环境中，仓促进行民主运动将受制于社会思想、愿望和现实生活的严重对立，而在民众没有培养起对法治尊重的情况下，民主制度即便暂时被建立起来，也处于漂泊不定的状态，各种力量都试图以合法或非法的手段影响社会制度，比如，菲律宾的两次人民革命，虽然推翻了专制独裁的两位总统，但在阿基诺夫人任总统期间，士兵试图发动政变达七次之多。埃及穆尔西被军队发动政变以民意所向为名推翻，又为此增添了一个鲜活的案例。

定向爆破下的民主路径

民主并非仅仅是一种政治制度，它还代表一种意识形态，即公民应当具有独立判断个人权利和国家利益的能力。它之所以成为具有号召力的价值观，一个因素在于它赋予公民自我选择权，在于公民独立性得到认可和体现。人们思想的独立性，并非是天生的，独立思想需要具有独立的经济能力为保证。经济能力的保证，应当以具有稳定的职业、足够体面的生活收入为基本条件。

在发展中国家，社会缺少中产阶层作为稳定社会的力量，贫富悬殊导致两极分化严重。在欧美发达国家，在前文我们已经介绍过，西方社会在没有产生一个庞大中产阶级的时候，民主也仅限于有产阶级，是劳工势力增强及社会地位提高才逐步在全社会实现了全民民主。全民民主制度的基础在于社会拥有庞大的中产阶级，他们成为社会主流，政党政策围绕中产阶级的意见而制定，社会主流是稳定的，这样民主制度实施的结果会维持社会稳定。

而在发展中国家，两极分化严重，少数富裕阶层和大多数贫困阶层之间缺乏共同利益，贫困的生活导致穷人走向两种极端，要么组织起来进行反抗，推选自己的平民英雄，例如他信和查韦斯，要么默默忍受生活境遇，对改变现实采取淡漠态度，容易被各种美好承诺或者眼前微小利益所收买。贫困之人容易受到收买的诱惑，这是不争的事实，即便在英国，早期佃农也将自己的选择权给予地主，结果民主权利由当时的地主贵族行使。①

更重要的是，在发展中国家，即便是富裕阶层的利益也无法做到完全独立。世界经济体系已经将各地的政治经济关系连结为一个整体，各国精英阶层与国外具有千丝万缕的经济利益关系，按照中国在1949年前的分析方法，现在同样适用的是，发展中国家的社会精英分为民族精英和国际精英，其中国际精英与发达国家的金融资本、实业资本存在千丝万缕的联系，他们利用其特殊地位在国际资本与民族经济之间获得经济利益，而恰恰是国际精英的实力更加雄厚，能力更为强大，其背后有更加庞大的外国资本的支持，部分精英本身就是国际资本在本国投资的代理人；未必他们有意出让国家利益，但在市场原则的影响下，当国家利益与外国资本利益之间存在冲突和矛盾之时，他们即便不是有意，也将不自觉地或从职业道德上维护国际资本的利益。本地民族精英在当今时代要成为国际人士也并非难事，在国家民族界限日益模糊并被有意淡漠的时代，通过海外投资、移民，将身份变成国际精英，已是轻而易举之事。在这样的环境下，精英阶层通过对民主程序的影响和控

① 参见［英］张夏准：《富国陷阱：发达国家为何踢开梯子?》，120页，北京，社会科学文献出版社，2007。

制，掌控国家政权，制定更加开放的政策，而这种政策的最终受益人是国际金融资本和实业资本。这也是阿明所主张的，只要发展中国家依附于发达国家，这个世界的分配体系就不会公平，发达国家会通过其资本体系从发展中国家获得过多的财富。

乔姆斯基指出，“你研究一下拉丁美洲国家的历史后会发现，其内部是支离破碎的。精英阶层倒向西方。地中海沿岸的里埃维拉地区有许多古堡，那里是精英阶层度假的胜地。他们的孩子会去美国和欧洲的大学念书，甚至连那里的交通运输系统也都是多数通往西方的。资本流向西方，而不是被用于进行国内投资。这些国家的一体化程度也非常轻。”[①] 在巴西，国家经济主体控制在西方资本手中，国家一体化程度极低。在这样的氛围下，精英们不可能制定维护本国和本民族利益的政策，他们不过是西方资本和西方生活的代理人，仅是具有本国国籍而已。

在发展中国家，一方面本国人的利益容易受到外部势力影响，另一方面，外部势力也在通过种种手段影响发展中国家的政治经济政策，以利于发达国家国内资本的利益。

外部势力通过多种途径全方位影响发展中国家，西方国家如美国通过政变的方式影响智利、厄瓜多尔、委内瑞拉；但更多的是通过国际组织对发展中国家政策产生影响，国际货币基金组织、世界贸易组织、世界银行等通过提供经济援助的方式对发展中国家的法律制定、政策取向和决策内容施加影响，这在历次经济危机中得到实践证明，这些国际组织提出的各项改进措施成为受援国接受援助的前提条件。国际机构在发展中国家发生债务危机后，通过结构调整计划进入到发展中国家所有的政治经济政策领域，形成一种“使命延伸”的效果。它们在贷款中附加所谓的治理先决条件，涉及到民主、政府分权、央行独立和公司治理等各个领域。[②] 经济援助成为政治变革的诱因，在西方标准化模式下的民主规则成为割裂发展中国家现实社会的手术刀。

意识形态的作用

在一个贫富悬殊、人们期望过高、社会呈现碎片化的国家里，对立性的矛盾

---

① ［美］诺姆·乔姆斯基、［美］大卫·巴萨米安：《美国说了算》，56页，北京，中信出版社，2011。

② 参见［英］张夏准：《富国的伪善：自由贸易的迷思与资本主义秘史》，16页，北京，社会科学文献出版社，2009。

不会因为民主而有所减缓。民主并不当然意味着清明政治，并不意味着所有人都会尊重民主的结果，并不意味着必将会保障自由的权利。在发展中国家，民主必须与法治、爱国主义以及与民共甘苦的政治思想结合起来才能够具有积极意义，才能够成为促进国家发展的重要因素。而西方自由主义思想所宣扬的个人主义却与爱国主义、集体主义观念格格不入。在西方，个人主义与自由市场经济的结合产生了完美的效果，个人利益与社会利益从总体上讲是正相关的，个人利益得到追求和保障，社会利益同时得到增长和发展。发达国家中个人一般不会将资产和立场转向其他国家，更不会转向发展中国家，即便是在发达国家之间的转移，也存在几乎完全对等的转移而得以抵消。将发达国家视为一个整体来看，对个人利益的追求使国家和社会的利益同样得到促进；像法国于2012年奥朗德政府上台后提高所得税，导致部分明星移民到俄罗斯的情况毕竟是少数。

但在发展中国家，个人利益与社会和国家利益是一种交集状态，个人利益未必会影响国家利益，但对某些个人利益的追求确实会伤害到国家利益、民族利益。在个人视为当然的自然权利，汇合起来却形成集合谬误，这是发展中国家施行西方民主自由的一种悖论。在发展中国家，一个人可以创造财富、自由地支配财富，他可以随意移民、转移财富，但是，如果转移财富的个人汇合形成一定规模后，从个人利益角度出发看似合理的事物，在成为潮流的集体行为时将严重伤害到社会本身。举一个简单的例子，中国中西部不发达，没有沉淀下资本和人才，而北京和上海以弹丸之地汇集如此多的资本和人才，包括所吸纳的中西部不发达地区的人才。人才寻求发挥特长的空间本无可厚非，但是，在培育他们成长的故地，不论成长过程有多么艰苦，当地人民的养育、鼓励和环境都是他们成长因素中不可分割的组成部分。当他们决定发展路径并创造价值的时候，他们却可能远离了故土，来到像北京这样的大城市寻找机会了，他们当然会为大城市和这个国家创造价值，但是，像这样的人才离开故土，却是偏远地区经济无法长期稳定发展的一个重要原因。对于个人，这不涉及价值判断，但对于区域来讲，在一国之内区域公平尚能体现在国家整体政策平衡上，扩展到一个民族、一个国家，人们追求自我的行为却是实在会对国家或民族产生影响的。详细分析我们将在关于自由的影响一章中论述。

民主是可以摧毁国家的——俄罗斯民主实例

实践中，在发展中国家推行西方民主制度，民主政治并没有得到稳定，最典型的例子是俄罗斯民主化改革。在俄进行休克疗法的激进改革后，俄罗斯在一段时间内赢得了西方国家的高度赞美，普京执政后开始纠正激进民主化的弊端，一旦如此俄罗斯又被视为走回头路而受到西方的一片责难。

前文我们引述过戈尔巴乔夫针对全人类利益的讲话，在他以及他的接班人叶利钦的领导下，一个庞大帝国解体了。当时，他们幼稚地认为资本主义代表了全人类利益，只要实行私有化，其他制度都会自然而然地建立起来。当叶利钦的总理年轻才俊盖达尔率领一帮经济学家对俄罗斯进行私有化改造的时候，他们对自己的历史是如此痛恨，似乎斯大林靠粮食为生，他们宁愿以土为食。青年改革派，尤其是盖达尔，是哈耶克和弗里德曼等自由主义导师的忠实信徒，他们认为，只要将私有化、市场化彻底贯彻，私有制就会像变戏法一样创造出无穷的财富来，俄罗斯就能走上繁荣富裕的康庄大道。自信使他们能够看到俄罗斯的光明前途，却让他们对残酷现实熟视无睹。后来他们被称为“麦肯锡式”的革命者，即像管理咨询顾问一样对国家规划下达命令，而实际对内部的具体情况却一知半解。这种专家在任何改革社会中可以说比比皆是。邓小平曾评价苏联的改革，在没有进行经济体制改革的时候就进行政治改革，那么经济改革又由谁来推动呢？青年改革派没有被困难阻吓，他们找到了西方代理人来告诉他们如何实现私有化——西方国家为此成立一个新的援助机构：欧洲复兴开发银行，私有化操刀手副总理丘拜斯甚至将私有认股权证的发行权交给西方投资银行。在奉行强盗资本主义政策的坚定意志方面，改革者对侵吞国有财产的行为抱以完全宽容和容忍态度，甚至丘拜斯说：“他们不停地偷窃、偷窃、偷窃，他们什么都偷，而且不可能被制止。但是，让他们偷吧，把这些财产拿走，以后他们就会变成这些财产的所有者和优秀的管理者。”[①] 这是何等幼稚的改革者，他难道不清楚，路径依赖如何能让贼突然变成勤奋的创业者？

---

① ［加拿大］克里斯蒂娅·弗里兰（《金融时报》副主编）：《世纪大拍卖：俄罗斯转轨的内幕故事》，63页，北京，中信出版社，2005。

在这样的改革者领导下，俄罗斯很快就在西方机构的建议和援助承诺下进行了彻底改革，国有资产证券化后虽然分给了国民，但很快资产被少数国外资本和国内寡头控制，经济一落千丈，而国有财富被大肆洗劫。当时俄罗斯改革派对美国已经达到顶礼膜拜的程度，美国经济学家帮助叶利钦修改总统令，美国律师参与制定俄罗斯的法律条款和政府规定，美国财政部指导俄罗斯如何制定和执行经济政策。这样，伴随着市场的完全自由开放，金融资本通过在俄罗斯设立大量金融机构并吸收卢布存款，评级机构唱衰企业状况，俄罗斯人不计代价地出让自己的证券，结果，整个国家的资产被人民自己完全自愿、兴高采烈地卖掉了。伴随着卢布和美元自由兑换的金融政策，卢布很快就陷入了崩溃境地，而金融机构仅用借来的钱就完成了所有者转换，美元成为了真正的帝王，几年时间俄罗斯卢布兑美元贬值上万倍，西方资本与俄罗斯国内腐败势力结合，以极小代价获得了巨额的资产。

另外，完全自由市场化没有考虑人们的心理因素（也许美国设计者正是考虑了人们的心理因素），在完全放开的外汇市场上，人们对经济的悲观预期成为自我实现的原因，不仅国外资金在撤离，就是俄罗斯本国公民也在将所有卢布换成美元，所以，在国家层面不管如何投放外汇都无法阻止本币贬值。这是一个市场，却是可以因为情绪波动而彻底混乱的市场。到 1998 年，俄罗斯经济彻底崩溃，偌大一个国家反倒不如比利时的经济状况。

俄罗斯在 20 世纪 90 年代的改革，实际上是青年改革派在西方理论的指导和切实帮助下，对俄罗斯正常发展的一次扼杀，这些改革者根本称不上是政治家，难得俄罗斯会推出这群孩子气的青年主持国家改革。他们空有理论，没有方法；空有热情，没有诚恳与实干；空有理想，而所作所为又背弃信仰。这是俄罗斯不成熟民主的恶果，虽有了民主的形式，但实际发展战略、国家计划却掌握在国际资本手中，掌握在对手的甜言蜜语里。布热津斯基在讲述老布什的这段历史时坦率地讲道：

“尽管叶利钦受到欢迎，俄罗斯混乱的政府被美欧当作民主小兄弟来拥抱，但俄罗斯社会却陷入了前所未有的贫困。到 1992 年，经济已经恶化至堪比大萧条时期。更糟糕的是一大堆西方经济‘顾问’——其中相当多的是美国人——在‘私有化’俄罗斯的工业，尤其是能源资产国有化过程中，经常同俄罗斯‘改革者’

们同谋，牟取私利。混乱与腐败使得人们嘲笑俄罗斯官方和美国把俄罗斯称作‘新的民主国家’。腐败的遗产在布什政府下台后很久仍困扰着俄罗斯的民主发展。”①

这不是俄国老共产党员的评价，也不是中国政府的结论，而是美国前国家安全助理、现仍为美国高级智囊的布热津斯基实事求是的结论。而对此，中国一些精英仍在为如此失败的改革叫好、呐喊。我们难以理解，到底是因为无知，还是因为自己的立场已经完全被西方资本俘获而无法分清事实。

当然，对俄罗斯的民主化操作结果美国是不会承认的，一旦发生与幻想不符的现实情况，西方国家会立即表白，似乎通过言语谴责就能与这种强盗资本主义脱离干系，表明他们要的不是这种民主和经济状况，他们的理论和思想没有得到真正理解和切实贯彻，他们并不承担这种“劣质民主”的道义责任，所有混乱和倒退都与他们无关，这就好像自己的大脑不承认自己的手曾偷过东西一样。无论西方如何谴责，最终受益的都是西方国家，外国公司和本国少数特权阶层以极低代价受让了优质资产，寡头资本家又向西方国家转移了大量财富。西方社会指责这些人是强盗，但并没有说不与强盗做生意，也没有阻止强盗将赃物转移，更没有为那些受到强盗掠夺的民众提供帮助。将在历史中为二战胜利付出巨大代价的一个骄傲民族肢解后又残酷地掠夺了它的一切，却期望这个民族不觉醒不反思，仍然拜服在西方民主的动听说辞下，扭断自身的尊严和信心，这可能吗？普京是这种觉醒的代表，他将民主与爱国主义统一起来，务实处理国内经济政策。在混乱经济与混乱民主状态下，他打击寡头、整顿秩序、重振经济，这不正是这个国家需要的吗？

西方却逐步将普京视为民主的敌人，在选举过程中极力鼓动反对派进行民主运动，希望通过类似“颜色革命”的运动实现领导人的更替。美国大使甚至在竞选期间接见反对派代表，如果在美国竞选期间外国大使到美国支持反对者或者占领华尔街的领导者，美国会认为这是友好举动吗？这是对反对派明确的支持，是对他国民主进程的鲜明操控。西方国家以实际行动给俄罗斯民族上了生动的一课，俄罗斯是有记忆的，不会再轻易相信脱离社会现实的所谓民主给他们带来的价值。

在布什与戈尔巴乔夫谈论两国的关系时，布什亲切地称俄罗斯为美国的合作

① ［美］兹比格纽·布热津斯基：《第二次机遇》，49页，上海，上海人民出版社，2008。

伙伴，戈尔巴乔夫是民主斗士，但到了20世纪末，布热津斯基已经指出，俄罗斯领导人“很容易自欺欺人地把自己也看作是一个超级大国的领导人”，“问题是这种主张既不符合国际现实，也不符合国内实际。‘成熟的战略伙伴关系’观念虽然好听但却靠不住。美国既不愿意也不能够与俄罗斯分享全球性力量，甚至它愿意也做不到。新俄罗斯的国力虚弱不堪，社会极其落后，已不能充当美国真正的全球性伙伴。……俄罗斯必须先经历漫长的政治改革过程、同样漫长的民主稳定过程和更加漫长的社会经济现代化过程，然后不仅在中欧，而且特别在原俄罗斯帝国范围内就新的地缘政治现实进行一场从帝国心态到民族心态的深刻变革。只有在这以后，与美国的真正伙伴关系才能成为可行的地缘政治选择。”① 这哪里是要求俄罗斯民主，这是要让它臣服。如此充满了现实主义权力规则的话语将过去美妙赞誉剥离得一干二净，而且美国在现实中也是按此逻辑行事的。但这也是幻想，一个拥有广阔领土、成熟民众且历经磨难的民族不可能接受这种定位。

而对从苏联独立出来的乌克兰，美国却承认它对欧洲安全的重要性，美乌关系被称为“战略伙伴关系”，因为乌克兰对西方具有重要的地缘政治意义，没有乌克兰的俄罗斯再也回不到原来的大国地位了，所以，西方鼓励乌克兰民族自决，帮助它摆脱俄罗斯的帝国野心，并拉拢乌克兰加入北约。在俄强烈反对和抵制下，2013年10月，乌克兰才宣布放弃加入北约的努力。美国对待乌克兰的态度，好像乌克兰只是在二战期间被俄罗斯吞并一样，实际上，乌克兰与俄罗斯已经融合了200多年，它与俄国之间的历史比美国在美洲大陆占领印第安人土地的历史大体相当，在这种情况下，要求对乌克兰民族主义予以支持是一种言不由衷的虚伪。

更为有趣的，布热津斯基鼓动俄罗斯进一步分裂，这虽然是他作为一个前任官员和学者的观点，但并不妨碍这也是美国权力核心人士之间的共识。他指出，“俄罗斯的政治精英们应更明确地认识到：俄罗斯的优先目标是自身的现代化，而不是徒劳地谋求重获它过去的全球性大国地位。鉴于俄罗斯辽阔的面积和多样性，一种在自由市场基础上建立起来的权力分散的政治制度可能更有利于俄罗斯人民和俄罗斯丰富的自然资源的潜力。再说，把这样一个权力更为分散的俄罗斯动员起来去实现帝国野心也不那么容易。由一个欧洲的俄罗斯、一个西伯利亚共和国

① ［美］兹比格纽·布热津斯基：《大棋局：美国的首要地位及其地缘战略》，82～86页，上海，上海人民出版社，2007。

和一个远东共和国组成的松散邦联制的俄罗斯也更容易同欧洲、新的中亚国家和东方建立更密切的经济关系，并加速俄罗斯本身的发展。组成邦联的三个实体将能更好地发掘本地的创造潜力。这种潜力几个世纪以来一直被莫斯科沉重的官僚统治所扼杀。”①

在欧洲一体化、北美一体化日新月异的今天，美国智囊人物却能够建议俄罗斯继续分裂，变成更为弱小的国家，这些国家将以获得美国和欧洲的亲近为荣，这种民主化进程无非是将俄罗斯变为西方民主制度的附庸。

西方国际政治有一个重要的理论，国际政治是大国之间的关系，大国主导国际政治经济的主要格局。美国发生南北战争的真实原因在于南方希望脱离北方独立，而蓄奴制度不过是南方希望脱离北方的一个诱因。美国在100多年前尚且不能同意联邦分裂，但在当代社会却认为其他国家内部的民族独立是好事情。如果不存在民族压迫，国家的包容性正是它能够强大、产生规模效益的根本。在前苏联，俄罗斯希望独立的重要原因在于苏联是反民族主义，即俄罗斯向其他加盟共和国提供了过多援助，反而降低了俄罗斯人的生活水平。但是，一旦经济发展和民族融合达到一定水平，多民族融合情况还将进一步发展。多民族凝聚为一个大国，意味着它更能节约社会管理成本，经济往来更为高效，更能具有国防的规模效应，对外经贸关系具有更有利的谈判地位，更能提高国民的政治地位。目前的世界离真正人与人、国与国之间完全平等、公平、符合正义的理想还有相当大的距离，弱小国家难以保障自己的正当权益。所以，国家的团结、统一与其强大、独立具有相当密切的联系，西方所谓的民族自决不过是破坏这种路径的动听说辞。盎格鲁—撒克逊民族从欧洲出发，横跨北美大陆东西南北，席卷大洋洲，吞并夏威夷，没有看到哪些原住民获得了独立。中亚独立的前苏联加盟共和国，其经济、政治地位都要受制于俄罗斯和美国的战略利益，而人民生活并没有因为独立和所谓的民主发生巨大改观。

2008年，经过“颜色革命”的格鲁吉亚在北京奥运会开幕式同一天向一直要求独立的南奥塞梯发动攻击，格鲁吉亚总统萨卡什维利以为美国会不惜一切支持他的举动，所以胆敢攻击俄驻南奥塞梯部队，结果，短短几天俄罗斯便将格鲁吉

① ［美］兹比格纽·布热津斯基：《大棋局：美国的首要地位及其地缘战略》，164～165页，上海，上海人民出版社，2007。

亚部队击败。这是西方鼓动俄罗斯周边地区向俄发起挑战的试探。科索沃宣布独立，美国就予以支持承认；而南奥塞梯宣布独立，美国又支持格鲁吉亚的军事行动。这种双重标准，对于拥有民族尊严的大国是无法接受的。

从俄罗斯20世纪90年代的民主过程可以看到，其民主改革既缺乏民众的基础，也缺乏明确清晰的领导能力，在经济没有能够保障社会稳定的前提下，同时进行经济改革和政治改革，希望毕其功于一役，是在政治上的幼稚选择。从内部看，俄没有保留足够的权威促进经济改革，而是将私有化、自由化等作为无条件原则来执行；从外部看，西方势力鼓动、宣传、指导和分化等政策的实施，构成立体式全方位的推力，最终，从政府、国际组织的推动到民间金融资本、实业资本的巧取豪夺，使其丧失了统一权威，在内外交困状态下彻底失去了抵抗能力。俄罗斯的经验说明，民主应当在国家制度之内，而非国家制度在民主之内。

国家衰落，必然导致西方民主政府对其改革初期做出的通力合作、全力援助等承诺一笔勾销，即便外国对于改革兑现了部分援助，它们也会要求受援国必须按照其标准，将政策变革实施到位方可进一步提供援助，而何为达到标准却是在改革过程中难以判断的。一旦达不到要求，承诺的援助会在最后一刻取消，这对经济、政治的影响是巨大的，国家将承受更大损失，所以，承诺和援助永远不能成为国家变革的诱因和动机。国家稳定、法治健全和政治上意志坚定是进行有效改革，并为人民提供真正福利的前提条件。将改革设计委托于麦肯锡式顾问们的理论智慧，将理论家们否定历史、否定现实、否定过程的思维实践于国家发展的重大战略和道路选择，是对于民族和国家的出卖和背叛。

有的人会指出，并非所有接受西方指导的民主化改革都失败了，比如波兰，有的国家通过西方指导的休克疗法将经济结构快速转型，不是也取得了良好效果吗？另外，独联体国家的“颜色革命”也确实反映了人民不满，民主胜利难道不是社会进步吗？对此，我们应当具体情况具体分析。西方理论并非完全不符合市场规律，在一定范围内，市场经济是创造财富、调动人们积极性的最好方式，但是，在经济规模和人口数量都较小的国家试验成功的逻辑在大国却未必行得通，民主在不同国家对于西方的意义也完全不同，西方并没有将所有国家的变革都引入歧途，如果是那样的话，它们所宣传的价值观将丧失吸引力。对于实际情况各不相同、国家地位各不平等的国际社会来讲，民主的一些基本条件和基础发生了重大变化，对于像俄罗斯这样的国家，民主效果却变成了没有法治，没有秩序，只有强盗和权贵能够借助民主之名行贪腐之实，片面追求某种价值观却得到完全不同的结果，那我们还能称之为合理的吗？对于俄罗斯，西方国家不会将其等同于波兰这样的国家，因为它的强大对于西方将是一个威胁，即便是西方所宣传的那种民主在俄罗斯实现，也将对西方产生竞争关系，这将不是平等的经济往来关系，而是涉及国际政治总体战略的调整。西方对于这样地位的改变，还不会平和地接受。

以俄为冰鉴

对于中国这样的发展中国家同样如此，其他国家的民主模式，如果照搬到中国这样的大国必然产生不同结果，西方对于中国的普世价值宣传，表面上是追求人类利益，但实际效果将是对国家统一、社会稳定、经济发展进行嵌入式的分解。西方学者指出，经济发展成功必然会创造出民主化的压力。中国的政治改革一定会随着经济发展而做出相应调整，但这种调整不应与国家统一、社会稳定和经济发展发生冲突；中国政治改革也不会像波兰、韩国等国家那样在改革发展过程中受到西方的保护、支持和放任，在韩国、中国台湾等过去发生违反西方价值观的事件，如果换到中国身上，将成为无限放大的恶行和鼓动理由。中国任何困难和波折在西方民主人士看来，都可以成为攻击中国体制的理由，中国民主化进程无法得到西方的平和理解。

例如在反恐问题上，美国对自己受到攻击没有任何容忍余地，并且要求各国表态，小布什在这个问题上指出各国要么是美国的朋友，要么是美国的敌人；中国本着人道主义态度当然对恐怖袭击予以谴责，对美国反恐行为表示支持。但是，在面对中国同样的反恐问题上，在中国面对藏独、疆独势力所谋划的恐怖袭击事件中，美国却搬出另一副面孔，要求中国尊重起人权来，似乎关塔那摩、阿布扎比虐囚是中国人所为一样。在中美关系恢复之前的1958—1964年间，中情局在美国本土设立了对藏独分子培训的基地；在对新疆巴楚事件[①]表态时，美国又表示要

① 2013年4月23日，新疆喀什巴楚县发生暴力恐怖案件，造成民警、社区工作人员共15人死亡（维吾尔族10人、汉族3人、蒙古族2人），受伤2人（维吾尔族）。

公开调查民族权利状况。对美国抓捕的东突分子，中国要求引渡时，美国却在第三国予以释放[①]；2013 年 10 月 28 日发生在天安门广场的恐怖事件，却被美国 CNN 刊载的文章称为“值得同情”。凡此种种，美国面对中国的统一如同面对俄罗斯的强大一样，都根据本国利益、从国际战略出发的利己主义动机调整政策。如果中国分裂，那么将是彻底破坏几百年的民族融合、破坏各民族共同生活的现实，将颠覆性地改变少数民族地区的稳定，将无法修复地打击民族和谐的现状。中国民族问题，不过是美国民主外部化，希望中国通过民主手段自我分解的战略构想。

美国对中国的战略压制有没有好处呢？表面上看，美国通过与日本、韩国、菲律宾、越南、中国台湾等联合压制了中国利益空间，对中国是不利而有害的。但是，从另一方面看，这种联合又将美国的战略意图展现给中国人民。中国将这种压制的无理性、霸权性解释清楚，让整个社会和全体人民认清美国国际民主的本质，反过来又将成为凝结民族共识的好事！正如同 19 世纪初期改变美国贸易政策方向的是大英帝国的霸权行径一样，美国对中国极尽遏制的政策，也将扭转中国对世界的认知，使其抛却过于信赖国际合作的梦想，在核心领域中坚定发展独立能力，比如军工以及围绕其发展的高科技产业，维护关键核心利益。在外力的强压下，一个国家不是被压倒就是崛起。美国的双重标准、两面做法让中国人看清楚了，美国的真实意图——包括极力宣扬的普世价值——背后真正目的是遏制中国的崛起。美国的做法对于那些怀有良好和平主义想法、对国际政治现实缺乏了解的人们具有极大的教育意义，人们会在这种矛盾中寻求答案，寻求真相，对玫瑰般的美国价值观予以深刻的反省。

---

① 2006 年美国政府不顾中国政府的反对，将五名东突恐怖分子释放并送到阿尔巴尼亚定居。

第十二章
资本自由之“此自由非彼自由”

将自由比作像空气和水一样不可或缺，但如果演化为飓风和海啸，谁还会说这是不可或缺的呢？适当自由能够抹平经济不平衡褶皱，但是，自由也能够成为摧毁一切的力量。

自由，激发无数人为这个美妙的字眼疯狂，“不自由，毋宁死”，“哪里有自由，哪里就是我的祖国”，这些都代表了历史上英雄豪杰为此舍身奋斗的精神与理想。自由，代表了人类社会最美好的理想，给予了人们无尽的想象，提供了无穷创造力的可能，所以，在对待自由的观念上，任何政体都对之敬奉有加。它也是另一个西方极力推崇的普世价值，在50年前，西方国家称自己是自由世界，而不是现在所称的民主国家。

我们在前文论述了民主对不同国家的不同作用，民主对发达国家的作用体现为促进了国家福利化，对外部影响表现为推行全球化、宣扬自由主义思想，并对不同地缘政治采取不同的民主标准；而对于大多数发展中国家，西方所推崇的民主化在国内却表现为民族冲突、社会冲突、两极分化，社会和国家制度难以有效建立等负面效果。那么，对于自由这个概念，是否对不同国家也会产生不同的效果呢？

答案同样是肯定的，自由在某种程度上也会成为不平等国家之间获取不公平分配的工具。在现代社会，自由的含义不仅仅是结社自由、言论自由、游行自由、罢工自由、组织政党的自由，它还包括处置财产的自由、人员流动的自由。对于思想界的自由，它更多是对现实的映射，对此我们不做详细探讨。我们仅从自由主义所主张的自由制度对西方国家与发展中国家的不同作用来分析，自由是如何造成了不同国家和社会的不公平分配，更具体地分析资本自由和人员迁徙自由对社会的不同影响。

在分析之前，我们要对自由理想予以正面澄清，自由带给人类想象和创造的空间，雨果说“比天空更广阔的是人的心灵”，人类思想精神世界的自由是社会整体、人类个体不断进步的发动机，没有人类自由，就没有如此富有创造力的世界。人类以自由为理想之一，是对人性灿烂之花的最高赞美。我们分析自由，不是否定自由的价值，恰恰相反，我们希望所有追求自由的人都被赋予自由。

西方社会格外强调资本自由和人的自由，而恰恰是这两种自由，对发达国家和发展中国家产生了截然不同的作用。

资本自由的幻象

发达国家强调资本自由，而实现资本自由的重要手段是通过金融系统在世界各地投资的自由。投资货币是发达国家的本国货币，在布雷顿森林体系崩溃以后，货币不再受到本国财富储备的限制，而是根据经济形势发展需要进行人为调整和发放。在这种情况下，发达国家货币在发展中国家的投资，从国家整体上看，是以中央银行所发放的金融符号到发展中国家获取实物资产。

发展中国家在没有达到发达国家发展水平、本身货币无法成为国际上通用货币的时候，其货币只能被动地受发达国家货币的影响。自由理论就是建立在这种不对等基础之上的。对此，人们往往习以为常，认为这是国际经济秩序的自然结果，发展中国家经济落后、货币不稳定，导致其货币无法在国际上获得有效的需求；而发达国家货币，作为可以在任何地方获得认可和接纳的支付手段，是与发达国家经济发达、政治稳定、法治健全、技术先进和军事力量强大相联系的，货币作为国家整体实力的外在表现而展示其特性，货币不再代表劳动价值，而是代表需求与供给的关系，发达国家货币资本得到全世界的需求，所以它具有更高价值；而发展中国家货币只有本国的需求，所以它体现的是本国内部供求关系和被动发放数量。

西方经济学认为供求关系是确定商品价格的依据，以美元为代表的西方货币因为作为商品同样受到供求关系影响，所以，市场决定它的价格，也是公平的。从这个角度理解商品的价格现象，符合逻辑和现实状况，似乎西方货币与发展中国家货币的不平等状态是正常的。

在第一章中我们讨论效用价值理论时指出，供求关系不仅仅是人们正常生活生产需求的反映，它也可能是强烈心理因素导致的结果，供应并不紧张的商品可能因为人们认为它会升值或者稀缺而变得需求大增，供应反而紧张起来，价格上升到脱离实际的水平；而对于供应稀缺的商品因为人们认为它会贬值而急于抛售，结果价格可能远远低于其实际水平。不要认为这就是市场经济的应有之意，虚幻供求关系决定的价格会扭曲市场信息，从而造成病态的市场波动，最终，对于市场而言，造成错误导向和巨大浪费。中文将这种状态描述为“忽悠”，它是欺骗的邻居。人们的心理并不完全受制于理性控制，可能受到错误信息和集体从众心理的影响走向偏激。如果以市场供求关系为标准，市场状况就是合理的理论而完全成立，那么，英国的“南海泡沫”、荷兰的“郁金香泡沫”等等也将成为合理的正常现象了。如果供求决定一切，很多法令规定的最高价、最低价等就没有意义了。非常情况的例子说明，人们心理趋向一个潮流，供求关系就容易失真。供求关系是市场无形之手的一部分，但是，市场完全暴露在供求关系面前，因为控制、影响心理因素的介入，供求关系就会出现无效情况。古典经济学认为人是理性的，但是现代科学证明，人终究是感性的；而感性对市场来说有时成为一种破坏性的力量。索罗斯反身性理论就是对市场无效性的有力说明。

这与我们讨论的货币供求有什么关系呢？西方货币尤其是美元，正是这种失衡供求关系的反映，在不能正常反映市场需求情况下发达国家货币的自由流动，如同历史中任何脱离实际需求的商品一样，造就了虚假的强势，而对于弱势的一方，造成了掠夺性侵害。

我们抛开货币背后中央政府或者央行对货币的管理手段等细枝末节，因为这些机构最终也受制于市场状况和政治压力，不论其如何表现独立性，从长期和宏观来看，它们仍然采取与市场上基本一致的思路管理市场，直至出现危机。

在货币自由市场上，有人认为美元确实具有强烈的需求，所以它成为强势货币也是应当的。关键在于，从供求关系来看，普通商品供求关系产生的价格信息会指导市场重新配置资源，对于紧俏商品会产生增加供应的效应；但对于货币，强烈需求并不会产生配置资源的作用，除了美联储为代表的金融资本以外没有其他供应方能够提供货币，造成了它们可以独家垄断地不断供应。法定货币本身是人为的符号，而以追求符号为目的的需求是心理需要的反映；对美元的需求，从美国角度看，是将世界视为在自己管辖下的金融体系，实际上各国把本国财富作为美元的物质储备，因为美元强大而接受在美元的主导之下制定的规则了。在以美元为储备货币的国际经济秩序中，如果想要获得美元，只有让渡本国的财富。这与在一国之内本国货币的运行需要以本国经济发展水平和财富为基础是同样的道理。

对于美国的稳定、强大能否成为美元独霸世界的理由，我们可以想象这样一种情景，如果一个邻居比你更富裕、更有权势，难道你就应当将自己的财产转交给他吗？美国不论如何强大，它都没有理由无偿占有其他国家和人民的财富，谨守诚实、勤奋原则获取财富，这是世界应当遵循的更为基本的普世价值。

资本不平等就没有平等的自由

美元与发展中国家的货币并不平等，则以美元为媒介的金融资本自由将具有单方面性质，即只有以美元为代表的西方国家金融资本和实业资本才具有“自由”的能力，金融资本利用此能力从世界掠取了大量财富，它们可以在世界随意流动，而以发展中国家货币为媒介的资本，却局限在本国有限范围内。这种不对等的属性意味着以西方金融资本、实业资本为主体的货币潮流可以随意在发展中国家登堂入室，又可以在预期一致的情况下集体回流，导致发展中国家经济大起大落，起伏不定。在拉美阿根廷危机、墨西哥危机、东南亚危机、俄罗斯危机中，金融资本必须借助货币媒介发挥作用。虽然发展中国家与发达国家资本市场是开放的，但不对等货币地位决定了金融资本实施危机打击的可能。我们往往过于关注发生危机国家的经济损失、民众苦难，或者某个金融大佬在危机中获得了怎样的收益，但是很少关注更多损失的财富哪里去了。在危机中，一部分财富本来是纸面上的数字，泡沫破灭，财富随着数字的降低而蒸发了，市场中任何一方都没有得到；还有相当多的财富，在危机发展过程中，通过预先的买空卖空、通过金融杠杆，由少部分外国金融资本、实业资本和本国的国际公民获取暴利并转移到国外了。

新自由主义鼓吹，金融自由化是发展中国家改革的一项重要内容，放松外汇管制，允许资本自由流动，将有助于外国投资，将有助于资源的合理配置；中国不少海归经济学家群起鼓噪，建议国家取消外汇管制、实现汇率自由浮动，理由是提高国内居民和企业利用国际资本市场的能力，增加竞争而改进国内金融机构的效率，最终实现人民币国际化。尤其在中国经济地位上升阶段，人民币国际支付占比迅速攀升的时期，更激发了人民币资本项下自由兑换的希望，似乎汇率自由浮动指日可待。如果仅以短期增长和变化为依据就彻底改变一项根本制度，那不是具有远见的明智之举。诱人的目标让有些决策人幻想人民币在未来的某个时日将与美元并肩而立，这样的宏图大略难道不值得追求吗？看似理性和美好的建议对中国及类似的发展中国家而言实际上是一副毒药。因为这种观点的立论基础在于认为各国货币是同质的，自由将促进融合和发展，它没有看到背后现实的不平等因素。

首先，美元是绑定于石油这一核心物质资源之上的，这意味着任何国家的出口都将最终以美元作为购买石油的支付手段，此交易模式决定了美元的稳定需求。这点我们在前文中已经介绍过。人民币尚缺乏这种稳定的资源支付要求，除非相当多的产油国需要人民币进口中国产品，而实际上产油国进口的产品无法消耗其全部人民币石油价款，因为它们面临人民币储备的使用问题。

其次，人民币波动尚需在国外形成足够流量和储备，达到一定的势能，我们还不能因为人民币支付的快速增长而想当然地认定其趋势就是单向上升的。

最后，在人民币成长到一定阶段形成与美元的货币博弈时，美国对策如何是完全不可预测的，美国是否会利用其他议题对中国实施打击、压制，逼迫其他国家站队表态，从而引发人民币危机而拯救美元，这需要国家强大的军事力量和社会吸引力作为后盾。

我们支持人民币的国际化之路，通过互换货币协议等方式让人民币走向世界，是对抗美元霸权的必经之路。但是，在迈出关键的一步之前，需要国家冷静思考，不能因为目前的国际化受到了西方资本的欢迎而失去自我，进而认为在短期内人民币可以完全自由浮动并能够与美元并肩而立。在顺境情况下考虑好逆境的处置方案和手段对于中国极为必要。

发展中国家能够充分利用国际资本市场本身就是一种幻想。首先，对外汇的需求本身决定了在交易之初就需要发展中国家企业付出巨大的代价；其次，国际资产市场的规则、筹码等都是国际资本制定和约束的，其垄断能力和运作水平不是中国散户资本所能够理解得了的，即便是中国的国家投资，聘请从华尔街回来的精英人士，所投资的黑石、摩根斯坦利等公司不是也造成了巨额账面亏损吗？

至于改进国内金融机构的效率，难道不通过金融自由化途径就无法向国外金融机构学习，就不能改进效率吗？在不平等的市场中，存活是生死攸关的问题，而在他人预设的市场去竞争改进效率，如何保证自身的安全性呢？关于人民币国际化，更是需要慎之又慎的决策，这点我们将在后文予以论述。

现实世界是以国家、民族、阶层为利益群体而划分的，但新自由主义无视这种差别，强行灌输、创造一个万物平等的幻想世界，在这样的平等世界中奉行完全自由原则，以此描绘出未来的美好前景。在这个没有限制的自由市场，利润和效率决定一切，资本会寻找自己的合适位置，然后创造出财富来。自由是新自由主义的核心概念，贸易要自由，利率要自由，汇率要自由，投资要自由，管制要放松，这就是美国主导“华盛顿共识”的具体要求。这些条件忽视发达国家与发展中国家的具体情况和差别，忽视政治因素和心理因素，盲目地将全世界的利润最大化等同于人类幸福的最大化。不论自由主义者将人类普世价值宣扬得如何美好，世界如何相互依赖和相互联系，这种理想化的前景都代替不了世界政治现实，民族国家仍旧是政治经济的主体，忽视政治因素而片面设计经济自由，这与现实相距甚远，且将引起经济体系之间的剧烈冲突。

资本永远具有国家属性

从资本自由的角度看，资本本身就是具有国家政治属性的。在西方经济学中有资本本国偏好的理论，它是指投资人在为其投资做出选择时的一种倾向，即他宁可放弃外国更有利的投资机会，也要选择母国作为投资地。人们认为对投资环境熟悉，风险就会小于对环境不熟悉的远方投资。这个理论告诉我们，资本是有国籍的，对于外国投资，它们进入发展中国家，并非将发展中国家视为久居之地，在形势发生变化的情况下，外国资本是随时可以回到母国的。虽然近几十年西方国家资本大量投资发展中国家，为发展中国家的经济提供了一定动力，但资本并非如同自由主义所宣扬的那样，仅仅追求利润，在资本背后，政治力量、心理因素同样起着至关重要的作用。在对外投资中，以跨国公司为主力的外国资本具有强烈的本土情结。第一，跨国公司高管对于所属社会具有某种个人的情感，如爱国主义、团体精神、在道德上的义务等等，这种情感在其社会中同样是主流思想和积极态度，受到本地社会的鼓励。第二，公司对母国也怀有历史责任感，在其成长的过程中，政府的关照、补贴、资助等使公司对母国的历史欠账而怀有某种道义责任。第三，跨国公司在海外投资的一个重要原因在于，东道国不具备它所具有的一些技术或者组织能力，而这些东西都不会轻易转让给另一国，所以，实体机器转移到国外较为容易，而核心技术人员、高管和商业网络往往仍然控制在母国的公司总部里。另外，他们进行的大部分核心活动，例如高端研究和战略谋划，都是在本土国内进行的。同时，所谓的外国投资，更多的是收购本国企业，很少有在东道国建立新企业的，所以，并不能创造新的生产力和工作机会。[①]

事实上，站在资本的角度上看，不仅在发达国家存在资本本国偏好的情况，更重要的是，在发展中国家也存在“资本发达国家偏好”的问题。发展中国家的民族资本发展到一定水平后，如果本国的经济政治形势存在不确定性——这又是可能性非常大的情况，资本认为在本国存在某种风险，则发展中国家资本又在向发达国家转移。自由主义者可能理直气壮地声辩，正是因为发达国家的政治、经济稳定、法治健全才能够保障外来资本的安全，而处置自己财产本身就是自由的天然权利。从个人角度来看财产流转不应当受到限制，但自由从来都是代表了一定政治倾向的自由，虽然发展中国家确实应当保障财产权利不受到非法侵犯，且控制本国政治经济风险本身就是一项艰巨的任务，但不能因为发展中国家缺乏完善的制度，就声称发展中国家对在本国创造的财富应当采取任其流失的态度。如果发展中国家对本国财富不能予以保留，那么又以什么样的经济基础完善本国制

① 参见［英］张夏准：《资本主义的真相：自由市场经济学家的23个秘密》，78～79页，北京，新华出版社，2011。

度呢？个人财富属于私人所有，这是财产的自然属性；但任何财富同时又属于产生它的社会，其形态变更将影响与之相关的其他社会因素，因此它又具有社会属性。自由地转移财产本身对于发展中国家的经济稳定构成了重大威胁。

另一方面，我们拥有财富，财富由我们控制和支配，但财富不仅仅是为了满足个人需求，它更是社会运转、创造、更新的基础。从这点看，那种认为个人对财富没有限制条件的自由不过是某种自大狂的臆想。脱离社会条件和环境，他就根本无法创造出如此财富。在挣取财富过程中，他与其他主体产生博弈关系，似乎他与其他所有人的利益是对立的；但是，他却不能脱离这些对立的所有人、这个社会去获取财富，个人与社会又是一种相互依存关系。更多人在自我感情上关注在获取财富过程中的艰辛、努力与各种失败，可他也应当从反面思考一下，如果没有这个让他经历各种困难的社会，他如何能够获取财富。所以，在评价个人及社会之间的作用时，人们应该更为客观和全面，个人应当维护自己的财产权利，但是，他也应当在行使权利时，保障社会的稳定和进步。从社会角度来看，社会应当为个人提供稳定预期，即保障个人财产权利不受侵犯和损害；但是，在社会发生重大变革时，社会也绝不能对损害自身的趋势袖手旁观。换句话说，个人财富来源于社会，但在无数个人财富背后，却是社会的整体福祉。

发展中国家应当为这种转移财富的自由设定条件，因为产生财富的环境在发展中国家，资本应当负有一定的义务，即为它提供生长的这片土地和环境贡献和回馈它的价值。正如同资本具有本土偏好，发达国家的资本应该回馈其社会一样，发展中国家的资本也应当为产生它的社会提供道义支持。

自由主义者强调避免不稳定风险的理由，这在一定程度上却是由本身心理预期和行动自我实现的。前文已经述及，在最近几年，从中国各种途径流失的资本达到天文数字，它们如果在国内投资，本应创造出更多价值和经济发展，但换成美元等西方货币后却成为发达国家的消费动力和国民财富，留在发展中国家的仅仅是兑换货币后留下的高额本国货币和通货膨胀。这种自由，对于提供了这种自由可能的社会构成了一种伤害。这种转移构成了赢者通吃的马太效应①，而且对于转移者所担心的因素，构成了自我实现的轮回，即其本身又促进了发达国家的强势地位，使在发展中国家所担心的因素转化为现实。

① 指强者愈强、弱者愈弱的现象。

发展中国家的民族资本在发展之后集体转移财富，发达国家能不富裕吗？发展中国家精英分子所艳羡的那些发达国家的充分福利、完善制度在一个缺乏财富的国家能够实现吗？在经济地位不平等的情况下，所谓的自由，对于发达国家成为获取财富的手段，对于发展中国家则成为丧失民族经济发展的路径，这在表面的自由宣传和西方的普世价值中无法全面揭示，是发达国家对发展中国家的另一种剥削。

在西方发达国家的意识形态中，资本似乎不必具有这些归属于社会的属性，因为即使它不鼓励或要求资本的民族特性，西方资本也无法脱离发达国家和社会，即便它向国外投资，它还是深深扎根在发达国家社会内部。但在发展中国家，由于自身制度的局限性，这种意识形态发挥的作用却截然不同。西方意识形态和本国精英宣扬什么资本没有国界，爱国主义对于某种特定制度才是应当的，在某些制度下爱国是愚昧的，等等。发展中国家和发达国家存在的巨大差距，同时资本所代表的寻求安全、逐利本性，决定了发展中国家资本具有逃离发展中国家的极大可能和倾向。这种资本转移有的以对外投资方式，有的是绝对的财富转移，两者之间在现实中有时难以区分。对外投资一方面体现了发展经济体经济实力的上升，另一方面投资于发达国家却可能是纯粹的资产转移，相当于发达国家对本国货币的收回。所以，对外投资应当区分不同种类给予不同政策，比如资源类投资，应当予以鼓励，对于既不能获得资源、又没有竞争优势的领域进行投资，绝大多数应属于以合法名目转移资产。

资本自由成为掠夺手段

转移资产对于发展中国家将产生严重的问题还在于，国际储备货币的性质决定了发展中国家外汇是稀缺的，发展中国家不能像美国一样随意创造出美元，而外汇对于稳定本国货币却极为重要。如果发展中国家放松外汇管制，在一定时期内经济也许能够正常发展，但在某个特定环境下，外国资本与本国资本短期内大量外逃，外汇被外逃资本急速兑换将严重影响本国在国际经济活动中的支付能力，发展到一定程度，在外部金融资本的影响下，本国经济活动将因为国际收支问题、汇率问题、货币政策问题而成为像索罗斯等金融猎手的目标。正是由于外汇不是发展中国家本国能够控制的，如果同时实行宽松的外汇管理制度，就等于将本国经济调整权力交给了具有巨大影响力的外国资本。在亚当·斯密所推崇的无形市场之手时代，还没有垄断金融的位置，而在当代，高盛、花旗、摩根斯坦利、瑞银等金融机构巨头们在国际金融市场的话语权、影响力、资金调动能力和协调能力，都要远远超过它们自身直接控制的资本力量，在这样的市场中，实行自由资本制度，无疑是将本国财富置于他人予取予求的危险境地。俄罗斯在20世纪90年代经济危机期间国家投放外汇，结果转眼之间被收买然后又汇出国外，1997年亚洲经济危机期间泰国国内资本跟随国际资本大量外逃等，这些鲜活的事实证明了在发展中国家，在极端情况下，自由意志如果被裹挟在巨浪滔天的洪流里，自以为是的自由就会成为无可选择的自由，没有国家和民族利益约束和保护，在自由理想的宣传下，对发展中国家的经济将造成灾难性的影响。

市场原教旨主义者会指出，正是因为这些国家的经济发生了实质性问题，才会成为国际金融资本的目标，所谓金融危机，是为了纠正这些国家的问题而由市场力量予以调整的，至于国际资本能够从中获利，是市场经济的应有之义，无可厚非。这是一种以市场规律理论为掠夺资本主义进行文过饰非的歪理邪说。他们以市场作为一切的出发点和归宿，将市场作为目的，似乎市场一切规律和作为都是合理的、正当的、应予以鼓励或者放任的。他们没有看到，市场本身应当是一种工具，应当服务于人类的福祉。作为工具，就存在优点和缺陷，需要针对工具所服务的对象进行调整修正。东南亚、俄罗斯等经济体存在违背经济规律的缺陷，既然问题并非一天之内形成，当然就存在通过和缓市场机制予以调整的方式和方法。通过暴风骤雨式、大起大落式的市场调节，实质是借助经济体中的问题以所谓市场化手段进行的另一种掠夺，是将一种病症扩大为绝症，是从一个症状偏激地、极端地纠正到另一个极端。所谓的市场规律，不过是为了这些国际金融资本谋取私利套上的美丽花环，此“规律”者，仍然是人为意志下的工具，是可以利用、操控、影响的人为产物。

发展中国家的经济实力、货币地位决定了，它与发达国家在资本自由化道路上并没有平等的基础，而现代金融制度又强化了这种不平等地位。自由而不平等，自由就有可能成为奴役的工具。虽然绝对平等并不现实，但是在不平等现实中追求尽量的平等，这应当是人类的信仰，就像在不平等地势上开凿水渠，利用自由的属性为广大社会服务。在这里，自由需要约束条件，同时也需要严格的呵护。否则，金融体系在快速分配资源和筹集资本方面的优势，在提供强大流动性中也制造了巨大的波动性，浪费了社会资源和财富。

金融自由化不能成为一种崇拜

在过去，中国缺乏与金融相关的制度和市场主体，于是大力提倡发展金融产业，以虚拟经济为实体经济服务。股票市场、债券市场、银行信贷等金融手段为中国经济发展提供了巨大的动力，通过金融市场，公司的发展、新技术的应用、新商业模式的成熟等等都在转眼之间得以实现，完成了中国经济与世界经济接轨的重大历史使命。没有现代金融的贡献，中国经济不会取得如此辉煌的成就。随着中国经济与世界经济接轨，金融领域也在快速向世界最先进的制度，尤其向西方国家金融制度学习，其中最吸引中国领导人的无疑是美国制度，因为一直以来美国式金融制度为美国实体经济发展、科技创新提供了巨大动力，成为世界新经济和新科技发展的典范。在学习过程中，中国部分精英渐渐地将中国与美国金融体系接轨融合作为改革目标，同时，国外系统金融理论在中国理论阵线上攻城夺地，获得了市场经济下的金融话语权。中国国有银行改革、国企为外资投资提供的优惠条件、世界四大会计师事务所的地位等等，都打上了外国金融资本介入的烙印，实际上中国是谦恭地请进了西方金融资本进入国内市场帮助改革。在经济领域，中国部分精英热衷于与国际金融融合，以至于提出中国应当放开资本项目外汇管制、人民币尽快实现国际化等等理论，并强调现在是中国金融进一步开放的机遇期，大有机不再来、时不我待的紧迫感。①

发展中国家改革要借鉴世界上已有的先进制度，我们在金融现代化中取得的成绩源于开放过程中向先进制度学习经验，这是值得肯定的。但是否需要全面、完整地学习国外“先进”经验并以这种经验为榜样呢？在这点上，实事求是至为重要。在向美国学习金融制度过程中，我们要学习金融体系促进经济发展的一面，但不能学习美国金融体系中那种贪婪、垄断的霸气，中国不是美国，换句话说，即使中国想要学美国金融也不具备美国金融资本的条件，片面地学习和照搬照抄

① 参见黄益平：《告别中国奇迹》，148～192页，北京，社会科学文献出版社，2012。

不仅不会促进中国经济的发展，反而可能断送发展进程。

在发展的不同阶段，学习和借鉴重点也应有所不同。在改革开放初期，中国极端落后和贫穷的形势要求以吸收任何资本来发展经济作为首要任务，所以国家提供种种优惠措施鼓励外国资本。但发展30多年后，中国的形势和地位已经发生了重大变化，中国已不再缺乏资本，相反，资本的力量已经足够强大充足，社会如何将它们配置到合适的产业、项目中才是重点。当下要防止的是已在国内的资本是否能稳定留在国内为经济发展继续贡献的问题，所以，过去的优惠条件已不合时宜，中国应当建立起保护改革成果的护城河，即一方面继续深化改革，另一方面，对外资和政策又必须有所甄别。

在提高金融体系对经济发展的促进作用同时，我们应当提防当前金融体系对实体经济的破坏性作用。相对于发达国家实体经济，其金融市场的速度都过于高效了，对于发展中国家的实体经济，国际金融市场有可能更加脱离实际需求。美国金融资本流动性骤然刹车拖垮了美国虚拟经济，在2008年发生了金融海啸；如果发生在发展中国家，如果在金融领域敞开大门，金融市场运转速度突然变化对发展中国家的影响将会更为剧烈，国际金融资本本国偏好的属性、发展中国家内部资本发达国家偏好的属性、金融衍生品高流动性的属性，三者叠加，对发展中国家将产生何种效果呢？目前发生在发展中国家的货币危机、经济危机大多是这些因素导致的。墨西哥、阿根廷等国家发生危机时还有美国主导的国际货币基金组织提供援助，美国发生危机后它可以通过发行美元向世界转嫁风险，但中国和俄罗斯这样庞大的经济体发生危机，有谁能够提供帮助呢？国际货币基金组织会提出什么样的苛刻条件呢？要求国家政策做出符合西方国家市场化要求的调整，国家经济主权还会存在吗？

所以，在货币地位不对等、资本持有者心理因素不可控、金融资本话语权不对等、金融资本实力不对等这些因素的作用下，幻想将中外金融市场完全融合接轨、将人民币与美元、欧元等进行相同程度的自由化、将中国资本项目完全可兑换，是彻底不切实际的缘木求鱼。完美理论根本解决不了现实人性对自由的操控。目前这种理论在中国国内大有市场，借口市场化、放松政府管制等等自由化的理由，眼中紧紧盯着敞开中国金融市场大门。宣传这些理论的所谓精英，要么是人云亦云，要么是只见树木不见森林，要么是别有用心。他们看到我国外汇储备之多就认为不会有风险，而没有看到死数据背后是活人的意志。改革开放到充分自由化，一定是漫长、渐进的过程，同时又是伴随着改变中国实力和吸引力的过程。从愿望出发，以尚未到达的位置为出发点考虑当前问题，最终结果是抵达不了目的地。

“美元经济学”是发展中国家每个负责任的政治家都应当学习的经济学，是发展中国家迷信普世价值的中产阶级都应当明白的政治经济学，是每个希望为其国家、民族谋求发展的有为青年应该理解的知识。

中国是幸运的，在改革发展道路上，在并没有完全理解市场经济确切含义又希望向发达国家学习的时候，在面临各种压力、各种舆论鼓噪的时候，中国遇到了太多的鲜活实例，警告中国改革需要万分谨慎和深远智慧。在新自由主义风行世界的时候，阿根廷、墨西哥、日本、东南亚、俄罗斯等等，几乎所有发展中国家和地区都经历了金融危机，国家丧失了大量财富，国际金融资本掠夺了这些国家和地区人民的劳动成果，而在发达国家，人们能够享受帝王般富裕的生活，享受在自由和民主大旗下陶陶然的良好感觉，在这些历史现实面前，我们还能够仅凭理论、愿望和理想而盲目地崇拜西方自由平等的理论吗？“彼之佳肴，吾之毒药”，要实行一种制度、信奉一套理论，必须与自身的条件、地位、环境等因素结合起来，否则，对别人产生良好效果的东西，用到自己身上却可能造成致命伤害。

“照我说的做而非照我做的去做”

西方自由市场在自身历史发展和现实中也是虚伪的，它并没有自由主义者所标榜的那种完全市场化的自由。

在资本主义发展历史中，英国和美国作为西方资本主义发展的先锋，都曾经实行过严格的保护主义。英国在19世纪尚未成为世界最发达国家之前，通过高关税和广泛补贴对本国经济力量予以支持，获得了经济优势。仅仅是在其确立了最先进的发展地位，自由贸易对于英国益处大于损害时，英国才向其他国家鼓吹自由贸易。19世纪德国著名经济学家李斯特为此进行了深入研究，为德国保护幼稚工业并获得长足发展提供了理论依据和重要建议。他谴责英国这种爬上经济最强国地位后否定自己发展路径的做法，称之为"踢开梯子"，即"一个人当他已攀上了高峰以后，就会把他逐步攀高时所使用的那个梯子一脚踢开，免得别人跟着上来"[①]。"他们寻求通过限制、特权和鼓励的措施，把国外的财富、人才和企业精神嫁接到本土上来。"[②]

至于美国，称得上是保护主义的大本营，在独立战争之前，英国严格限制美国的工业发展，限制殖民地贸易；而美国独立的主要要求之一就是实现自由贸易。在美国建国初期，财政部长汉密尔顿提倡保护主义，但第二次英美战争之前，美国没有接受汉密尔顿的观点，反而提倡国际分工，将工厂留在欧洲。欧洲的英法战争导致英国威胁美国的中立贸易，英国对美国贸易提出了严格的限制，美国希望通过自己的原材料国地位对英国进行反制，结果却暴露出美国对海外市场和制造业的过度依赖。当美国的贸易政策与英国的封锁政策相冲突时，第二次独立战争爆发。战争更加暴露了贸易立国的弱点，即商业利益集团在自身利益和国家利益之间大都选择了前者，同时也暴露了美国工业等各方面的不足。这使原来的自由贸易派转向了汉密尔顿的立场，并激发了美国前所未有的民族主义，同时也使保护主义成为美国的主流。[③] 到南北战争时期的林肯，直至第一次世界大战前，美国工业品的进口关税一直保持在高位，尤其在19世纪下半叶达到40%～50%，是世界上关税最高的国家。美国奉行孤立主义政策，从名称上看似乎是历史中的错误片段，但实际上，这却是美国发展的必然阶段和可贵经验。直到二战后美国获得了无可挑战的工业优势，它才实行贸易自由化并支持自由贸易目标。"即便转向了更自由的（不是绝对的自由）贸易，美国政府也通过另外一些手段来推进重要产业的发展，比如对研发的公共资助。在20世纪50年代到90年代中期，美国联邦政府的资助占所有研发资助的50%～70%，这比日本和韩国这样一些'政府引导型'国家还要高20%左右。没有联邦政府对研发的资助，美国不可能在计算机、半导体、生命科学、互联网和太空等重要产业上保持对其他国家的技术领先。"[④]

---

① ［英］张夏准：《富国的伪善：自由贸易的迷思与资本主义秘史》，15页，北京，社会科学文献出版社，2009。

② ［英］张夏准：《富国陷阱：发达国家为何踢开梯子?》，5页，北京，社会科学文献出版社，2007。

③ 参见黄树东：《大国兴衰：全球化背景下的路线之争》，第7章，北京，中国人民大学出版社，2012。

④ ［英］张夏准：《富国的伪善：自由贸易的迷思与资本主义秘史》，33～42页，北京，社会科学文献出版社，2009。

若论投资保护，芬兰和日本曾是对外国投资限制最严格的国家[①]，美国曾对外国人在美国投资开设银行提出严苛的条件。在历史中，实际上是那些对外国投资限制最小、保护本国产业最弱的国家发展相对落后，比如法国，在19世纪60年代初之前，法国平均工业品关税没有超过30％，而英美关税税率在其巅峰期高达50％～55％。[②]

保护主义已经无法回复到过去的历史状态，但是，西方国家的发展思路却是值得我们深思和借鉴的。在西方宣传普世价值背后，是普遍的“照我说的做而非照我做的去做”逻辑。将民族利益、国家利益埋藏于普天之下的自由平等理想之下，是西方最近几十年在社会发展理论中最伟大而且最巧妙的发明。

即便在自由主义思想如此流行的当下，西方现实做法与其所宣扬的自由经济思想也相去甚远。

首先，中国资本并不能自由购买发达国家的资产。中石油收购尤先科公司是一个突出的案例，说明西方在民主体制下对国家资源同样是予以垄断的。这与我国将很多矿产资源，例如金矿，转让给外国公司构成了鲜明的对比。

其次，西方尤其是美国以安全为由禁止向中国出口高科技产品，又以安全为由限制购买中国产品，同样是对市场经济规则的嘲讽。随着科技发展，现代民用技术与军用技术越来越具有融合互补的趋势，何为军事技术、何为国家安全利益，成为完全依主观判断而自说自话的理由。《乔布斯传》中记载20世纪80年代乔布斯第一次来中国，就是为解决苹果公司向中国出口电脑受到美国政府限制的问题。当时个人电脑尚不能随意出口，说明了美国对技术管控的范围是多么宽泛。

中国囤积了大量美元外汇，似乎发展中国家积累的外汇就不会涉及发达国家的安全利益，反正这些东西需要多少有多少；但自由主义分子要求发展中国家将金融市场完全开放，那么外国金融资本形成的惊涛骇浪对发展中国家就不构成安全威胁吗？

自由主义者将劳动力、土地、货币等都视为商品，可偏偏在高技术产品方面

---

① 参见［英］张夏准：《富国的伪善：自由贸易的迷思与资本主义秘史》，71页，北京，社会科学文献出版社，2009。来自联合国贸易和发展会议《世界投资报告》的数据：1971—1985年，外国直接投资只占芬兰固定资产形成（物质投资）的0.6％左右，除社会主义国家外，只有日本的这一比例（0.1％）比芬兰更低。

② 参见［英］张夏准：《富国的伪善：自由贸易的迷思与资本主义秘史》，43页，北京，社会科学文献出版社，2009。

将发展中国家排除在外，这与一百多年前这些老牌资本主义国家采取高关税、限制技术人员出国等做法有何区别？同时，这也彻底否定了西方所谓的对民主和自由市场的自信，这样的做法不是在告诉所有人，不管所谓全球化、自由化等口号鼓吹得如何美妙，西方还是认同国家有别、社会有差吗？

最后，美国等国家最近频频向中国发起反倾销、反补贴调查更是违背市场原则的霸道之举。这些调查对象多数是针对中国民营企业的。众所周知，民营企业在中国的负担绝不会比在发达国家少，中国各种要素为世界贡献了巨大利益，但在美国人眼中却成为国家的补贴，这是以司法手段破坏正常的经贸关系，再次表明了自由市场理论的虚伪。

中国对闭关锁国政策往往具有更为深刻的历史回忆，清王朝和改革开放前的历史都证明了这种政策的有害性。但实际上，保护主义也有不同的种类和做法，西方国家历史中的保护主义并没有限制国内的创造和发展，在本国内部仍然鼓励创新和自由贸易；这种保护应当与那种闭关锁国同时又在内部完全僵化停滞的体制区别开来。对外的适当保护，是为了内部的积极改进和完善，避免自身不成熟的产业受到伤害，这体现了国家积极进取的心态和民族意志；而罔顾世界交流、对内对外一体的自大停滞，则是对世界发展的无知和颟顸。所以，当下的中国既要反对西方所提倡的完全自由化、全球化逻辑，又要在国内市场中扫除一切限制、阻碍社会发展的壁垒。

第十三章
人的自由之逻辑

个人自由在西方成为个人与社会利益共同发展的途径，而在发展中国家却成为抛弃社会和国家的理由；它在不同中心的吸引力下发挥着不同的作用。

对于西方宣扬的自由观点，我们分析了资本自由的特点，以及对发达国家和发展中国家的不同作用。对于金融资本，西方国家极力要求发展中国家提供自由开放的市场环境，因为它们掌握了金融市场的主动权，它们希望金融资本畅行无阻地进出于发展中国家。但是，在另一个领域，发展中国家具有突出的优势，发达国家却收起自由的面孔，不再以自由理想作为本国的行为准则，而是要严格限制了。这个领域就是人口流动。

人应当具有迁徙及选择自己人生的自由，这是一项自然权利。目前，中国除了因为户籍制度所限而导致的社会保障、教育、医疗等问题外，个人已经能够脱离改革开放前严格控制流动人口的状况，可以在中国境内自由创业、自由劳动了。随着改革的深入，这方面的自由度无疑将更加广阔。发展中国家与中国政策基本一样，到目前为止，中国对外国人来工作的限制也较少，实行欢迎外国人到本国投资、工作和旅游的政策。

西方虽然宣扬在一切方面应当赋予人自由的选择，但是，当它们面对发展中国家庞大的移民团体时，西方社会不得不以政治方式解决，它们抛弃了人人平等、自由的理念，选择了对其发展有利的移民政策。这既是对其自由理论的否定，在某种程度上也是对发展中国家人才的窃取。

人的自由从来服从于民族国家意志

在自由的概念中，人是主体；但在经济范畴中，人又是作为人力资本的客体存在。在这两者之间存在一定的矛盾，即：是纯粹意义上人的自由更为重要呢？还是作为资源的人力资本应当服从于国家经济政策呢？在西方强势理论和主流关注点的忽视下，对于移民问题，发展中国家很少提出质疑：为什么西方自由理论不能适用于自由移民？为什么发达国家能够有选择地对发展中国家急需的人才提供移民？几乎所有人都认为现有制度本身就是合理的，但却无人关注现实与西方所宣扬的自由理想之间的矛盾冲突之处。

西方限制发展中国家对它们的移民。既然西方国家宣扬个人自由，又往往以各种理由接受移民，那么，为什么西方国家不能像要求发展中国家开放资本市场一样对它们开放国门呢？为什么不能让所有追求自由的人自由地到发达国家工作就业，行使天赋的“自由”人权呢？很多人会认为这种问题很可笑，因为移民将占用发达国家的公共资源，所以发达国家的国民不会同意自己的国家允许移民自由进入。答案是正确的，但也恰恰说明了所谓的自由是与政治密切相关的，是始终受到国家国民意见的限制、国家经济条件的限制和国家政治决策的限制，自由并非是飘忽不定、任意行使的权利。当初中美建交初期，美国国会议员对到访的邓小平要求，允许希望移民的人自由离开，邓小平回答道：“哦，这事好办！你们想要多少？一千万？一千五百万？”国会议员们再也不敢追问下去了。[①] 在其宣传的道义与自身利益发生冲突时，西方国家无疑总是选择后者。

在移民问题上，西方国家也有过限制移民国外的历史，英国和法国在资本主义初期的做法可以作为借鉴：18 世纪早期，法国技术相对落后于英国，于是法国政府开始从英国大规模招募技术工人。直到 19 世纪中叶，机器才成为关键技术的化身。在此之前，大多数技术知识体现在技术工人身上。因此，技术转移最重要

① 参见［美］傅高义：《邓小平时代》，338 页，北京，生活·读书·新知三联书店，2013。

的手段就是技术工人的流动。正因如此，发达程度较低的国家努力从更发达的国家，特别是英国，招聘技术工人，同时也鼓励受聘于更发达国家的本国公民回国。法国等欧洲国家大规模招募技术工人的企图最终促使英国在1719年制定法律禁止技术工人外流，尤其是禁止“收买”英国工人，即禁止企图招募技术工人到国外工作的行为。该法规定，收买行为可以判处罚金或者监禁。在国外工作的技术工人，在接到英国有关官员的警告后如果在6个月内不回国，将为此丧失其在国内土地和动产的所有权，还会被剥夺英国国籍。到了19世纪中叶，关键技术变得错综复杂，单纯引进技术工人和机器已不足以掌握一项技术了，这时英国才废除了对技术工人和机器出口的禁令。[①] 从资本主义发展初期到发达国家确立其先进地位无法被轻易挑战后，它们才放开限制技术人员流动的口子。

19世纪60年代，美国修建跨越大陆东西的大铁路，华人劳工为此做出了巨大的牺牲，以至于有人形容“每根枕木下都有一位华工的尸体”，但在最艰苦的工作完成后，美国违反了中美之间自由移民的条约约定，于1882年颁布了《排华法案》，第一次在美国历史上限制和禁止移民。从这里我们看到，任何自由都无法脱离当时的历史条件，无法摆脱当时人们的认识水平和意识形态。

当然有人会提出，历史上违反自由理想的事实并不能妨碍社会进步，现在这些陈旧的种族观念已经被抛弃了，人人都能够以平等的态度来对待外国人，现实表明当前的自由理想在西方国家达到了“终结状态”，是最完善的状态了。我们举出发达国家历史的例子，并不是强调西方历史对待非白人种族的罪过有多么深重，尽管这些历史并不光彩。我们希望阐明的是，在一定历史阶段，任何国家和民族都摆脱不了它在那个阶段所具有的局限性，自由并非是什么普世概念，西方社会也完全没有达到其宣扬的自由的理想境界。同样，当前无论发达国家还是发展中国家对自由的限制，也只是在现今阶段被人们普遍接受，并且视为当然，所以很少有人提出或者质疑这种并不完备的自由。而实际上，西方自由理论在其自身逻辑中也是不完备的。或者，历史中本来就没有西方所宣称的那种自由，只是通过西方宣传的意识形态，让人们以为普世之下存在这种自由。

---

① 参见［英］张夏准：《富国陷阱：发达国家为何踢开梯子？》，93～96页，北京，社会科学文献出版社，2007。

西方人的自由依然是势利性选择

现阶段的自由存在什么问题呢？现在发达国家所施行的自由，仍然是一种选择性的自由，不是自由主体进行选择，而是发达国家具有对自由客体进行选择的权力，这种权力仍然控制着自由的范围和广度。这种选择的自由是根据财富、技能而对特定的人赋予的自由权利，说得难听些，仍然是一种势利的自由。随着社会进步、人权普及，根据种族、出生地而限制自由被人人平等的哲学取代了，历史否定根据种族、肤色和出身而定的自由，但是，并未将自由权利平等地赋予给世界，而是根据个人的财富、技术水平、各方面能力重新为自由设定了条件。

为什么这种限制自由的方式没有引起人们的愤慨和反抗呢？为什么这种限制自由的状况却得到了世界绝大多数人的认可呢？第一，没有人反抗并不代表存在就是合理的，在100多年前《排华法案》生效的时候，在中国和美国的华人都可能对现实予以理解；放眼美国蓄奴初期，由于南方奴隶劳动强度并不过于严酷，可能非洲黑奴对奴隶制也表示能接受，但这是历史的局限，并不代表这种制度具有合理性。第二，当代社会普遍认同以财富、技术和能力作为区分自由度的尺度，这是当代社会的现实，普通人并没有从这些标准中感受到对自己的歧视或区别对待，这是当代人意识形态的局限。第三，拥有自由度的人普遍拥有话语权和影响社会思想状态的能力，他们认为这是合理的，整个社会也就认同了这种状态的合理性；而不能享受这种自由的人，也不具备反对这种选择的权利和渠道，这是现实经济条件的局限。第四，任何国家和政府都不会以鼓励本国人民向外移民为荣，所以，缺少争取权利的政治实体，这是政治条件的局限。正是因为这样的逻辑，西方国家可以公开宣称吸收什么样的移民，甚至美国制定出国家政策，为此设定具体标准，吸收他国人才可以作为某种国策了，而其他国家对此视为理所当然，并未感觉到有何不妥。

有选择的自由成为人才博弈手段

但对自由的这种选择合理吗？当然是不合理的，因为这种选择对发达国家和发展中国家产生了完全不同的效果，虽然打着自由的名义，但是，人才会受到发达国家的吸收，而发展中国家却承担了大量的社会成本。

通过移民，发达国家从各国吸收了大量人才。从个人选择上看，这也许是个人意志选择的结果，属于个人自由范畴，但是，从整个国家来看，西方有意识地通过这种所谓的自由手段将优秀的人才吸收到发达国家，这是一种势利的选择，是国家战略，实质与自由理念无关。

人才的重要性无需赘言，国家和社会发展，需要众多人才构成一个阶层、凝结为一种力量，最后形成社会力量和新的社会结构，在众多人才的合力下社会才能够进步，所以，失去人才的社会进步较慢，而且难以追赶或超越拥有人才的社会。我们说发达国家将人才吸收到自己的社会，并不代表发展中国家没有人才，或者根本留不住人才，而是强调，这是一种争夺人才的博弈，在博弈中，发达国家拥有更好的地位、更优越的条件将人才吸收过去。有的人会以人才在发达国家才能拥有合适的条件和环境发挥特长，并拥有合适的社会机制将其研究、开发成果予以转化，所以，有些人才即便是留在了发展中国家，也是一种浪费；在发达国家，人才更能为社会和全人类做出贡献。这种理论是需要前提的，即如果人才是世界性的，应该为全人类服务，那么人才的劳动成果也应当属于全人类并为所有国家服务。我们不否认，在发展中国家存在不具备人才发挥特长的情况，但是，任何事情都需要从低处到高处一步步走出来，都需要从细微处到整体的建设完善过程。而这个过程，需要全社会各方面人才的共同努力。现在发展中国家培养很多人才，在前期的辛勤培养阶段，国家、社会和其父母花费了大量精力和成本，但是，在开花结果阶段，却由发达国家以各种条件摘取了。

我们不反对国民之间交流和学习。有人会提出，回国留学生在发达国家学习了先进技术和管理经验，为发展中国家的建设提供了巨大帮助，例如，很多国家元首是从美国、欧洲毕业的，怎么能说发达国家没有为发展中国家做出贡献呢？不可否认，发展中国家从人才交流中获得了发展动力和智慧，虽然在一定时期和一定条件下是一种双赢的结果，但这是一种并不对等的交流，发达国家在自由理念指导下的移民政策，对发达国家的益处要远远超过对发展中国家的好处，这从回国人数、人才学历等各方面比较中均可明显感受得到。中国从1978年改革开放起到2007年的30年间，超过100万中国学生出国留学，到2007年底，大约1/4

学成回国[①]；邓小平去世 10 年后，估计留学海外的有 140 万人，回国人数却不足 40 万[②]，对于留在国外未归的 100 多万人发展中国家和社会是以何等代价培养、扶持的？恐怕这是一个巨大的数字。而这些人又以其知识和才华为美国社会创造了多少财富？

发达国家通过移民申请筛选，将其社会所需要的高科技人才、拥有大量财产的人吸收到这些国家，通过这些高技术人才对新产品的创造，又从发展中国家获取了大量超额利润。培养这些人才的成本，却由发展中国家承担。俗话说，"十年树木，百年树人"，培养人才不仅需要整个社会的动员，还需要父母的投入，它需要整个社会付出代价。国家和社会的教育资源有限，最好的教育资源提供给了这些以优异成绩出国的学生，当家长、学校和社会将大量成本投入到这些学生身上时，其他学生就无法再享有同等的关注和投入。我们曾经论述过，知识传播是具有一定的垄断性的，所以，当这些学生学成留在发达国家就业后，发展中国家投入的这些成本便成为平白转移给发达国家的财富。这种马太效应更增加了发达国家的财富，并加剧了发展中国家的贫困。

另外，在发展中国家与发达国家竞争的过程中，发展中国家已有人才也往往被发达国家的公司收买。西方资本获取了高额财富，其社会和公司懂得人才的价值，愿意并能够为人才付出高额的代价，福利待遇水平远远超过发展中国家，它们支付的货币为发展中国家人民愿意持有，它们发出的报价远远超过发展中国家的同等职业收入，凭借着高福利、高收入，在成熟工作阶段，发达国家又从发展中国家收买了大量人才。有人会指出，这就是市场经济原则，平等交易，价高者得，两厢情愿，与人何干？我们认为，这就是打着自由市场经济的旗号，对发展中国家进行人才掠夺。发展中国家的人才在发展中国家的地位，就如同 19 世纪中叶以前技术人才在英国的地位一样，他们应该是国家和民族的主要建设者，应该是社会进步的核心力量。不能否认发展中国家的社会制度、薪酬体系、法律环境等需要进一步改善，以利于更多人才在社会中发挥特长，但是，对国家建设和对社会的贡献，不可能等到所有制度建设完备之后，社会财富具有足够能力之后，才需要人才贡献力量，人才本身就是发展中国家在完善社会制度、建设国家各个

① 参见［美］傅高义：《邓小平时代》，443 页，北京，生活·读书·新知三联书店，2013。

② 同上，645 页。

体系中至关重要的力量。

个人主义与自由对国家的不同作用

很多极端个人主义者对于个人自由极为重视，对于社会责任、公民义务等却嗤之以鼻，认为按照斯密无形之手的理论，对自己利益的最大追求就是对社会最大的贡献。他们以为，将个人利益合理地过渡到社会利益，自我利益与整体利益相一致，良心就会得到安慰，他们对自己的选择也自然理直气壮。对此过于简单的逻辑，我们认为存在众多需要补充的理由和条件：

首先，个人自由存在限制条件。个人利益与社会利益相统一正是西方所宣扬的自由的关键逻辑所在，他们通过所谓自由等普世价值，将意识形态固定到追求自身利益的目标上，但个人自由是无法脱离社会约束的。在追求个人自由的社会中，个人逐渐成为原子化社会中的原子，处于个体孤独、无序互动的状态，有些人追求这种无拘无束的自由，认为这是一种精神散漫、任我随性的幸福状态，实际上，即便是原子也没有脱离大地的引力，完全自由状态在当今社会还不是现实存在的。在西方发达国家，在个人自由和享乐主义背后，仍存在强大的组织力量，这就是资本的组织力量。资本通过金融、实业、媒体、宗教、教育、军事力量等仍然将原子化的个人组织在一起，在追求自由梦想的过程中，个人仍然需要服务于资本目的和国家利益。在任何社会状态中，脱离社会现实条件的自由是不存在的，生存的自我需要本身就是自由的重要限制条件。

其次，个人自由对发达国家与发展中国家具有不同的作用。在发达国家，不可否认，追求个人利益的自由与国家利益和资本利益存在相当大的重合，无形之手在发达社会对人们产生指引作用，这对社会整体利益的促进作用要大于消极作用，社会总体阶级状况和制度框架决定了个人自由无法突破社会约束。在约束范围内个人自由所创造的利益成为约束体，即社会利益的一部分。但是，在发展中国家，这种自由观对社会的作用会发生与发达社会不同的异化，我们不能说在发展中国家追求个人自由就一定会伤害社会，相当程度上，发展中国家个人追求自由与社会利益也具有相当程度的重合，所以，即便在发展中国家，毫无疑问，也应当保证一定程度的个人自由。但是，在发展中国家对个人自由和利益的追求超过一定限度，就会在一定程度上产生外部化影响，个人利益最大化未必对其所处的社会和国家产生同等的效益增加，在极端情况下，却可能产生削弱社会、破坏国家发展的效果。换句话说，作为发展社会，并不能实现个人利益完全处于社会约束体的范围之内。这也是我们强调自由限度问题的初衷所在。

所以，在自由作为世界主流意识形态条件下，发达国家通过自由制度能够在各个发展中国家以其金融资本进行投资，等于是自己借给自己资本却买来别人的东西。而这个别人之所以愿意接受，就是因为他需要“你”的货币，以防止自由社会在被要求支付“你”的货币时无法予以兑现；发达国家因为本国经济力量的强大，创造了稳定的社会体系，维持着高福利、高保障制度，所以，发达国家有信心确保即使是在“自由的”环境中，本国的人才和技术也是无法离开的。但是，在发展中国家，因为社会和国家之外存在另一个发达国家的核心，而且这个核心具有强大吸引力，所以，自由带来的，是随时可能被另一个核心吸走人才和资本。发达国家和发展中国家的不同地位，决定了自由带来的效果大为迥异。在20世纪90年代民主自由的俄罗斯，大量的国家财富得以转移、资本不停地被吸引到欧洲和美国，正是这种自由观的现实效果；普京举起民族主义的大旗，便立即遭到破坏民主和自由的指责。而那些发生了“颜色革命”的国家，包括在“阿拉伯之春”中推翻专制制度的北非国家，自由获得了胜利，国家得到发展了吗？社会得到了多大的进步？专制制度当然应当被推翻，但是，要保证能够更好地保护国家和社会的意识形态成为社会主流，形成新的治理方法，这种革命才是成功的，人民牺牲才是值得的。代替专制主义的西方自由观通过改梁换柱的方式所进行的社会变革，表面上完成了自由革命，结果却是实现了在自由主义旗帜下对西方发达国家更深的依赖和顺从。如果自由代表的是自由地服从，那么，对于发展中国家而言，自由不过是带有花环的镣铐。

培养何种个人主义

现在，自由给发展中国家和发达国家都带来了一定的问题。

在发展中国家，自由外部化效果要求对自由采取一定限制，但这种限制又必须在社会利益与个人自由之间达到一定的平衡。个人自由与社会约束之间存在一定的矛盾，发展中国家如果要获得更好的发展，必须在适当的个人自由之上强调集体主义和爱国主义的意识形态。如上所述，如果没有集体主义适当的普及，没有爱国主义的情怀，自由主义制造的离心力会将国家的人才和资本释放给具有更大吸引力的发达国家，发展中国家难以获得长期稳定的、具有广泛内涵的发展。

爱国主义和集体主义能够在发展中国家被广泛接受，又需要一定的条件，即：(1) 在集体内部和发展中国家内部，需要保证社会制度的公正，社会发展需要达到总体平衡，公正的社会分配结果是使社会人才内心平衡的重要条件；(2) 在集体内部与国家内部，应当使人看到集体与国家成功的希望，集体发展超过个人发展，让身在其中的人能够感受到成长的力量，这将是促进人们增强荣誉感的重大动力；(3) 在社会中应该确立知恩图报的感情氛围。

在极端个人主义思想中，个人利益决定个人行为，对于所获取的成功往往归纳为个人奋斗的结果，而不是归功于社会，相反，个人主义对于社会的不公正往往过于偏激，并发展为对所处社会的不满。发展中国家当然存在很多不尽如人意之处，这些社会弊病能否成为个人对社会发泄不满、抛弃集体和国家的理由呢？对此，我们可以参考沃伦·巴菲特的观点，有人问他成功的最主要因素是什么，他回答得极为精彩，他说他成功的最主要因素在于他生在美国。2010 年 6 月 16 日，巴菲特在《财富》杂志网站上为捐出个人 99%的财产发表了一份声明："我的财富还要拜以下三点所赐：生在美国、一点儿幸运基因以及广泛的兴趣。我和我的孩子都有幸赢得了我所说的"卵巢彩票"——以我为例，20 世纪 30 年代能够出生在美国的概率是 30∶1，加之作为一名白人男性，我得以规避当时社会许多人不可逾越的障碍。而生活在这样一个间或产生扭曲结果的市场体系（尽管整体上看这个体系为我们的国家谋得福利），不得不说我的幸运更凸显出来。"这是他为了感谢社会而自愿捐出其财产的主要原因。巴菲特在回答中国投资者的问题时表示，如果他出生在中国，同样会取得成功。为什么？因为中国也为像巴菲特这样勤奋努力的人提供了能够成功的社会环境。巴菲特为了感谢让他成功的社会，捐出了大部分财产，这点虽然无法效仿，但是，这种感恩之情难道不是成功人士所应当具有的吗？不论付出怎样的艰辛和努力，不论父母为此花费了多少心血，不论社会提供的条件是丰厚还是微薄，不论国家是否提供了优越的条件，只要这个国家在发展，只要这个社会提供了一定的自由空间，难道我们不应当感谢这个社会吗？

那种以个人主义为核心的情感不是过于偏激吗？这种感恩之情在社会层面就是一种爱国主义。这是作为发展中国家政府所应当致力追求的意识形态。

个人自由能脱离国家的牵引吗

遍观世界各国，没有任何落后的国家和民族能够在缺乏爱国主义思想的状况下成为发达经济体的。而成功例子中最典型的莫过于韩国和日本，这两个国家的国民拥有类似偏执狂的爱国情结。在1997年亚洲经济危机爆发的时候，韩国人民捐出自己的首饰给国家，力求避免国家服从国际货币基金组织的严苛条件；韩国政府和公司基本上都使用本国品牌的汽车。为发展韩国工业进口设备，需要国家拥有外汇，朴正熙政府要求“看到任何抽外国香烟的人都要去报告”，“海外旅游是不允许的，除非你得到了政府许可去海外做生意或读书的明确指令”①。日本民族从拥君思想退下来后，将国家放到了崇高的地位，前文谈到它在二战之前已经成为了世界强国，在二战之后，国民对国家的拥护和忠诚保证了其经济的快速复兴。日本到美国留学的学生很少移民美国；在吸引外资的过程中，日本和韩国的领导人担心国内公司会被外国公司压垮②，在韩日经济尚不发达的时候，社会从基层到上层都普遍怀有爱国之心，所以，社会矛盾能够在体系内部消化，政治领导人即便是专制的，以铁腕手段来管理国家经济，但同时也是以国家利益为重的集权。如果在这些社会充满了个人主义幻想论调，人人为追求所谓的幸福生活可以随时抛弃自己成长的社会，去发达国家挣取更高的工资和待遇，民族和国家就不会有如此旺盛的生命力。

相比之下的印度，虽然实行民主制度几十年，但国内教派林立，国民对国家和民族的认同感淡薄，纷纷以到美国、欧洲工作而感到自豪和骄傲，印度人在美国成为科技界精英，在美国创业的移民当中，印度人达到总比例的33%，是华人的四至五倍，有些精英在美国甚至掌管世界500强企业大权，但是，印度的发展却远远落后于西方价值观没有那么盛行的中国。

---

① ［英］张夏准：《富国的伪善：自由贸易的迷思与资本主义秘史》，7～8页，北京，社会科学文献出版社，2009。

② 参见［美］傅高义：《邓小平时代》，443页，北京，生活·读书·新知三联书店，2013。

南美洲国家因为历史、宗教和地理上的因素，对于国家认同感的缺乏导致了社会上层成为欧美编外公民，国家财富被大量转移到欧美国家，经济危机频繁发生，如果没有优良的自然条件，这些国家的经济状况可能要与当前的状况相去甚远。

如果在一定范围内，我们相信自由与爱国是两种相互促进的理念，除了统治者，爱国不会是热爱压迫式的制度。在当代某些价值观中，爱国往往被描绘成狭隘的、愚昧的，是统治者为满足统治需要利用民族情感而编造出来的堂皇理由，甚至有人说，爱国主义是恶棍最后的避难所。历史上不排除极端例子，政府打着爱国主义旗帜，鼓动人民为国家奉献生命而去侵略、去掠夺，比如希特勒统治下的德国、二战中的日本。所以有的自由主义者颇为自豪地声明，“爱国，首先要让我知道你有什么值得我爱的地方。”他以人民自居，认为应当是国家和社会提供了良好的制度和社会环境，才值得如上帝一般的作为人民一员的“他”去拥戴它，这是一种过分自傲又过度自卑的情感：他对社会和国家提出要求时，认为自己处在人民的位置上，自然应当受到礼遇；而他在接受社会和国家提供的益处时，表现得又是那么无力和无能。之所以要爱国，在于我们是这个社会和国家的一分子，只有我们的行动才能让它变得符合我们的期望。

正如同需要对自由主义予以严格的界定一样，对于爱国主义也需要给予清晰的划分，我们所应当提倡的爱国主义，是以被动的、防守式的意图避免国家和民族受到不公正待遇、避免在不公平的国际经济政治秩序中受到重大损失的爱国主义，而不应当是以欺压他国、欺压其他民族为目的，以保障本国霸权、保证本国在与其他国家之间交往中获取不正当利益的爱国主义。

当然，应当防止不正确地利用爱国主义，爱国主义不能成为压迫的工具，不能成为提倡“愚忠”的代名词。在一个国家中，社会上层不能借助爱国主义而要求人民承担不公平的社会分配，不能借助要求爱国而谋取私利，不能以爱国之名来保护部门、小团体和少数阶层的利益，侵犯个人的正当权利。同时，个人正当权利又必须在爱国范畴之内，个人利益不能极端化为抛弃国家和民族利益，不能突破集体为社会服务与贡献、并寻求两者共同成长的底线。爱国主义，应当成为整个民族的性格，应该成为凝聚上下、与民同始的社会氛围，这样的民族才能够在当前国际社会中成功发展。

西方自由观在移民上的两难境地

西方在通过移民方式接受了大量转移的财富和技术人才的同时，也面临着非法移民问题，所以，西方国家对移民持有矛盾心态：一方面，移民为西方社会建设和财富聚集做出了重大贡献，另一方面，移民也潜移默化地促进了西方社会的变化，而部分变化，是西方社会的人民不愿意接受的。

移民是对西方经济学认为发达国家的高工资源于其高生产率理论的否定。西方经济学常常将高工资归因于其个人生产率要高于发展中国家。在历史发展因素之外，它们因为货币金融霸权在世界上拥有了发展中国家所不具有的优势，这种优势转化为发达国家内部社会工资福利水平。但是，西方经济学将这种利益掩盖起来，声称西方国家的富裕是在平等国际交换中获得价值的体现，西方产品相对发展中国家的产品具有更高的附加值，西方企业的生产率要远远高于发展中国家。经济学家为此做出美丽的图表对比并予以量化，似乎这些都是市场经济下正常的逻辑结果。

张夏准深刻地指出："富国和穷国之间存在工资差距，并不主要是因为个人生产率的不同，而主要是因为移民控制制度的存在。如果可以自由移民，那么大多数富国的工人就会而且肯定会被穷国的工人取代。换句话说，工资主要是由政治因素决定的。硬币的另一面是，穷国之所以穷，不是因为这些国家的穷人，实际上不少穷人在工作能力上要比富国的穷人更胜一筹，而是因为这些国家的富人，因为大部分穷国的富人在工作能力上不如富国的富人。……富国的生产率之所以很高，就是因为它们依赖的是从历史上继承下来的集体制度。如果要建立一个真正公平的社会，我们就应该首先打破个人所得都是其自身价值的反映这个神话。"[①]他总结道，"富国的人们之所以能够取得今天这样的成绩，就是因为他们生活在一个具有更先进的技术、更合理组织的公司、更优越的制度和更完善的基础设施这么一个经济环境中——这一切在很大程度上都是几代人集体努力的结果。"[②] 在这

① ［英］张夏准：《资本主义的真相：自由市场经济学家的23个秘密》，23～24页，北京，新华出版社，2011。

② 同上，29页。

些因素上，我们还要加上货币作用的结果。

移民制度是国家政治选择的结果，正如我们前文论述的，自由理念与其无关。如果西方国家能够像他们所宣传的那样对人类自由予以无限制条件落实，恐怕西方社会的工作岗位早就被来自发展中国家的移民占满了，现在欧洲的情况已经很明显，服务类工作充斥着从东欧、北非和亚洲迁来的移民，他们的工资待遇低于当地人，而勤奋程度却绝不逊于本国人，这是欧洲国家失业率高企的一个重要原因。北非与欧洲接近的地缘条件为大量非法移民提供了条件，当穆斯林移民欧洲后，例如在法国，他们并没有完全融入当地社会，有的仍保留伊斯兰传统，成为欧洲文明中独立文化的小小区块，形成了与主流社会平行的另一个社会。法国2005年的移民骚乱正反映了这种状况。正因为如此，现在欧洲部分国家出现了极右势力的政党，要求严格限制移民。对于未来我们不妄加判断，但如果移民尤其非法移民因其固有的文化、生活习惯不能融于当地社会，他们在主流社会感受到歧视，无法改变贫富悬殊的状况，导致他们强烈不满并与现有社会对抗，那么，移民政策对于发达国家社会从正面积极作用走向反面消极作用也是有可能的。

美国是移民国家，同时也是以清教徒立国的国家，从欧洲到美国的移民对美国没有任何压力，从亚洲到美国的移民经过选择性筛选，为美国社会做出的贡献远远大于其人口在美国所占的比例。现在，从墨西哥等拉美国家来的非法移民高达1 000多万，在奥巴马竞选中，对移民合法化的政策成为影响选举结果的力量。非法移民对美国的影响将是巨大的，他们未必有亚洲人的高学历和学习习惯，移民在美国更多从事基础性体力劳动，美国政府虽然启动了“美国梦”计划，但是，移民是否都能圆梦还有很长的路要走。而移民引起社会福利、医疗保障、社会治安等问题将伴随移民对美国国家建设的贡献，美国社会能否完全消化由此带来的社会成本，我们将拭目以待。

第十四章 发展中国家民主与自由的独特路径

社会政治发展过程的理想状态是应当先有自由，再有民主；而在发展中国家，往往是相反的，结果民主保护不了自由。

在阐明中国的发展道路的时候，在政治领域中国要不要民主？中国要不要自由？对这些问题，似乎很好回答，没有人会给出否定的答案。当今世界，很少有国家公开声明不需要民主制度；对于自由，更是所有社会推崇的价值观。但如果从细节着手，该如何推进民主和自由、如何继续实行开放的政策，中国社会却有着各种不同的答案。

在与发达国家宣扬的普世价值观争取意识形态的制高点时，具备完整的理论体系，客观分析当今政治经济问题是至关重要的。如果仅仅评论西方民主制度的虚伪性、阶级性，不能从国际经济政治逻辑中分析西方意识形态对发展中国家的特殊性，这种批评也是不完善和不全面的。同时，改革应当在与西方普世价值意识形态的吸收、辨别、斗争中清晰步骤和脉络，对西方民主自由价值观进行吸收和提纯，将那些损害发展中国家的内核剔除掉、屏蔽掉，吸取那些对发展中国家有益的制度文化，既学习借鉴发达国家的优良制度，又防止邯郸学步而对自己的文化和社会造成破坏，这样才能既融合于世界，又不受制于外部的负面影响。

信赖西方输出民主价值观是一种偏见

在讨论西方普世价值对发展中国家的作用时，我们首先需要破除一种思维定式，这也是许多切身感受西方民主自由的人常有的思维模式，即认为公开的民主与自由不会潜藏任何阴暗事物；他们将批评西方民主、自由和经济制度的某些理论定性为阴谋论，并加以鞭挞和嘲讽，他们认为公开的、透明的民主制度不存在阴谋的可能，阴谋论者，不是无知就是不能证伪。我们认为，这些精英对西方社会民主制度的感受不是过于片面，就是过于在已知理论中体验精神的满足。我们对西方社会民主和自由制度并非全面否定，在此制度下西方社会在不断进步，这是事实。但是，在复杂社会现象中，往往各种因素和动机交织在一起，表面看来正当的行为并不能否认没有自私的动机，在看到西方社会制度产生良好作用的同时，不能想当然地认为，这些制度完全是本着正当动机向发展中国家输送的。我们来看下面一段摘要：

“一个自由民族应当经常警觉，提防外国势力的阴谋诡计（同胞们，我恳求你们相信我），因为历史和经验证明，外国势力乃是共和政府最致命的敌人之一。不过这种提防，要想做到有效，必须不偏不倚，否则会成为我们所要摆脱的势力的工具，而不是抵御那种势力的手段。对某国过度偏爱，对另外一个过度偏恶，会使受到这种影响的国家只看到一方面的危险，却掩盖甚至纵容另一方所施的诡计，成为我们所喜欢的那个国家的爪牙和受他们蒙蔽的人，利用人民的赞赏和信任，诱骗人民放弃本身的利益时，那些可能抵制该国诡计的真正爱国志士，反而极易成为怀疑与憎恶的对象。”

这是美国首任总统华盛顿在其告别演说中的忠告之语，放在当今中国似乎是再合适不过的评论了。华盛顿没有天真到相信外国势力不会使用阴谋诡计的地步，他反复强调要防止外部敌人与国内部分人有同盟、依附和阴谋串通的关系，因为这会“进一步激发和加剧这种（国内的）对抗”，他认为统一政府是美国的支柱，联合一致是美国自由的支柱。他以政治家的睿智指出：“经验是最可靠的标准，应当记住，仅凭假设和意见便轻易变更，将因假设和意见之无穷变化而招致无穷的变更”，“外国影响和腐蚀可以轻易地通过派系倾向的渠道深入到政府机构中来，这样，一个国家的政策和意志就会受到另一个国家政策和意志的影响。”借用华盛顿的智慧，当今时代，中国是否存在那些“对某国过度偏爱而使他们成为那个国家爪牙和受他们蒙蔽的人”呢？那些即便是爱国的、自认为心底无私的西方普世价值的宣扬者，是否在引诱人民放弃国家和民族的核心利益呢？

200 多年后的今天，我们的某些精英却停留在西方民主自由政策都是和平美好的幻想之中。我们不能将别人的所有行为视为阴谋，这与常识和现实不符；但我们也不能在关键问题上认为其他国家的政策都是出于善意，这同样与常识和现实不符。马克思指出，“如果事物的表现形式和事物的本质会直接合而为一，一切科学就都成为多余的了。”西方所宣扬的理论与实践如果完全相符，那么国际政治经济的探讨研究也会成为多余的了。从自身状况出发，我们在很多问题中同样具有自私动机，扩展后就是民族利益。但是，在发展中国家，自私动机与其理论和实践所能拓展的空间几乎没有，自私动机更大程度上无非是维护国家的合法权利，而非获取不当利益。但发达国家不同，为了获取不当利益，它们无法像 100 多年前一样明抢明夺，于是发展出似乎合理的、符合人类情感的理论，这是必需之举，但其理论往往掩盖更深层次的动机，只是身在其中的人难以理解和察觉。往往是，逻辑的范围越大，个人在其中的感觉越与实际不符，就像在哥白尼提出“日心说”之前，人类虽然“坐地日行八万里”，但仍以为地球是宇宙的中心、是静止不动的一样，人们看不清全貌，只因身在其中。因果关系链越长，越容易在其演化过程中掺入其他因素，这为各种不同的理论分析提供了条件。

到达西方民主标准的桥梁在哪里

针对民主的论述，政治学著作可以称得上是汗牛充栋，众多学者结合西方的社会制度来论述民主概念、标准，评价各国民主状况，对此，他们进行了深入细致的研究，从民主历史发展到现实公民权利的行使，对于民主的表述越来越清晰，但总的来说，他们仍然以美欧国家的民主为最终标准。这些思想通过西方国家政府向国际组织传导，又以国际组织的形式进行评价，进而影响国际判断和公众认知。

西方社会对民主提供了很好的标准：多党制、普选权、投票保密、公开接触、有效参与等等。美国“自由之家”[①] 组织还对政治权利与公民自由进行了列表，以评判某个国家是否达到了民主标准。有关政治权利部分，它提出十项标准：国家领导人的选举、立法代表的选举、选举的公正性、选举代表的权力、政党自由、反对派的存在、是否受其他势力的控制、社会团体自主、政策讨论、文化结构变更。

通过这些概念性描述，人们会想当然地认为民主是一件多么美好的事情，民主标准辅之以西方社会的发达状况和文明程度，自然让人们联想到民主制度在国家和社会发展中的重要作用。当一个民族自由地发挥创造力、人人得到平等权利的时候，社会发展达到理想状态确实是有希望的。但是，在西方学者论述的民主标准中，却没有指明通向幸福彼岸的桥梁，也就是说，西方国家告诉发展中国家民主应当是什么样的，但如何获得民主、如何保障权利，却没有指出统一的、标准的道路。

在论述民主标准的同时，西方学者也指出，民主国家存在不同的发展情况，美国学者蒂利基于政体类型和国家能力区分了四种国家类型：不民主的低能力国家、民主的低能力国家、不民主的高能力国家和民主的高能力国家。[②] 民主的特点是指国家和公民的政治关系具有广泛的、平等的、保护的和相互制约的协商等特点。按照这种分类，只有美国、欧洲等少数国家是在国家发展水平上和政治民主权利上达到了理想境界；而20世纪90年代的俄罗斯就属于民主的但国家能力急剧下降的那一类，这是国家能力弱但却实行了民主制度的情况，虽然成为了民主国家，但从国家整体发展水平和治理情况上看却是失败的国家。这样的民主导致的是社会混乱、民众贫困，国家处于无政府状态的边缘，经济无法发展，我们在前文也称之为劣民主、坏民主。现在俄罗斯在普京总统的领导下，又成为不民主的高能力国家了，发达国家会表示这不是真正的民主。在发展中国家，如何在追求民主的进程中避免走上失败国家的道路呢？

关键问题是，在西方不断促进发展中国家民主的过程中，他们对于世界经济不平等等因素对民主发展的影响向来讳莫如深，而讨论更多的是民主表面指标、

---

① 自称为国际性非政府组织，总部位于华盛顿，由温德尔·威尔基和罗斯福总统的妻子埃莉诺·罗斯福于1941年建立，当时是为了反对纳粹与共产主义。该组织大部分资金来源于美国政府，接受美国政府的资助。它也是隶属于美国国防部的智库。

② 参见［美］查尔斯·蒂利：《民主》，18页，上海，上海人民出版社，2009。

具体做法，对于民主发展路径和经济在民主发展中的作用尽量回避。甚至美国在争取“民主伙伴”的时候，罔顾历史和事实地宣称，民主促进了经济发展。[①] 发展中国家的民众对于民主的具体做法、表面现象往往更容易理解，更能表现出向往的心情，而对于背后的深刻逻辑却无法深入剖析。

反过来，世界银行等国际机构认为民主是促进经济发展的方式，而“华盛顿共识”又依赖于世界银行等国际机构促进全球化，这为我们提出了一个问题：是民主化促进了经济发展还是经济发展促进了民主化？如果是民主化促进了经济发展，为什么一些并未达到西方民主的国家经济反而发展得更好呢？

在美国“自由之家”组织列举的民主标准中，将排除国外势力的影响作为民主的一项重要指标，但美国民主基金会每年拿出上百笔捐款资助其他国家推进民主的团体。2002年委内瑞拉反查韦斯未遂的政变、中亚独联体国家“颜色革命”、2012年俄罗斯总统选举等等民主运动都有美国势力的影子；另外，1961年刚果的民选政府领导人卢蒙巴、1973年智利民选总统、中美洲的领导人等被英美国家直接或者通过代理人推翻，这些实例与西方说教存在着天壤之别。

我们不能否认西方某些民主标准的合理性，也不能将西方所有宣传民主信条的人都视为阴谋论者，这些学术机构和学者的努力，为发展中国家的进步提供了思路和视野，其普世情怀不应当完全否定。而且，他们对传统社会的批判在某些事实上也切中要点，促进了发展中国家人们的思想觉醒和对社会制度新的认知，否则，西方意识形态就不会在东欧、北非、东南亚及拉美取得优势地位。但事物的复杂性在于，西方资本尤其是金融力量借助于表面上合理的、具有诱惑力的软实力来宣传、鼓动发展中国家接受民主化理论，而其中的利益关系、运转逻辑和实际效果，却是大多数身在其中的人所无法理解或者感受的。在追求真理的过程中夹带私货，在理想化的指引下满足现实主义动机，这是理论宣扬者与权力操作者之间的切实区别。

在西方理论中比较具有误导性的结论之一，同时也是在发展中国家众多精英们所极力鼓噪的，即民主和自由能够毕其功于一役同时完成的观点，认为社会只

① 2012年7月美国国务卿希拉里访问蒙古并发表演说，她声称“繁荣与政治开放相伴相生”，并举出韩国与日本是民主和经济发展的范例，暗讽中国政治制度。可她却忘记韩国在威权主义时期的发展也同样迅速。

要进入到民主制度的规范之内，自由将成为自然而然的结果。“自由之家”同样为公民自由的权利进行了列表，共有12项公民自由权利，简化地概括为：集会示威等公开进行公共讨论的自由、成立组织的自由、工人或农民等行业组织的自由、独立的司法机构、司法是否平等、防止非法迫害的自由、避免政府冷漠和腐败的自由、公开地自由地私下讨论的权利、个人自主、财产保障及私人企业建立运营的自由、个人的社会自由、机会平等的自由。西方国家将这些自由与民主的实现统一起来，认为实现了民主，自由也自然会成为社会政治制度的产品。

这些自由权利与上述民主政治权利能够同时在一次社会运动中得以实现吗？多数西方理论将两者视为一体的政治制度，并且它们能够相互彼此保证与包含。还是民主与自由可以分别实现，抑或在民主权利中和自由标准中可以先后实现某些标准和权利，而某些标准在之前的标准得以完全实现后才能进一步予以实现？

我们已经阐明了在西方国家历史中民主与自由的逻辑联系，即在西方社会发展史中，尤其以英美历史为特点的政治制度演化中，只有在保障自由的前提下才能稳步推进民主制度的建立和完善。发展中国家与发达国家在这点上并无区别。西方理论认为，民主、自由与法治应该是三位一体的关系，但在历史的发展进程中，三者并不是同时得到实现的。如果从难易程度上看，最少被西方国家向发展中国家所强力推销的法治建设，对发展中国家来说反而是最难以建立健全的。福山也承认，“在当代发展中国家，最大政治缺点之一就是法治的相对软弱。当代国家的所有组件中，高效法律机构也许是最难构建的。……法律机构必须遍布整个国家，持续不断，长期运作。它们需要设施，投资于律师、法官及法庭其他职员的训练，还有最终执法的警察。但最重要的，法律机构必须被视为合法和权威的，不仅在普通人眼中，而且在更有力的精英眼中。”①

坏民主将导致失败国家

在西方理论中有一个术语，即失败国家。通过对发展中国家的观察，无论是民主国家还是非民主国家都可能成为失败国家，其共同特点是国家权力失去了构

① ［美］弗朗西斯·福山：《政治秩序的起源：从前人类时代到法国大革命》，243页，桂林，广西师范大学出版社，2012。

建国家制度的能力，简单地表述，就是国家权力不够集中，无论是民主权力还是权威权力都不足以在国家内部达成有效的统治权，在这些社会中，总是存在一部分阶层、群体等脱离国家管理的情况，它们以内部规则代替国家和社会的秩序。这种脱离不是联邦下的地方权力，也不是自治区的自治权力，而是脱离内部循环体系。民主制度无法吸纳它，威权又没有力量和能力平伏、招纳或者消灭它，它在社会体系中制造了内伤，树立了不服从权威的榜样。例如东南亚和南美一些国家的情况，国家失去了普遍的权威，导致国家权力运转发生严重障碍。

国家体制建设需要集中的权力，不论保护社会体制的建设，抑或发展经济政策的执行，都需要强有力的权力来推动。即便是民主运行，其重要目标之一也是为了形成统一的权力。无论威权社会还是民主社会，都以国家能够正常行使权力为目标。没有对权力的认可和执行，在任何社会都无法形成有效组织，也就无法保障社会的最基本秩序。权力，在近代对其的讨论中往往被视为负面的东西，因为拥有权力的人在行使过程中呈现出了太多负面现象。但是，权力是现实社会所必需的。一旦社会失去权力的保护，人们在其中就得不到任何安全保障，也无法进步。权力的运用带来控制和监督问题，在发展中国家，这面临着某种矛盾，一方面，国家建设需要集中权力，而另一方面，作为权力代理人的执政者又天然具有滥用权力的倾向。发展中国家的这种形势特点决定了其发展路径具有某种不确定性，即如果掌握权力的阶层具有爱国意识和推动社会进步的雄心，配合以适当步骤，则能够在经济政治方面完善国家制度，实现国家飞速发展；而如果统治者缺少这种信仰，则执政者就会成为腐败的带头人而将国家带入混乱、失败的境地。在一个失去信仰的社会中，监督者也会成为权力腐蚀的对象而失去他的作用。体制必须与信仰结合，才能引导一个国家走上特定的良好发展道路。

发展中国家失败民主的最大特点之一是无法形成稳定的共识，在全球化、信息化和自由化状态下社会呈现碎片化倾向，民众成为原子化的个人集合。在这样的社会中，力量最大的不是无法形成统一意志的民众，不是无法稳定的政府，而是资本，尤其是以本国资本形式体现而实际成为西方金融资本附庸的资本。国家法治不健全导致资本最终归集地是发达国家。通过控制资本的力量，也就控制了发展中国家的发展方向。作为经济力量基础的资本处于不稳定状态，则社会就不会有稳定状态；社会不稳定，即便民主也无法提供稳定预期，民主就不会成为建设性妥协、统一、合作的力量，而成为纷争、对抗、攻击的工具。所以，在发展中国家民主成功的例子少，而失败的例子多。成功者往往是具有强大国家力量和民众爱国情感强烈的国家，如新加坡和韩国。西方国家通过民主扩张保护了其经济利益的扩张。西方国家将会看到，发展中国家的民主制度在缺乏经济、社会等方面的发展时将导致国家内部分裂、争执，无法形成统一的对外力量。

法治是民主必然的社会基础

从某种程度上说，法治与自由两者是一个事物的两面，是二而一、一而二的关系，没有法治保障并由其划清界限的自由，将发展为强者的自由、弱者的奴役。自由既需要法治予以保护，又需要法治予以约束。政治清明下的法治是自由得以保护的前提条件，自由是法治的影子，黑暗法治状况下影子自然也了无踪迹。所以，我们在讨论自由和法治的时候，某种程度上往往可以将两者互换，自由代表了完善的法治，而法治代表了实现的自由。

仅仅是在当前，发达国家将民主制度作为国家发展的前提，才将这种关系模糊起来。西方国家虽然没有否定法治的重要性，但是，在鼓动各发展中国家建立民主制度的时候，并没有像强调民主那样强调法治，或者有意模糊了两者之间的关系，结果，在法治没有建立、自由还没有得到保障的丛林社会，民主各派的力量无法按照法治程序得以确认结果，在各方全力执行本方政策的时候，力量强大的一方便拥有一切权力，所谓发展民主的结果恰恰可能是导致专制或者无政府主义。例如民选总统穆尔西上台后推行宗教化政策，希图让埃及世俗社会重返传统社会，其推行压制世俗派的种种做法是以民主程序的合法性对正常社会公义的破坏。

发展中国家建设民主自由社会，理想状态是按照先后顺序进行改革，逐步实现。虽然在发达国家这些目标似乎是融为一体的互为条件的关系，但是，在历史发展过程中，却是以法治为稳定社会和保障权利的首要条件，承认法治权威性是社会稳定接受民主结果所必需的心态准备，否则，对于民主结果彼此质疑、反对、冲突，对于司法判断不能形成信任，那么，社会尚难稳定，民主和自由又如何能够共处呢？这个先后顺序如果倒过来，就像出牌的顺序错误导致不同结果一样，自然也不会得到理想的状况。

中国的改革步骤也是一样，顺序错误的改革步骤将给国家和社会带来灾难性后果。苏联解体过程充分说明这点，先是顶层民主化进程，通过顶层决策者设计经济改革，在尚无法治条件和制度保障的情况下，贸然仓促地推动全面私有化改革，结果整个社会发展为强盗资本主义。在这一过程中，美国高级顾问们急切实现的是将所有财产私有化，将私有制变成无法逆转的现实，只要实现了这点，其战略目标就已经达到，至于俄罗斯人民的生活基本权利如何受到践踏，社会如何混乱，经济如何崩溃，则不在西方向苏联输出民主化的计划范围之内。如果中国按照这一进程进行改革，同样必将使国家民族分裂、社会解体、贫富对立，中国改革进程将无法逆转地中断。

在发展中国家政治改革的首要目标上，并不是所谓的西方民主制度，而是完善自由与法治为一体的政治社会环境。也就是说，民主制度是以多数人的意见为基础的制度，在以大众化民主作为社会制度之前，必须要先明确：大众化民主的结果是否会侵害少数人的自由权利？如果少数人的权利无法得到保障，这种民主过程会像剥开竹笋一样，剥下的一片永远是少数人的权利，当少数人的权利被一次次否定后，最终剩下的少数人将成为统治力量。为什么发展中国家民主会产生这样的结果呢？在没有法治心态和现实为基础的社会中，民主运动主体与无法尊重法治的主体高度重合，主张民主的人未必对法治抱以同样热情。没有法治保护的民主，将是宣传强势和各种诡计的热土，只要获得权力，什么手段都可以使用；对于非法手段的司法追究，却因为法治不健全和司法政治化而无法进行。这种社会环境下的民主过程必然充满逆向选择，越是缺乏法治精神的领导者越能够获得胜利，因为他可以不遵守任何规则，或者规避任何规则。中华民国的历史充分展示了这个特征。那些整天高喊民主的精英，他们的眼睛始终盯着西方民主有序成熟的一面，其实在实战层面，在发展中国家的现实社会，他们未必能够竞争得过一个村长。这是在发展中国家实行民主总是产生严重对立的一个重要原因。法国大革命是社会贸然进入群众民主而最终成为多数人暴政的典型例子，而历史提出解决这种民主的方案，并非是更平和的民主，反而是拿破仑的独裁和专政。

西方社会所鼓吹的民主制度，在北非的“阿拉伯之春”运动中并没有带来稳定的社会秩序，对经济发展也尚未体现出促进作用，反而出现了社会民主权利的倒退。阿拉伯起义爆发两年后，埃及的政治局势依旧动荡，经济并无起色，反对派与政府间的流血冲突更为剧烈，宗派之争与政治分化导致社会仍处于不稳定状态；在写作本书的过程中，埃及的第一位民选总统却被军方政变颠覆。穆尔西的政策固然存在问题，但更宏观地观察，埃及社会尚未成熟应该是更为主要的原因。在利比亚，民兵武装尚不能解除，极端主义恐怖袭击时有发生，美国大使遇袭身亡，社会似乎退回到了封建社会的割据状态；而在也门，南部自治组织和原总统势力又相互指责。在有的新进民主国家，世俗社会中的男女平等权利都可能被否定，极端主义势力抬头，他们在社会中代表了大多数人的意见，但是，这样多数人的民主结果却可能导致少数人的自由权利被剥夺。所以，坏民主一方面破坏法治，另一方面导致缺乏民族主义凝聚力、国家财富转移，更促使民生破败。

政治权利排在法治建立之后

发展中国家的自由权利范畴在特定时期面临一定的限制，比如在尚未对人身和财产权利予以充分保护的时候，一味追求政治权利的自由就尚不成熟。如果不是具有一定限制的自由权利，那么自由权利本身就会产生无序民主的结果。

在自由权利范围内，各项权利在发展中国家也应当分阶段、分步骤实施。在英国法制历史中，最先保障的是人身权利和财产权利，而当时判例法对言论自由权利、结社自由权利等政治性权利并没有同时予以保护。亚洲四小龙的政治发展也是如此，在威权主义下建立了保障私人财产和人身基本权利的法治，当社会具备充分的法治条件、能够保障民主权利的时候，再逐步放开，这时社会心态已经从无视规则转换到信任规则、尊重程序结果上来，社会能够稳定地接受民主化进程，没有形成大规模的社会动乱。香港和新加坡在判例法系及政治威权主义体制下，民主权利从来没有成为社会首先必须完成的目标。韩国和台湾地区更是由政治强人领导，在它们的发展过程中，西方将其视为盟友，哪里要求其社会民主权利的实现。而它们司法制度的建立、保护私有财产权利的落实，反而让它们自然接受了民主化过渡。

在法治尚未建立的情况下，某些政治权利充分发酵和运用，将彻底否定当前政治秩序的合法性，同时造成社会的普遍混乱，并进而导致社会分裂。为什么会如此呢？法治不仅是一种制度，它又是意识形态和文化状态。它不仅要求具有完备的法律、明确的程序规则、严格准确的执法机构，同时要求普通民众对司法结果的信任和尊重。在发展中国家充满对立情绪的社会环境中，不能接受民主结果的人同样不会接受法治。社会培养尊重法治的公民，民主的平和性自然会得到保证。发展中国家的民主运动往往发生在无视当前法律的心态下，认为法律与民主运动所要对抗的势力是一体的，对法律"合法性"的认识没有深入到广大民众的意识中去，却片面地告诉他们拥有无上反对、发泄不满的权利，那么可以想见，守法意识将会被社会所普遍蔑视，而不断地抗议、冲突却成为争取民主权利的常态。

发展中国家与发达国家政治权利的行使方式和结果不同。在西方学者思想中"自由之家"所宣扬的政治权利，被自然地认为是在法律框架内行使的权利，即组织政党、抗议、反对的权利应当在国家的宪法范围内予以行使；在发展中国家，由于宪法与现实的脱离，民众对政治权利的认知受到鼓动而认为自己可以随意行使这种权利，而法律规范向来约束这种权利，且在此规范中无法合法地行使这些权利，所以，既然是行使民主权利，那么自然地可以超出法律范围之外。在压迫性的体制下，权利诉求就演化为革命运动，而推翻旧制度后，由无视规范的民众选拔出新领袖，建立新制度，同样对于法治缺乏应有的尊重，所以，在有的发展中国家，不断的民主化运动又不断地被新的民主化替换掉，社会实质和根本状况却并没有多大改变。

发展中国家同时也应当避免另一种极端，即过度压制社会政治权利。政治权利在发展中国家绝非严厉禁止才能促进社会进步，历史中压制言论的社会很快就会面临政治、社会危机，发展中国家政府应当鼓励批评性意见，吸收社会集体智慧，不断改进社会组织能力，追求社会公正和良性发展。但这种批评性意见不应当是偏执到否定社会、否定国家的破坏性主张，不应是宣扬社会颠覆、解体、国家分裂、破坏社会团结和稳定的负面主张，而应当是具有建设性的，能够支持团结、积极的正面批评。当然，这在现实中准确区分又需要社会整体认识的提高，社会在确定包容和凝聚力的界线时需要在实践中逐步厘清。

政治权利并非不重要，而是不能成为社会运行的唯一目标，也不能成为社会生活的常态，在社会尚无极端变革必要的情况下，能够以渐进式方式完善社会制度、保障人身财产权，是社会对政府的合理要求，也是绝大多数人的福祉所在。在政治权利之外人们需要日常生活、工作，这些基本权利与政治权利虽然具有关联性，但不能因为政治权利的争议而破坏正常生活。政治权利发挥作用，需要更为复杂的系统和全社会的博弈，并不以人们的愿望为转移。在政治权利充分发挥时，如果法治意识形态尚未建立，则“权利”鼓舞人人不受程序约束，也不相信对手会尊重民主程序，在没有普遍信任和尊重民主结果的情况下，导致的却可能是混乱。非洲和中亚很多国家处于这种状况，当民主选举结束后，失败一方往往指责对方在选举中舞弊，选举过程不公平公正，结果又是不断的抗议和民众运动。即便是发达国家新加坡，对于民主议题也是有所限定的，“各政党不去涉及敏感话题，同时又认同所确立的国家制度，大家争论的焦点只限于政策层面，而政策辩论的焦点又是如何做得更好。”[①] 在政治权利充分行使而法治却无法稳定运行的国度，经济建设和稳定发展将成为奢望。抽出法治内核的民主距无政府主义只是一步之遥，民主如同市场经济一样，都是需要保护的珍贵品种，成功的自由市场经济并非天然商品生产交换的结果，而恰恰是国家、政府予以保护和规范的结果；成功的民主制度并非是权利无限行使的结果，而恰恰是以法治为基础、在以尊重法治的普遍民意状态的前提下达成社会共识的结果。

所以，在发展中国家，民主制度建立的前提与发达国家的民主历程一样，需要法治社会的确立。但是，建立起法治社会，绝对不是一件轻而易举的事情，相比较而言，甚至法治社会的建立需要更多时间和精力。

另一方面，社会民主需要理性的中产阶级作为稳定器。中产阶级不能成长壮大，就无法形成稳定社会的力量，社会群体将分化为两个极端：贫困阶层和富豪阶层，双方相互之间都容易使用极端手段，从而激化社会矛盾，结果追求民主的美好目标，得到的却是无政府主义现实。这是社会经济条件方面的限制，有关讨论已经极为丰富，在此不再赘述。

民主、自由、法制三元论

通过上述对民主和自由特点的分析，我们对于发展中国家接受西方普世价值

① 郑永年：《中国改革三步走》，84页，北京，东方出版社，2012。

观应当抱有适当的谨慎态度。各国情况纷繁复杂，对于道路选择，应当根据各国的历史、文化传统、经济情况等寻求适合自己的发展路径。在未来，西方民主政治对金融霸权产生路径依赖，这在短期内不会发生重大变化，对于发展中国家，主要任务之一就是避免这种依赖对于自身产生过多的负面作用，影响到本国的发展空间。

发展中国家在发展经济的同时，在政治领域存在亟待完成的任务，这就是建设法制，保障基本的人身财产自由权利。

这里的法制与文中其他地方的法治是两个不同的概念，法制是法律制度和法律体系之意，而法治者，是指社会由法律规范统治的状态。社会先有完善的法制体系，然后以统一规范对社会进行管理，排除人治的不确定性和随意性。不论威权社会还是民主社会，法制的建立都是社会能够稳定的前提条件。

优良法制本身就是极为精密完善的体系。谓之精密，即指法制发展如同机械发展一样，是完整、精细、集成、彼此关联又环环相扣的统一整体，正如在100年中汽车发动机精密程度的重大进步一样，法制在快速发展的复杂社会也需要与时俱进。民主和自由是在发展完善的精密法制系统之上才可享有的。

借用经济学家蒙代尔的三元悖论学说，我们简单论述一下民主、自由和法制这三者之间的关系。三元悖论是指在开放经济政策下，本国货币政策的独立性、汇率的稳定性和资本的完全流动性不能同时实现，最多只能同时满足两个目标，而放弃另外一个目标。实际上，世界上唯一不受三元悖论约束的国家就是美国，它的经济体量、储备货币地位决定了美国可以成为三个目标同时实现的国家。而民主、自由和法制三者都能实现对于国家是最为理想的状态，但是，发展中国家的发展阶段决定了往往需要在三者之间排出发展的优先顺序。

我们认为，糟糕的一种状态就是社会完全没有法制，但却口口声声说要追求民主和自由，这种状态的国民，实际上既享受不到民主，也无法享受自由，整个社会如同丛林般，是适者生存、弱肉强食的状态。这个社会的人民没有受到有关民主和自由、法制体系的系统教育，没有尊重他人权利的意识，想当然将民主和自由理解为单纯享有的社会权利，看不到自由意味着首先应当约束自己，看不到法制是自由的保姆和守护者。人们宣称追求民主，但对程序和规则却不屑一顾，往往为了“崇高理想”而践踏现实人权。失去了法制的束缚，人民反而享受不到追求理想所带来的益处，在现实生活有具体的例子，如 2000 年以前的俄罗斯、“阿拉伯之春”后的部分国家。这些社会变革往往以青年为主，他们崇拜西方民主，但对于如何实现民主、保障自由并没有明确的概念，其行为以愿望为出发点，凭激情做出决策。如果仅仅推翻独裁者，却未能以自己所宣扬的理想作为行动的指南，这对社会进步有何帮助我们应保留疑问。比如利比亚起义者对卡扎菲的私刑，宣示了将按照民主、自由和法制原则行事的重要机会放弃，而告诉世界自己与卡扎菲并无二致，不啻是对新政权追求目标的绝大讽刺。

第二种状态是社会有法制和民主，但却没有自由。人们往往将民主与自由联系在一起，认为它们是天生的孪生兄弟，怎么可能大多数人的民主选择却不能保障所有人的自由呢？事实上确实存在这种情况，例如第一次革命选举后的埃及对世俗权利的限制，在伊朗等宗教势力占主导地位的国家，人民受宗教文化传统的制约，认为部分人的自由被剥夺是天命使然，其民主结果可能是没有自由或者极大地限制自由。美国在制宪会议通过宪法草案后，在各州的表决过程中，多数州并没有马上通过宪法，而是要求附上宪法修正案即《权利法案》后各州才予以通过。人们担心，在缺少自由保障下的民主最终可能剥夺自由，在没有自由的民主下，即便建立了法制，也可能产生一种结果即类似于法国大革命的情况，整个社会成为由一种思想统治的极端社会。

第三种状态是社会有法制和自由，却没有民主。当然，这个自由是有局限性的自由，但在人身财产权利方面却能够获得切实保障，这包括资产阶级革命前的英国、回归之前的香港、蒋氏父子统治下的中国台湾、朴正熙统治下的韩国，这些社会在政治体制上是威权的，但除了政治统治外在经济上却是自由的：自由创业、自由拥有财产、自由劳动、自由教育、自由发展，最终，这些社会人民的正当权利得到了稳步的发展和保障。

还有第四种状态就是只有专制的法制，而无任何民主和自由权利，在这样的社会中，财产、人身都无法获得任何保障，社会分裂为权贵阶层和受奴役的阶层，人们的唯一愿望就是推翻这种统治。

从民主、自由和法制三者的关系看，民主和自由是人类的理想，法制进化为法治以后，是通向理想彼岸的桥梁。法制可为专制所用，但稳定、成熟的民主自由社会，必须在法制的框架下运行才不至于沦入无政府状态。从建设难度来看，构建完备体系、培养具备专业素养的司法阶层、教育社会所有人对法律文化具有共同的价值观，这些却是三者中最难以实现的，它需要稳妥、缓慢的进步，需要社会理性的成熟。

当然，仅仅具有政治意愿是远远不够的，社会进步必须建立在经济发展的基础之上，没有经济发展，就无法产生具有自由意志的公民和社会阶层。发展中国家的首要任务当然应当是发展经济，在经济发展中，中产阶级会随之壮大、成熟，其理性和无法收买的经济地位决定了它成为社会的中流砥柱，这是社会稳定、进步、和平的阶级基础。

在现有的国际经济秩序下，西方国家对发展中国家财富的过度占有恰恰阻碍了中产阶级的发展壮大，这与西方推行的普世价值观发生了根本矛盾：它一边宣传民主，一边又撤掉了登上民主殿堂的梯子。从这个角度来看，西方金融霸权恰恰是发展中国家民主社会的破坏者。而作为发展中国家，对于经济发展的重视，除了在相关经济政策上应当做到适中、稳妥外，在政治上、文化上恰恰需要培养整个民族的爱国主义，将国家人才、财富保留在发展中国家内部，不能让这些稳定社会的基础受到侵蚀，这是发展中国家一项相当重要的任务。

第十五章
发展中国家的市场道路选择

发展中国家的市场道路受到权贵利益集团和极度自由化双方面的压力，它们互为对手，但危害性相当。

持续30多年以市场经济为取向的改革开放给中国带来的巨大变化，是过去几千年所未曾有过的。认可市场作用本身就是对历史、对社会、对人性的实事求是态度。市场经济为中国改革发展做出了重大贡献。

首先，市场经济改变了中国人的精神面貌，以追求财富、追求富足生活为出发点的人生价值取向极大地激发了创业热情和创新能力，将中国从过去以利为耻的儒家守旧观念中解放出来。

其次，市场经济促进了平等、自由观念的成长。"文化大革命"期间所追求的平等、自由等只不过是停留在口号和教科书里，将平等与自由的基因移植到每个细胞的最佳途径就是市场经济实践。"商品是天生的平等派"，"以利为先"成为新的信仰，人们在追求财富的同时，必然感受到享受自由的快乐。

最后，市场经济改善了人民的生活，促进了国家经济的强大。中国改革开放以后，在现有国际经济秩序中得到了长足发展，国家的国际地位与国民生活水平都是30多年前不敢想象的。美国前财政部长萨默斯指出，"看看过去30年中国的经济增长率就会知道，中国人的生活水平达到这样一种提高速度：在一个人的一生中可以改善一百倍。”中国的经济从濒临崩溃、积弱积贫快速成长为世界第二的经济体，这是举世瞩目的伟大成绩。

中国走上市场经济道路，不再有走回头路的可能，那种重复计划经济时代的想法不仅没有现实基础，更是让国家倒退和衰落的错误认识。市场化改革调动了中国人固有的勤奋、学习以及吃苦耐劳的潜力，从两千多年前儒家文化传统中的以言利为耻到现在的以拥有财富为荣，思想变化激发出了巨大能量，在绝大多数领域，市场经济为中国人提供了自我发展、自我创造的平台，它必定是国家坚定的基本政策。那种以追求绝对平等、反对任何资本收益的观点造成社会的偏执怨气，不仅无益，而且有害。尽管在自由市场体系下，国家应当建立保护社会的机制，让市场弱势群体得到社会保障，但以少数市场化失败群体为基准规划社会，必然带来落后和对个人财产权利的不尊重。

避免膜拜全球化自由市场

在承认市场经济巨大的正面作用的同时，中国当前面临另一种偏见，即全球无限制的市场经济将带领世界走向大同，市场成为另一种迷信的膜拜物。国内外各种力量要求中国进一步开放金融等核心领域，它们给出的理由大多以在经济正常发展时期的理想状态为依据。在没有危机威胁的情况下，这种开放也许会起到促进市场资源配置的作用，比如世界范围内市场配置资源、货币自由兑换等等，但是，开放核心领域会在极端情况下对于市场产生负面作用和局限性，自由市场人士却较少提及。

现在绝大多数人认可市场经济的重要性和合理性。在保证市场化的前提下，我们又不能将自由市场化扩展到一切领域，没有边界的市场化是另一种迷信，而且是当今社会的主流迷信。自从中国进行经济体制改革以来，计划体制的弊端在国人心中根深蒂固，人们对计划体制存在历史记忆和天生恶感；另一方面，目前市场化改革还有许多不完善之处，尤其是国进民退导致民营经济发展速度降低，使人们对改革方向产生迷惑。但是，在矫正这些问题的时候，市场化进程容易进入另一个极端，在上述因素的情绪引导下，很多理论家对市场化又开出了全面西化的药方，认为应该在所有重要领域，尤其是金融领域，进行与国际接轨的市场化改革。

市场从来都是需要保护的，也是需要限制的，应当认识到，“自由不应当只是权利，自由还必须是事实，一个公正的社会，要创造条件让弱者实现自由”[①]，对于国家同样如此，自由不能成为虚无缥缈的概念，只有具备条件的人和社会才能够享有，否则它对于弱者和发展中的社会而言只是美丽的幻影。西方所推崇的无论是市场自由还是人的自由，在事实不对等的情况下等于将国家利益放在了倾斜的天平上，发展中国家的利益是无法保障的。在“华盛顿共识”的旗帜下，市场保护机制成为仅仅保护私有产权和自由化的机制，资本成为主宰一切的力量；但是，经过 2008 年金融海啸，自由市场的大本营美国却违反了其一再宣扬的市场化价值观。在历次其他国家发生经济危机时，受到美国控制的国际货币基金组织等国际机构往往通过提供援助让受援国更大地开放市场，减少国家干预，而美国在发生危机时无法保持道德上的一致，为市场提供了巨额流动性，这是新自由主义的丧钟。中国没有美国的特殊优势条件，更应当保障经济不受到国际资本的肆意冲击。

融而不化的利益边界

1979 年邓小平在回答为什么要向美欧开放时说，跟着美国的那些国家都富强了。邓小平道出了与美欧国家建立市场化机制的部分初衷，同时，邓小平也极其明智地没有一次性完全实现西方所希望的自由开放。在中国逐步打开国门的过程中，中国与世界经济发展达到了多方共赢的状态，中国在这一过程中取得了重大成就。

随着中国国际地位提高和经济实力增强，有些共赢状态逐渐发生着变化，中国为世界供应了大量物美价廉的商品，丰富了世界人民的生活，同时很多工作岗位随着竞争资源的分配转移到中国，中国经济实力的成长超出了一般人的想象，这让西方某些国家感到不舒服，在这种情况下，在有些人看来，过去共赢格局变成了中国单赢或者多赢、他国少赢的格局。各国一方面在享受中国所提供的美好生活品质的同时，又担心中国会威胁到现有国际经济政治体系，所以，世易时移，

① 黄树东：《大国兴衰：全球化背景下的路线之争》，92 页，北京，中国人民大学出版社，2012。

发达国家从过去合作共赢的心态开始向竞争伙伴的心态转变，其中尤以美国的警惕心最重，它可以允许中国发展，但是，对于排在第二位的国家，美国始终要保证它不会颠覆其地位和其所建立的国际秩序。就中国复兴之路与美国对中国发展的协同关系而言，美国的态度是，中国发展经济如果在美国经济政治秩序下贡献更大的利益，美国则视中国为合作伙伴；但中国发展应具有一定限度，即不能威胁到美国的权力地位。如果挑战到美国的地位，美国则会从支持中国经济发展逐渐转向遏制。这是一个逐渐演化的过程，但却是一个必然的趋势。

我们从美国的历史中看到，美国对外政策永远具有两面性，即它一方面宣扬保持合作，体现自由主义理想价值观；但另一方面却自私伪善，完全按照现实主义规则行事，目标是争夺最大权力，例如：它提出，对待中国要使用"离岸平衡手"[①] 的策略，即在东亚，美国应当施行前两个世纪英国在欧洲的手段，发挥制衡中国和日本关系的作用。美国政策的两面性与其社会性格是一致的，即美国社会具有根深蒂固的乐观主义和理想主义，"然而，关起门来，筹划国家安全政策的精英们却满口权力语言，而不是什么法则；在国际体系中，美国也在按现实主义逻辑行事。实质上，他们的公开言论与美国外交政策的具体操作之间存在明显的鸿沟。……聪明的观察者应该清楚地注意到，美国是说一套，做一套。"[②]

在中国改革发展的历史条件下，面对国际大国态度上的微妙变化，中国需要保证，既能在现有国际经济秩序中继续进行市场化改革，同时又要保护自己的利益边界。

目前，西方建立的国际政治经济秩序，在货币金融霸权控制下，是导致当今世界不平等现状的重要原因。世界经济重心在变化之中，但中国尚不能脱离当前已有秩序，在不平等经济秩序中中国固然会有损失，会受到一定的压制，但是，改革开放的历史还是证明，对中国来说融入国际经济体系利大于弊，国际政治经济秩序不平等不能成为对抗这种秩序的理由。为什么秩序不合理我们还要服从它呢？因为目前大多数国家仍然在这种秩序下共存，如果脱离了当前的经济秩序，发展就会受到极大遏制。中国力量还不足以挑战以美元为主导的国际经济力量，

---

① 米尔斯海默在其著作《大国政治的悲剧》中提出的观点，意指自己不现身，而是让所在地的各个国家互相制衡。

② ［美］约翰·米尔斯海默：《大国政治的悲剧》，20页，上海，上海人民出版社，2008。

世界力量没有觉醒到脱离美元霸权的程度，在这种状况下，中国必须以大局为重，眼光长远，不计较一时得失，努力保证自己的利益。这要求中国仍需要坚定不移地进行市场化改革，同时认清利益边界，在核心利益上坚持根据国情实行独立自主的政策。

那么，中国的利益边界是什么呢？在当前，中国利益边界分为政治、经济两个方面。在政治上，不能依照西方价值观破坏中国政治改革的合理步骤。中国在政治领域的改革是必须进行的，但是，中国也必须根据国情按照一定步骤逐步实施，而不能将民主化视为是政治领域改革的一切标准和目标，盲目进行；同时，还要坚决防止西方对西藏、新疆等少数民族地区的挑拨、策动，维护中华民族统一是政治领域的核心利益。在经济上，不能按照某些精英的美好想法将中国金融、资源和战略企业完全对外开放，这要求中国在与世界经济接轨的同时，又能够拥有防火墙之类的设置，在发生紧急情况时，果断截断国内外的金融危机传导机制，防范金融危机的冲击。

《世界是平的》这本书将全球化、自由化的市场前景推崇到极致，在世界范围内，市场经济似乎已经打破了一切藩篱，让各种要素自由地流动。但实际情况绝非如此，世界不是平的，市场也不是平的。理想设定的市场在现实状态中更像是各大板块，存在着高低不平的地势，板块之间相互挤压、冲撞，或隆起或陷落；市场的各种要素在其间相互流动、蓄势，或喷薄或坠落。这些因素中，有些是市场经济的固有之意，有些却是人为产物。针对不同市场主体所处地位的不同，存在着不平等的现象，市场未必发生正面的变化。我们一方面要坚守市场原则，同时也要用怀疑的眼光去观察它的变化和特点。不注重新时代市场经济的特点，固守几条形而上学的原则，必然会犯刻舟求剑式的错误，小则影响个人和企业的判断，大则关系到国家和民族福祉，责任重大，不可不察。

经济逻辑的全民化普识

在融入世界经济体系的同时，应当对该体系的不平等状况进行适当批判，让发展中国家的人们认识到自己的利益所在。中国虽在这个体系内部并获得利益，但不代表不能对此进行建设性批判。对国际经济循环大逻辑的阐述、说明和普及，是提高发展中国家意识形态竞争力的重要一环。我们难以理解，美国在国际经济体系中获取了如此之大的利益，获得了不公平的国际地位和权力，却仍以人道、公正、民主、自由等面目展示于人。其价值观基础本身就存在严重缺陷，却能让世界对它的制度进行赞美；它的人民本身就在享受各国人民辛勤劳动的成果，却教育别人向他们学习。这种不平等构成了美国软实力的重要组成部分，美国展示给世人的是富裕、慷慨、平等和保障，这些让世人艳羡的种种生活建立在不平等的经济秩序之上，发展中国家的精英却为它外表所展示的一切感动并崇拜得深入骨髓。

一个中国人在耶鲁留学后回国进行投资管理，挣钱后捐给耶鲁大学近900万美元，以报答耶鲁大学对其精神的培养。他具有感恩之心，这值得肯定，引起热议的是该事表现出来的崇拜西方教育体系的逻辑。有的留学生表示耶鲁如何奖励留学生，如何培养他们而不计代价。我们对耶鲁的学术成就和教育规则无可厚非，但是，在美国大学对留学生的慷慨中，有多少份额是这些留学生的父母、同事、同学在发展中国家辛辛苦苦奉献的呢？他们只知道，仰望递交善款的那只手如何高贵，感激它是如何慷慨，却不能理解，另一只手在从他们身后自己的兜里抓取财富；他们只知道从无到有的感动，却不能全面分析为什么这个社会拥有如此多的财富。同时，发展中国家的人们，只知道自己的辛苦劳动不如西方同样的劳动收入丰厚，他们只知道责备本国不够发达、不够公正，却不能理解其所在的社会是以怎样的机制将社会财富转移给发达国家。他们有多少人能够知道，国家必须以何种代价去储备发达国家印刷的纸币？金融资本来去自由，作为自我交易的操盘手，多少财富被悄然无息地输送到国外？这些逻辑，应当对此进行系统的研究，应当通过教育予以普及，应当通过研究机构予以理论化，让西方经济学与发展中国家的经济逻辑在大学教育与社会认知中并行不悖。发展中国家自身存在问题，但是应当实事求是地客观分析，问题与原因是多方面因素造成的，而不平等的经济秩序即便不是全部原因，也是重要原因。这种分析过程，就是在意识形态上争取民众的过程，是提升国家凝聚力的过程，是自我检讨改进的过程，是爱国教育的过程。

市场经济之不同政府的作用

在发展市场经济的同时，需要清晰界定发展什么样的市场经济：是权贵资本主义式的市场经济，还是公平竞争的市场经济？发展中国家的发展路径决定了政府在发展经济过程中的重要作用。发达国家的历史是随着经济发展而产生阶级的对立，之后通过社会民主将社会保障和国家权力赋予给政府，政府逐步介入到社会经济生活中；由于具有先天经济发展优势和固有私有产权观念，发达国家的民主制度能够较好地约束权力滥用，尤其是，政府主要职能为保障社会和建设国家制度，其本身掌握的经济权力有限，在社会管理层面以权力谋求巨额私利不具有现实可能性。但在发展中国家，政治的首要任务是完成国家独立，在二战以后大多数发展中国家实现国家和民族独立；但国家独立并没有使得市场经济变得发达，企业力量极其薄弱，这就要求政府在保障市场秩序和主导经济发展两方面同时发挥主要作用。独立后发展中国家政府不乏振兴民族经济的渴望，但在推行市场经济的过程中，由于政府的主导作用，往往在发展经济的同时伴随着权贵资本主义的成长，政府拥有巨大权力的同时也导致政府领导利用权力谋取私利，这是发展中国家存在严重腐败现象的一个重要原因。所以，经过市场的检验，国家决定走市场经济道路并不难，因为这个道路易于被民众接受；但是，在走何种市场经济道路的选择上，由于需要在国家利益与领导人私利之间进行博弈，这使发展模式具有了极大的不确定性。

在发展中国家及地区，不乏市场经济在威权政府下建立并逐步完善的例子，例如韩国、新加坡，在二战后（新加坡是在后来独立的）处于由强人领导的威权统治下，通过主动强力建立市场经济而得到长足发展。韩国李承晚被政变推翻之后，在朴正熙执政近 20 年的“江汉奇迹”中，韩国发展速度达到前所未有的高度[①]；新加坡李光耀在国家独立后长期执政，将新加坡从落后的城市国家带入文明、发达的一流国家。这些领导人，虽然大权在握，但能够以国家和民族的宏图大业为重，以国家发展为己任，在严格管控社会的同时以国家力量支持经济发展，保障社会制度建设，完善法治环境，当社会从强人政治下脱离出来的时候，实行民主制度的保障性条件已经在两代人的内心意识中牢固地建立起来了，社会于是能够稳定地、平缓地步入民主管理阶段。

在发展中国家，也不乏在威权政府下社会走向混乱、贫穷、分裂的例子，一些发展中国家在独立后，强权政治并没有将手中权力用来建设国家，而是通过私

① 有多少人知道，在朴正熙执政初期，当时韩国人均生产总值低于朝鲜的水平。

人控制的部队、司法和经济力量大肆为小团体、小圈子谋求私利，贪腐盛行，法制败坏，社会两极分化，而国家领导人的家族却富可敌国，享受着奢华生活。菲律宾前总统马科斯、印尼前总统苏哈托等均是这类典型。虽然在 20 世纪进入 90 年代后这两个国家有过较快的发展阶段，但是，菲律宾和印尼的发展相对于中国香港、新加坡和韩国等要滞后得多。在 1960 年代，当时香港与菲律宾处于同等发展水平，经过 30 年的发展，菲律宾女佣成为香港雇佣外籍工人的重要来源。

顶层决策者的关键角色

这些国家的情况充分地展示了国家顶层决策者对指引国家发展方向和建立社会模式的决定性影响。具有雄心壮志、开拓进取、坚忍克制的领导人是发展中国家难得的财富，他们以社会发展为己任，对职责怀有乾乾之心，克制家族的物质欲望，为经济发展建立了稳定、规范的社会制度，当他们离开的时候，他们建立的大厦已经根基深厚、无法撼动了；而另一种领导人，蝇营狗苟、鼠目寸光、虚忠伪善、以公权谋私利、以宏大口号掩盖猥琐动机，当他们离开的时候，国家问题积重难返，社会对立，隐患多多，没有人相信在这样的社会中能够实现公平、正义，社会缺乏组织、缺乏信仰、缺乏对国家的忠诚，这种人担任国家领导人则是民族的灾难。

发展中国家与发达国家社会条件的不同体现在国家领导人的作用上。西方国家民主选举的领导人，在各个方面也可能存在诸多问题，如 19 世纪美国总统格兰特，他虽是南北战争的英雄，但却在任职期间大开裙带之风，贪污腐化盛行，但是，因为体制存在相互制约，这种腐败无法侵蚀到国家根基，通过社会监督机制能够予以预防纠正；同时，发达国家处于经济发展的前沿，领导人所犯的错误不会导致国家发展空间受到限制，经济条件为错误提供了足够的安全空间。而发展中国家面临的情景不同，法治尚未成为意识中的固有观念，正需要领导人以公心完善国家和社会制度。要实现建立国家制度的目标，必要权威是统一各方意志的前提，正因如此，领导人也往往具有相当权力，这不仅是执行国家政策的权力，而且是如何规划国家制度、建立监督机制的权力，这种权力要比发达国家领导人的权力广泛得多。发展中国家的特定历史阶段决定了，领导人必须具有相当权威推动国家和社会制度的建设，而在此阶段，如果领导人不具备公心却谋求私利，一方面国家制度难以建立，民心难以顺服；另一方面，其带头作用将影响所有国家机构，形成上下争相贪腐的局面，整个社会风气将被引导到难以改善的地步。发展中国家所面临的国际环境又与发达国家不同，发展中国家面临着众多同样国家的竞争，机遇、市场和资本是有限的，失去机会导致的落后地位在既有国际关系格局中难以快速转变。

所以，人们常常讲到后发优势，因为后发，国家对其他经济体的曲折道路具有更清楚的认识，可以有针对性进行技术开发，这是发展经济的一个优势；但是，后发也有劣势，即在现有经济、技术格局中重新开拓出一片天地来，对缺乏资本和人才的国家是极为艰巨的任务。到底一个国家是享有优势还是被劣势羁绊，决定因素固然很多，但这个经济体顶层领导人的素质、智慧、勇气和胸怀对国家发展道路具有非常重要的影响。国势如同个人命运一样，并无天定命运，而是事在人为；历史中，多少文明消散无踪，社会分崩离析，而在众多文明中挺立不倒、坚忍不拔，并能够从多灾多难的历史中顽强复兴的例子却凤毛麟角，在国家决定社会道路方向的问题上，顶层领导人对国家和民族的发展具有至关重要的作用。

权贵抑或公平市场经济的选择

在中国面前也存在着两种选择，对于国家顶层管理者而言，走公平市场经济道路还是走权贵市场经济道路，这是对未来发展起决定作用的选择。当然，不会有人公开赞同走权贵市场经济道路，所有人似乎都成为权贵经济的对立面，但是，没有人赞同并不代表不会有人打着国有经济、市场经济的旗号，却在实际中走权贵市场经济道路。“打左灯向右转”，由于受制于利益影响、受制于舆论误导、受制于总体判断能力的限制，不排除在某些政策上以保护国有、保护公共秩序等为借口，却为某些特殊利益集团所俘虏，行权贵市场经济之实。权力意味着分配利益的能力，在光鲜口号背后，分清社会需要与谋私借口，这是需要政治智慧的。这也是决策者面对具体政策决定时难以判断的境况：经过 30 多年的快速发展，国内经济在某些领域已经出现利益固化的局面，进一步推动市场化改革，是在现有利益格局中进行再分配。如果说前 30 多年的发展是将蛋糕做大的话，那么，现在不仅需要继续做大蛋糕，而且还需要对原有分配蛋糕的比例进行调整，这必然会触动现有格局中的某些利益方。另一方面，不要想当然地认为西方金融资本天生是公平市场的朋友，外部势力在以市场化名义向国家施加压力，而对于某些正当维护民族利益的措施，国内外极端自由主义者又纷纷指责，似乎国门不彻底开放就没有真正的市场化改革。外部势力的私心反过来又为国内既得利益者提供了保护固有利益的借口，在保障市场稳定、逐步开放的借口下，迟迟不肯将手中利益过渡给更有效率的市场，以保护市场的名义行垄断权力之实。极端自由主义与权贵利益对国家都具有极大危害性，但在路径博弈中，却互相以对方为对手，而证明自己的正确性。

实际上，新自由主义外部势力并没有像他们宣扬的那样天真，在高举市场化旗帜的同时，在其金融实体内部，却深谙裙带资本主义精髓，他们高薪厚酬聘请在国内各部门具有特殊关系的人，在为开拓市场、获取资源，实际利用裙带资本主义的具体做法中，能力毫不逊色于其所批判的对象，在经济发展中获得了巨大收益。[①] 只是他们野心更大，坚信如果市场全部放开，他们更能控制、操纵和利用这个所谓的市场。

在这样两种势力的作用下，决策者做出既不过度开放市场、同时又能够保障市场公平的决策，是需要高度的智慧和坚定的勇气的，决策效果也许既开罪于国内既得利益者，又受到国内外完全市场化力量的压力。对决策者来说，这是一条艰难的选择，但是，对发展中国家来讲，却关乎人民和民族的福祉。

公平市场经济是国家在宣扬爱国主义时必须建立的社会前提，公平和正义力量是促进国民具有爱国主义思想的重要因素。在充满了权贵阶层腐化、奢靡而平民聊以为生的社会里，强调爱国主义对很多人来说成为了某种奢侈品；而在充满了仇富情结，视一切富人都为富不仁的社会环境下，希望富人稳定地组织生产、创造财富也是一种幻想。市场经济应当在富人和平民之间获得某种平衡，既不能因为谋求均贫富而导致精英阶层失去创造财富、组织社会生产的动力，又要避免赢者通吃、毫无道德感的极度掠夺和贫富悬殊，更要坚决禁绝以权力获取财富的

---

① 在本书的创作过程中，英国医药公司葛兰素史克行贿曝光，这既有中国市场问题的原因，又有西方资本追求利益的因素。这与西方资本开拓发展中国家市场的一贯作风是统一的。另外，美国开始调查金融机构聘用政府官员子弟的情况。

贪腐蔓延。国家权力应当用于维护两者平衡，而不是天生为穷人、为富人等预设立场。实际上，当损害一方的利益达到一定程度时，会同时损害另一方的利益，富人和穷人相辅相成，互相依存。只有相互认可这种依存关系，两者才能成为稳定的共同体，才能从维护自身利益的角度出发维护国家和民族利益，这样，爱国主义也才具备更广泛的社会基础。

政府职能的清晰界定

在开放的经济领域，发展中国家与发达国家不相一致的另一个方面，就是国家和政府在经济领域的地位应该如何界定。

我们指出，国进民退是阻碍中国民营经济发展的重要障碍，政府过多地介入到经济领域也是导致腐败的重要原因。因为腐败、低效，所以国有企业为市场经济所否定；因为政府对市场的干预，易导致腐败和决策错误，同样为自由市场理论所摒弃。但是，发展中国家政府是否应当完全退出国家经济生活呢？

在发展中国家，如果没有政府推动，没有市场逐步开放的过程，在军工、公路、科研、航空等需要大力投资、综合配套的行业，无法单凭民营企业快速赶上国际发展水平。即便在20世纪80年代后在美国发展起来的PC、电信、互联网和生物医药四个新兴产业，前三个也是从美国军事需要出发，国家军事部门提出要求，由科研机构或者私人公司开发出来的，没有国家对军事技术的需要，这些技术就不会受到国家鼓励并通过市场竞争而得到非凡发展。发展中国家应当借鉴美国这种模式，在发展方向上，国家并非无能为力，而是可以集中顶级科研机构提出设想、下达指标，通过市场完成各个细节、步骤，最后，由国家部门将其集成为重要的军工、航天等科技产品，通过研发和私人企业创新和技术溢出效应，为经济提供巨大的发展空间。

在过去的几年中，我们看到许多这样的例子，部门利益、局部利益借用权力要求各种资质认证、行政许可，将社会经济利益绑定在相关的部门、附属事业单位和私营企业上。在此可以发现一种规律，一旦社会发生危机性事件，需要政府和有关部门提出整改方案，则这些部门的最终方案总是扩大了权力，提高了寻租成本，限制了竞争，结果是越改革越会限制市场自我发展的能力，越改革腐败利益越会固定化，越改革民众的利益越会受到盘剥。正确的管理方式应当是强化执法、强化透明度、强化责任的追究，可是一些部门利益者总是能以一种错误方法纠正上一个错误，管理成为不过是增加认证难度、增加条件审批、增加许可限制条件的过程，这些改革导致的结果是在办公室优雅的环境中，就将所有的管理手段都落实了，至于之后出现的各种问题仍然以不作为的漠然态度应付了事。这是对权力结构最令人失望的改革思路。在中共十八大以后，政府致力于减少行政审批，放权社会，激发社会创造力，这才是政府管理的正常之路。

总之，继续进行市场经济改革的内涵应当予以不断丰富，邓小平南方谈话确定了中国走市场经济道路。但市场经济的具体路径是什么，国家和社会还在不断探索，我们认为，既不能走那种以国内垄断主体与政府权力合二为一的市场经济道路，也不能走那种无限制开放、任由国际资本借助金融力量冲击的拉美式新自由主义市场经济道路。现阶段市场经济应当是提供在国内充分开放的市场、充分竞争的市场环境，通过法治完善保护私人投资安全，给予创业者、企业家合理的安全预期。在对外经贸关系上，应坚守国家的核心利益，对资本项目自由流动、重要资源投资、公用事业投资、军工等核心工业的并购投资等设置限制条件，以保护民族利益。而这样路径的选择，在当前社会状态下，无法通过大众化民主决策予以适当决定。

第十六章 思想独立是社会发展的前提

真理之间打架，胜利者却戴上谬误的桂冠。信仰是社会制度体系的润滑剂，是社会的良知。

中国改革开放30多年，是对过去的理论和实践不断予以扬弃的30多年，现在它又走到了历史的十字路口。在美国所宣扬的软实力面前，在国内部分社会精英大力推崇民主制度的时候，中国政治体制将向何处发展，是关系国家命运的重大问题。

西方发达国家凭借获取财富的重要手段——货币金融力量，在经济、科技、军事领域占有了独特的优势地位。它们大力宣传的普世价值等理论，在不平等政治经济条件下对发展中国家和发达国家发挥着不同的作用，在这样的逻辑和现实情况下，作为发展中国家的大国，中国该如何保护权利，避免未来发展受到阻碍？这是必须予以高度重视的问题。

历史和现实对意识形态建设的要求

在确定具体道路的各种因素中，意识形态发挥着至关重要的作用，思维路径的选择，决定了社会体制的选择。中国提出与美欧不同的独立意识形态体系是极为必要的。任何社会都有主流意识形态，西方概不能外，它决定了社会发展方向和精神面貌。“文化大革命”以前，中国过于强调意识形态的斗争。在改革开放后，邓小平首先提出“不争论”，意指在意识形态领域不做过多姓资姓社之争，“黑猫白猫论”是实用主义的典型描述。在“不争论”的表面下，体现在国民精神层面上，是追求美好生活、追赶先进发达国家的精神状态，在发挥人民勤奋、创业、学习品格，改善自身生活的同时，亦是改造了社会。这种务实态度保证了中国 30 多年的稳定发展。但随着进一步改革开放，思想意识的交流与碰撞成为中国社会无法避免的现实，人们一方面对过去社会主义意识形态进行了必要的修正，例如确立市场经济、承认私营企业家的社会地位等；但另一方面，发展中出现的各种现象和经济状况提出了对其进行解释和说明的现实需要。

更为重要的是，随着西方社会在东欧体制竞争上的胜利，美国率领北约在各个战场上所向披靡，西方意识形态的自信导致它们采取了攻势。正所谓“树欲静而风不止”，中国希望的“不争论”、埋头发展的设想恐怕也只是一厢情愿。西方在意识形态领域的扩张实际更具有威胁性，民众对社会的认知和理解，足以影响国家和社会是稳定还是波动，是团结还是分裂。一个不能解释自身发展逻辑的社会只能跟随先进者亦步亦趋，而跟随的实际效果对不同主体可能大为迥异。中国社会已经发展到这样的阶段，即它应当对未来发展做出合乎逻辑、具有说服力的说明，对其发展模式和目标做出具体阐述。中国不愿争论，但现实决定了作为这样一个有着巨大经济体量和世界影响力的重要国家，一味地回避争论是不现实的。社会现实提出了回应西方社会意识形态影响的客观需要。

当下，回应西方意识形态的方式与过去又有很大不同，过去是针锋相对、分毫不让，各方都认为真理在自己这边，没有妥协和融合的余地。当今形势决定了，经济融合必然导致在意识形态中的借鉴、吸收；但同时，经济融合并不能掩盖经济竞争和某种程度的对立，这又决定了在文化、思想领域的分野。融合不能抹杀在具体情况下不同意识形态的竞争，双方仍然在争夺影响力的制高点。

现实状况是，随着对西方社会的了解，人们对过去的思想进行了必要修正。但矫枉有可能过正，社会经济发展模式的急剧变化与社会逐利现状导致人们对意识形态的全面否定，社会普遍弥漫着价值观虚无化的风气。在思想界，西方一些意识形态成为社会的流行思想，国民无法摆脱对发达国家盲目崇拜的心理。整个社会除了拜金主义普遍蔓延外，在思想领域，西方政治经济理论成为学术思想和社会流行观点的重要部分，在网络上、论坛上、讨论会中，到处充斥着美欧如何的论调，其生活标准、消费水平、休闲状况、自由言论程度等等，似乎成为与中国比较优劣的标准和社会应追求的目标，网络信息社会无法在短信、微博和微信中阐明系统知识和经济大循环逻辑，但无数人发表的纷杂观点、意见、照片却通过网络快速地、大范围地传播，西方社会优越的生活条件、闲散的生活状态、充分的社会保障，都在全面占领思想意识的领地。

社会问题迎合了西方意识形态的扩张

令人痛心的是，社会现实的种种问题为这些论调提供了实例和佐证，让不少人对现实深感失望与不满，进而无限夸大了社会问题和西方价值观。尤其是过去十年政府机构和国企普遍存在的腐败、教育体系和医疗机构社会责任的缺失，加上社会问题中高挂云端的房价、层出不穷的食品卫生问题、呼吸喝水受到威胁的环境污染，对这些方面，政府虽然强调治理，但是，长期以来，政府反应落后于形势的发展，问题爆发的广度超过反应能力，而人们的期望值却在不断上升，社会进步的步伐赶不上心理预期提高的速度，社会在快速发展的同时矛盾也在不断地积累。正如《旧制度与大革命》中的结论，一个社会带给人们的希望反而促生了对现实更大的不满和更多的要求。

尤其在最近几年，随着国进民退的进一步加剧，国营垄断行业的福利薪酬水平不断提高，虽然整个社会越来越富裕了，但社会发展成果很大一部分被垄断企业瓜分，民营企业的经营形势没有得到同比例的改善，抑制了以民企为核心的社会中间阶层的发展壮大。国企垄断行业中，石化、金融、电信、电力、交通、国土等行业获取了社会经济增长的大部分成果，员工福利待遇大幅提高，甚至抄电表、收费人员的工资都要比民企员工高几倍，这与民企员工的技能要求和劳动强度形成了强烈的反差，这些都造成了社会情绪的不平衡。民营企业为了发展，谋求与垄断机构捆绑在一起，才能在巨额国家投资中分得一杯羹，但同时需要付出一定的灰色成本，这为腐败提供了滋生的温床。20 世纪 90 年代，体制内的人抛弃了稳定的生活和保障，纷纷下海创业，民营企业获得了长足发展，国家经济取得了快速增长。而最近十年社会风气发生了逆转，人们以考取公务员为人生理想，绝大多数人并没有济世为民的理想，而是营营于图求公务员稳定的工作和可观的灰色收入。在政府层面，管理水平确实在各方面得到了提高，但灰色利益关系反而更为普遍，人们满意度并没有得到同样改善。

种种现实分裂了社会，一方面，人们感受到日新月异的进步，各地高楼林立、公路贯通、铁路提速、地铁成网，人们享受着快速发展带来的舒适和安逸，但同时，又在怀疑高铁、地铁等公共投资中被像刘志军之类的蛀虫贪污腐败了几何；一方面，人们生活比过去要优越得多，但同时，普通人面对房价、教育、医疗而越来越无法自信地生活；一方面，工薪阶层的劳动收入所得在缴纳各种税费后，剩余的微薄收入使购买房产成为梦想，但同时，有权之人却能够隐姓埋名拥有几套、几十套，甚至上百套房产；一方面，人们为孩子入托难、上学难而四处托关系走后门，代价不菲，但同时将就读中学的子女送到欧美留学的官员人数不少；一方面，社会中间阶层的生活水平快速提高，出国旅游成为时尚，但同时，某些县级以上负责人却以出国考察为名游遍欧美国家；一方面，贫困地区留守老人、儿童满足不了基本生活需要，但同时，社会歌舞升平，大型演出、大型活动奢靡之风日盛。

社会不公、风气不正极大地抬高了欧美文化及其政治价值观的地位，人们从直觉感受出发，认为是政治体制的原因导致分配不公、社会腐败等丑恶现象，认定完全是国内因素使他们的生活处境艰难。

社会问题与经济秩序不公相交织

实际上，中国社会问题与西方货币金融霸权等经济秩序不公的问题交织在一起，两者形成了交集关系。腐败是中国社会不公的一个重要原因，却不是全部原因。但在追究问题根源的时候，往往西方价值观、社会制度被视为其发达状况的根本原因，同时又被视为治理中国社会问题的良药。虽然无意为任何腐败行为和落后体制进行辩护，但很多人在批评社会问题的时候，难以想到，社会现实种种问题产生的部分原因恰恰在于欧美货币霸权和金融资本权力，发展中国家成为发达国家经济的附庸，在其货币圈外围受到发达国家的利益盘剥。随着美元的泛滥，世界原材料价格飞涨，中国在完整生产链中的上游受制于原材料涨价，下游受制于市场饱和，中游受制于同等发展中国家的竞争。原材料价格与出口到欧美的产品价格形成剪刀差，挤压了中国生产企业的大部分利润，这种压力虽有一部分被产业升级所化解，但未化解的部分压力最终体现在工人收入上，体现在环保成本上，体现在整个社会劳动增加值较低的水平上。富士康的十三连跳，板子落在了富士康公司身上，落在了中国的管理部门身上，也落在了中国的市场形象身上。富士康加工一部苹果手机挣 7 美元，这部手机售价是 360 美元，而这 7 美元还是美国可以以量化宽松政策印制出来的，这样的分工如何能让中国人富裕？如何能让富士康工人买上房子呢？在看到身边社会不公现象的时候，有多少人会关注国际经济秩序的不公呢？

美国大力宣扬这些通过文化、经济和政治力量体现的价值观，并将其视为一种软实力，对其他国家的社会意识形态产生影响，发展中国家人民对这种价值观的追求完全符合美国利益。中国社会正处于美国软实力的强势影响之下，对美欧社会状况的盲目崇拜成为一种社会心态，在西方软实力攻势与国内不公现象共振的作用下，人们思想产生混乱，在各种价值观之间左右摇摆，来回冲撞，这必将弱化民族的凝聚力和向心力。

社会需要信仰

现实向中国这样的发展中国家提出如何确立主流意识形态的问题。当下中国，又到了重提信仰和意识形态重要性的时代了。一个社会必须具有某种信仰，信仰为具有同样信仰者提供共同的行为模式，这样组织起来的社会才具有强大的凝聚力和执行力，思想实际具有物质的力量，社会进步终将落实到思想境界的进步，没有思想领域主流的意识形态，没有信仰的民族和社会，即便存在发展和进步，发展也不会具有持久的动力，更不会走长远。“文化大革命”的历史让国人反思，并认识到制度的重要性，理论界与实践中的总结将历史教训归纳为制度是完善社会的重要保证，应通过制度制约人、管理人，让坏人在制度的约束下只能做好事，让好人无法变成坏人。制度在一个社会中无疑起到了基础性、结构性的作用，但是，仅有制度却无法调动人们内在信仰和追求，制度需要与信仰结合才能形成主动性，并产生积极的力量。信仰是社会的灵魂，是所有工作的良知底线，是社会机制能够顺利运转的润滑剂。在仅有制度而无信仰的社会，制度运行成本将压垮社会。制度是硬性的规则，没有主动地服从、没有内心确认以良知为底线的执行，制度也不过是一个摆设。有人将制度本身视为一种信仰，但社会思想应当超越这个层次，追求个人与社会融合并彼此促进的信仰体系。西方社会以宗教为信仰衍生出各种处事原则和信念；在东方社会，在发展中国家，应该以社会与个人和谐发展作为两者的共同追求。

在当前与发达国家意识形态交错的中国应当具有何种信仰呢？

首先，意识形态应当对现实进行实事求是的分析，应当能够解释当今世界经济政治之间相互关系并达到逻辑的合理性，这种逻辑与现实能够产生对应关系，只有客观地阐述现实，才能够从现实中汲取力量。

其次，应当对中国社会的特殊性进行具体分析。理想家们往往用普世的东西来说服听众，西方国家以普世价值观来影响群众，但是，一种理论、理想是否符合具体国情、符合国家发展的具体阶段，却需要对这些价值观和其影响进行深入的分析。借用西方谚语“年轻人知道规则，老人更关心例外”，可以说理论家知道普遍概念，但实践者应研究具体情况。“拿来主义”固然轻松，各种普世口号虽然悦耳动听，但很多理论却将产生“江南为橘，江北为枳”[①] 的后果，没有具体情况具体分析的呐喊是浅薄和幼稚的冲动，赞美一切、否定一切更是与所宣扬的美好理想相背离而充满戾气的偏执。

再次，不同人的信仰追求对社会影响是不一样的，信仰固然以社会面貌体现，但对需要做出克制或者牺牲的理念应当从高层向社会传导，才能起到事半功倍的效果。如何传导，需要中国顶层领导者身正行随，以信仰带动信仰。自己对信仰表现出虚无主义态度，必然无法让社会信服。当今中国官场的虚浮之风是导致社会普遍失去信仰的一个重要原因。思想混乱导致行为的混乱，严重者必然会导致社会的动乱。

最后，强调独特意识形态并不意味着寻求与西方意识形态对抗，追求独立信

① 出自《晏子春秋・杂下之十》，指淮南的橘树移植到淮河以北就变为枳树，比喻环境变了，事物的性质也变了。

仰并非为了否定其他信仰或与其他信仰进行争斗，对待不同信仰需要具有包容性，即追求和而不同的状态。从另一个角度看，中国意识形态应当是防守性的、保护性的思想，是为本民族和国家富强、复兴而需要的民族意识，而不是扩张式、进攻性的思想，不是改革开放之前那种宣称要解放全人类的意识形态。这意味着，在强调民族独立意识形态的同时，不能将国家发展与世界联系对立起来，不能脱离当前的国际体系和环境。

基于这些标准，中国当前需要的社会主流意识形态应当是开放的民族主义。

开放的民族主义

所谓开放，就是中国应当与世界经济政治结为一体，以博大的胸怀接纳世界上一切先进文明和技术，其中包括政治文明中的合理成分和精华；在经济领域，应当坚持以市场经济为主体，保证在民族国家范围内，通过市场配置资源的手段，激发社会创新能力和创造财富热情；将中国经济体系继续与国际经济体系接轨，在当前整体国际经济中继续提高参与水平和能力。开放，是主流思想的前提和基础，是对落后制度的放弃和改革，是与世界融合的积极态度，没有中国的开放，就不会有这30多年的进步和发展，也不会有认识的提高和视野的开拓，开放对每一位国人来说都具有非常重要的意义。

对于开放，在社会已获得巨大红利的情况下，在国内并不是难以接受的思想，继续实行开放政策在思想意识领域并不会遇到过多阻碍。但是，开放到什么程度，如何开放，才是当今中国急需解答的问题。在开放领域和范围上，各种观点存在着极大的分歧，这应是开放与民族主义相互予以界定的领域，通过阐释民族主义、爱国主义的思想，给开放政策划定合理界线。

民族主义，也就是爱国主义，是当前中国在发展阶段应当予以大力提倡和合理阐述的思想，因为在不平等的国际政治经济秩序下，没有爱国主义保护的开放，就是对国家利益的放弃，是放任掠夺的开放。

在分析民主和自由对东西方的不同作用时，我们指出，个人主义理想在不同国家的意义是不同的，这种不同条件下的区别决定了发展中国家需要民族主义意识形态来保护自身社会：在欧美发达国家，个人利益追求与国家利益可能是一致的，民主和自由制度的出发点和归属地都是发达国家，发达国家通过本国民主政策和自由制度，获得的却是世界利益，是将发展中国家的财富和人才吸收到本国的制度；但是，在发展中国家，西方式民主、自由及个人主义理想却与社会存在冲突和矛盾，那种片面无条件追求个人自由与发展中国家的发展路径是相冲突的。个人对幸福的追求、对财富的转移，当这一切成为不可剥夺、毫无限制的人权时，当无数个人形成合力的时候，在特定情况下就会影响到整个国家的发展。所以，一方面，发展中国家应当为本国人民提供创业、创造财富的条件，让他们得到自由市场经济的益处，个人权利应当在国家内部得到充分保护，个人在国家内部追求个人利益的激情和创造力应当得到充分激发，但另一方面，发展中国家人民必须能够形成集体的力量、形成民族的合力，在民族主义的旗帜下保护市场经济，这个国家才能得到稳定的发展，发展成果才不会外溢或者流失于国门之外。在发展中国家，首要条件虽然应是鼓励个人对财富的追求，但在第二个方面，没有任何限制对财富自由权利过度行使将会伤害国家和民族的总体福祉。

所以，发展中国家必须具有一定向心力、凝结民族主义的力量，在民众中培养普遍爱国主义情感，它才能汇集本国优秀人才，并为人才提供发展和成功的舞台。在西方个人主义盛行的思想下，个人发展是行为的出发点，但在发展中国家，国家稳定和发展是个人成功的重要条件，个人成功后也应当反哺于其成长的社会，爱国主义不是一种天然的感情，不是没有任何理由空洞的“应然”状态，它扎根于个人成长与社会发展的合理回报。巴菲特以出生在美国作为其成功的第一重要原因，而中国成功人士，即便在社会中、在成长中受到种种不公的待遇，但不论如何，这个社会还是提供了足够的机会和环境。在任何社会，大多数人在成功的道路上都会遇到磨炼和挫折，但没有必要怨天尤人、自怨自艾。社会中存在的不公现象，以及社会机会不如理想，却正是需要人们通过自身努力和奋斗争取改变的地方。

对于世人来说，爱国主义无疑是具有正面意义的价值观，但西方理论又巧妙地将发展中国家的爱国主义归纳为是社会统治阶级为一己之私而提倡的。他们指出，在发展中国家，执政者往往借助于爱国主义宣传巩固自己的统治。这种说法是将社会多数人与执政者少数人隐含地分开来，暗示多数人没有理由和必要跟随执政者的爱国主义思想。西方理论将在普世价值中的自由无限放大，却将发展中国家的爱国主义情感缩小为一小撮人所宣扬鼓励的思想，通过这样的逻辑转换，爱国主义成为发展中国家部分统治者为谋求私利而宣扬的价值观，是维持腐朽管理的需要，所以也成为必须摒除的价值了。

威权社会固然宣扬爱国主义，但是，爱国主义却包含着更丰富的内容，对国家和对社会的忠诚是任何国家能够得以维持社会发展的前提，即便统治者存有私心，但却无法否定爱国主义的积极意义，社会必须依赖于所有人的责任心才能获得进步。我们在历史上从没有看到任何一个国家能够在缺乏爱国主义精神的影响下真正成为强国，在没有爱国主义民族精神的感召下经济能够得到长期稳定发展。我们不能因为威权社会支持爱国主义便想当然地认为爱国主义只有一种维度，即它仅仅是帮助维护威权社会的需要。固然，人们应当反抗压迫的制度，但是，不能因为爱国主义维护任何经济政治秩序便成为人类普世价值的对立面。爱国主义，也同时可以作为对国家和社会进行不懈改良和进步的主体思想。贬低爱国主义无非是巧妙地分裂社会，让那些对社会不满的人找到借口背弃他们所成长的社会。

开放，意味着积极学习西方先进的社会管理经验和保障权利的制度，积极探索循序渐进符合国情的民主路径，同时应当摒弃那种言必称希腊、不加分析的崇拜和对比。积极学习是在透彻了解西方经验、模式和理论产生的具体条件、环境、文化等因素的前提下，将自身相关要素进行对比，找出各种理念相互之间的关系而做出的理性选择，防止借鉴经验的盲目性。

开放，意味着国家欢迎一切平和的、创造性的国际投资，这对被投资国和投资者应是多赢的结果，民族主义同时需要将那种破坏性、投机性、操控性的资本拒之门外，因为它们不能给社会带来真实价值，却会造成无谓波澜，它们潮起潮落，如同抢劫一般掠走国家财富，这种所谓的自由经济、市场经济是应当予以坚决防范的。

发展中国家的开放政策要求在国家指导干预与市场自由之间取得某种平衡。开放应当有一个限度，正如从伊斯兰教的罩袍服装过渡到夏威夷沙滩的夏日泳装，但必须保留底线。如果按照发达国家市场标准全面开放，则经济对发达经济体的依附性将使发展中国家受到损害，经济巨幅波动将会导致国家财富流失；如果国家进行必要指导和支持，又将面临着寻租等社会腐败顽症。尽管腐败和社会不公现象广泛存在，发展中国家的市场经济却仍然需要政府的大力推动和维护，这与市场经济的原则相互矛盾。发展中国家的经济是后发经济，某些领域离不开国家的支持和保护，在发展模式上又需要政府的有形之手予以规划，对可能存在的严重腐败，在政治制度上不能急切地以西方的民主模式实行监督，这是发展中国家的特殊性所在，需要在两个维度中做出取舍，两者的矛盾应在实践中通过具体措施避免负面效果。国家应着眼于经济发展主流，着眼于发展大局，一方面应改变并完善调控方式和手段，避免腐败产生的条件，另一方面，不能因在发展过程中存在腐败现象便否定国家适当保护的必要性。当然，对腐败现象的治理，在目前阶段更需要法治体系的完善和顶层真正治理的决心。

当前中国面临的危险是开放过度的问题。在宣传符合西方理论的市场开放方面，西方思想理论具有绝对优势。国内各机构充斥着精通发达市场理论的人才，他们把在西方接受的思想与中国现实进行对照，在学校、社会论坛、政府机构、理论著作、报刊文章中宣扬中国应当如何，媒体网络中繁多的对比，使发达国家的光辉形象更加耀眼，让对经济政治逻辑无法深入分析的大众相信并推崇西方的整套理论，认为其在中国同样适用。当然，道理虽然是越辩越明，真理不应当惧怕争论，但是，在一种既成理论中，在具有世界性理论的力量支持下，在众多通过奖学金、助学金、各种非政府机构赞助的学术机构的帮助下、在各种交换学者反复训练和灌输下，甚至在宣传机构崇拜西方一切的心理作用下，对应的辩论无论从财力、渠道、体系等方面都无法与西方支持的理论相抗衡。西方理论是由整个国家体系支持的，并渗透到发展中国家的主流话语权中，从某种程度上说，这不是观点的胜利，而是势利心理的胜利，是资本势力的胜利。在对待自身利益的重要决策上，中国认清开放的利益边界至为重要，而不应过于在乎一种观点支持者的多少。开放应当是有选择的开放，是在保证本国经济政治稳定前提下的开放。

另一方面需要注意的是，应当深入研究开放政策的各方面后果，集各方智慧探讨开放的界限和程度，防止西方利益阶层和集团与国内部分精英对中国的开放政策予以捧杀。我们可以在媒体、论坛、著作中看到各种对开放政策的鼓励、引导和赞美之词，它们容易形成对社会潜移默化的引导和价值判断，实际还是以局部逻辑代替整体逻辑，将局部真理扩展为全部真理。面对这样的意识形态环境，只有无知和缺乏自信的人才为别人的赞美所俘获。没有核心坚定的自我判断、没有成体系的价值观和系统发展的逻辑，反而为争取外界的认可和赞美而决定自己的政策，这样的人终将成为俘虏，这样的国家也终将产生战略失误。

第十七章
发展中国家的腐败问题

财产公开、大众监督以及大数据时代提供的技术手段，将成为各种社会的反腐利器。

在发展中国家，尤其中国，应当建立强大的主流意识形态，这是保证国家正常发展的思想条件。而主流意识形态的核心应当是追求社会公正和爱国主义。

在中国，以及类似发展中国家，有两种社会顽疾将成为阻碍国民自觉建立爱国主义信仰的主要原因：社会腐败和法治衰落。

腐败割裂社会

中国执政党已经将腐败问题与亡党亡国联系起来，但 20 年以来，腐败的发展趋势并没有因为执政党反复强调而有所收敛，反而随着市场经济的进一步发展、国进民退的进一步强化，呈现出在各个领域遍地开花的局面。

充分认识腐败状况是采取对策的前提，部分官员喜欢以多数人与少数人的比例进行划分，等于淡化了腐败状况。腐败在当前不是个别人的问题，而是形成了社会文化。例如最近中央提出遏制大吃大喝的不正之风，使高档餐饮消费降低很大的比例，这本身说明了合法形式的腐败就有多么普遍，更不用说隐秘之处的腐败交易了。我们无意于列举腐败的种种具体表现，腐败的实际情况只有故意蒙上双眼的人才能看不到。在此社会风气下，惩治腐败不是简单下决心表态的问题，而是可能触及到整个官僚阶层的实质利益。对于触及利益的改革，不仅需要智慧、方法，更重要的是，还需要勇气。在惩治腐败过程中，不排除因为对腐败官员的利益触动，导致他们采取极端手段破坏改革进程的可能。

产生腐败既有体制方面原因，也有法制体系不健全因素，更有文化价值观方面的影响。对此，存在两种观点：有人持有完全悲观态度，认为中国根本防治不了腐败，只有实行西方民主制度才能从根本上治理腐败；有人认为这是市场经济的必然现象，无论怎样，社会依然快速向前发展，所以腐败并不是一个什么大不了的问题。

必须清楚，腐败是个大问题。社会发展依赖于科技进步、国民勤奋品格、国家适当政策等多种因素，但是，腐败是重要的阻碍因素，它增加了经济发展成本，阻碍了发挥创新能力，错误地引导了社会需求。如果社会腐败不是那么严重，中国经济表现肯定会更加出色。

在历史中，即便存在严重腐败，社会仍能快速发展的例子是存在的，例如张夏准指出在英美发展史上广泛存在的腐败并没有影响两国的发展，“贿赂是从一个人手中转移到另一个人手中”，只要赃款还留在国内，投入项目，那么这种“贪赃枉法对经济效率和增长都没有影响”。腐败在某种程度上不过是提高了市场准入门槛，甚至还具有筛选竞争者的作用。[①] 我们认为，这种观点有一定道理，但又过于小看了腐败者的能力。腐败并不仅限于几个点，不仅仅在像获取市场准入的行为中存在，它在发展社会中污染一切，比如项目、产品以及涉及公共安全的验收监督中，不论违法者还是守法者都需要收买核查人员；涉及安全、环境等领域的企业，都通过关键环节的关键人员以腐败行为规避国家法律，这些都导致社会总体成本提高，影响总体经济发展。

更重要的是，在发展中国家，腐败击碎了人们的信仰和对民族的归属感。腐败在政府部门产生逆向选择作用，让正直有理想和志向的人受到淘汰，在缺少信

---

①　参见［英］张夏准：《富国的伪善：自由贸易的迷思与资本主义秘史》，158～159页，北京，社会科学文献出版社，2009。

仰的组织中，人们通过更多腐败行为谋求私利，任何事物都可以成为谋取利益的交易手段，包括政府政策、民众安全、环境卫生以及司法结果；腐败造成的不公将所有人都推向社会制度建设的对立面，没有多少人耗费精力追究腐败，但所有人会谴责腐败所赖以生存的制度，可同时，在谋求自身利益时又以腐败行为模式生存，这导致社会人格的分裂，蔓延到各个领域，使整个社会道德价值观降低；执掌权力的腐败者往往成为天才演员，他们声称要严格惩治腐败，私下又以规避形式享用腐败成果，而社会对于掌权者的认知建立在其行为模式上，实际观察结果导致民众丧失对体制和社会的信任，进而丧失对国家和民族的归属感、奉献精神和感激之情。

腐败行为绝非仅仅牵涉官员个人或家庭，在其享受奢靡生活、膨胀个人利益的同时，其部属、同僚以及与其有各种关系的人一定会在腐败链条上享受自己“应得”的那一份，这种情绪蔓延开来，就会演变为整个体系的溃烂，社会中小小的一个偶发事件都可能酝酿成严重的社会运动。腐败达到一定广度和深度之后，将引起社会结构发生重大变化，权力与经济相结合，政治核心与利益垄断联姻，这些势力清楚权力基础之薄弱，为维护权力不会诉求于人民力量，必然依托于海外势力。利益决定了它们不会成为建设性因素，而是成为毁灭性力量。

在这样的社会环境下，腐败同时制造了社会贫富悬殊和严重对立。

一方面腐败将社会种种问题激发为对立性冲突，社会不稳定成为腐败的严重后果。例如拆迁问题，有的拆迁属于社会建设的正常需要，但不可否认，有的拆迁却是由于被腐败关系俘虏了的政府官员为谋求私利而滥用公共权力。在被拆迁人看来，两者难以划分清楚，只有对所有拆迁都采取同样抵制行为，这样就将社会正常建设也牵扯到社会腐败形象当中了。换句话说，腐败行为污染了政府公信力，任何行为都让当事方从最恶意的角度揣测执行者的动机。在此思想状况下，利益成为对立性战场，种种偏激行为和事件层出不穷，被拆迁者不惜以自焚、械斗、伤害等行为保护自己，执行者以恐吓、欺骗、硬性执行来推动实施。这些事件在社会中彼此传染，而在并不透明的社会中，多数人以恶意去评价政府动机，更是对政府公信力和执行力的挑战。

另一方面，政府中腐败势力往往是极端自私的个人主义者，在涉及国家利益、集体利益的时候，他们关心自己的利益如何安全地获得保障，腐败分子称得上是敌对势力的第五纵队，是出卖国家和民族利益的潜伏者。在国家出现危机或者在国际冲突的情况下，腐败分子将是参与毁灭国家的重要力量。

同样重要的是，军队腐败损害国家军事力量。当代战争是异常庞大的系统工程，从后勤采购到侦查系统、武器系统、指挥系统、保密系统、金融系统等等，任何环节的失误都可能影响整个战局结果，而腐败往往就是体系中的薄弱之处。同时，军队中腐败的领导单凭威势无法让其下属信服，发生危难时刻，将领无能、军心涣散、士无斗志；同时，每位将士背后都有一个社会的缩影，在他们家乡，是否有涉及贪腐的拆迁、是否有未能发放的工资、是否有不公的待遇等等，都将决定他对职责的认识和斗志，每个人都在衡量为之保卫的社会是怎样一个现实。

在和平时期，腐败分子又是掏空经济发展动力、帮助西方提升软实力的重要助手。腐败分子在经济发展中攫取了大量财富，他们已经成为不可低估的经济力量。在腐败分子谋求非法所得安全岛时，西方国家无疑是他们首选的资产归宿地。在通过壳公司、地下钱庄、外资银行交叉贷款等等方式下，腐败分子已经向发达国家转移了大量财富。

所以，腐败是事关国家安危的大事，绝不能等闲视之。

司法腐败破坏社会发展

在社会腐败中，有一种腐败更为突出，对社会信仰造成更大的伤害，这就是司法腐败。司法腐败与司法不公是一个问题的两个方面，但司法不公还存在更系统的原因，但也正因为司法系统中存在着不合理的构造，才造成司法腐败的普遍。

当今中国，司法腐败已经到了触目惊心的地步。在司法界，肯定大多数人是好的、守法的没有意义，司法是国家制度产品的最后一道检验程序，如果它不能纠正制度和执行个案中的问题，那么，国家制度和信用将会受到极大损害。正如同我们不能要求食品标准达到90%就是合格的，对于司法体系来说，多数并不代表这个体系达到社会正义的正常要求。更何况，司法系统中各个部门是相互制约、监督的关系，如果各个部门、各个环节都是由90%的守法人员把关，那么，只需要五个程序性的环节，案件公正的可能性就会降低到50%以下了。

司法腐败极大地激发了人们对社会的不满、对现有制度的抵触情绪，激化了社会矛盾，让社会弱者无力寻求正当途径，在社会现实重压下甚至铤而走险。在面对很多普遍性的社会问题上，尤其是面对政府机构的征用、补偿等问题上，普通人成为无力对抗的弱者，在生活被破坏、前途渺茫时，一个事件能够激发更大的社会性案件。反映在社会中的种种过激行为，实际上是通过司法途径无法正当解决情况下，社会冲突无法控制地爆发。所以，司法腐败是破坏社会稳定的重要因素。

另一方面，在司法机构面前，强者和弱者身份并不确定，拥有巨额资产的企业家也可能成为弱者。司法蛮横和强力措施，往往在调查取证阶段就能够将一个企业、家庭的财产予以变相没收。企业需要管理和日常经营，对于尚未定罪的企业家的强制措施，将导致整个企业停止运营，影响几百人、上千人的工作，影响上下游的债务债权关系，影响银行等金融机构的资产安全，往往对个人尚未定罪，其企业就已经分崩离析，彻底垮掉了。如此范例一出，足以让其他企业家心寒担忧，产生同病相怜的危机感，对财产安全产生强烈的警惕心，进而试图转移资产、减少投资、行为短期化。所以，司法腐败是导致社会经济波动、资产外流的重要因素。

司法腐败还表现为对普通民众人身安全的无动于衷，对于人身伤害、侵犯个人人身权利的案件，因为事情复杂和缺乏经济效益的刺激，相关执法人员不愿对某些案件过于深究，总是希望予以糊涂和解，敷衍了事，避免司法机构深入调查，这是通过不作为表现出来的腐败。对于案件的草率、缺乏固有程序标准，导致原被告都对案件处理产生深深怀疑，很多案件只有成为社会关注的事件之后才能得到足够重视和谨慎处理。这导致那些感觉受到愚弄和忽视的人强烈不满，结果反倒引发许多群体性事件，贵州瓮山事件[①]就是典型的案例。司法机构不作为必然导致黑恶势力的盛行，而社会黑势力作恶更增加了人们的不安全感。所以，司法腐败让社会充斥强盗逻辑，导致人们严重缺乏安全感。

司法腐败同时让商业行为充满了风险，在商业社会需要公平公正有稳定可预期结果的司法，但立案难、审理不确定性高、执行难等使商业纠纷在司法腐败面

---

① 2008年6月22日，贵州省瓮安县三中初中学生李树芬被发现死于河中。公安机关做出“自己跳河溺水身亡”的结论，死者家属对此不满。6月28日死者家属邀约300余人在瓮安县城游行，最终导致暴力事件。

前充满了变数，商业主体普遍不愿意通过司法途径解决纠纷，这为商业中违法一方借此要挟守法一方而获取不当利益提供了可能。市场行为主体之间缺乏彼此信任，同时又不相信司法机构能够给予公正快速的解决，为规避风险，市场主体极度压缩对他人的信任额度，导致商业流转迟滞，交易风险高、成本大，为不法之徒进行商业欺诈提供了便利环境，结果整个社会交易节奏放缓，增加了商业成本，提高了创业、经营难度。所以，司法腐败影响了经济创新和商业成长。

司法腐败污染了社会风气，为提供法律服务的中介、律师向公检法司法人员输送利益提供了充分扩散的空间。为保证获取不正当利益的安全性，司法人员通常以朋友、同学、亲属作为传递不法收入的管道，在为司法人员谋求不正当利益的同时，中间人必然将自己的利益加入到当事人的支出之中，加大了当事人寻求司法解决的成本；这种扩散效应导致整个社会对司法体制的失望和无可奈何；在此氛围下，没有多少人去认真研究事实和相关理论，更无意愿提高专业水准。所以，司法腐败破坏了人们的道德感以及对社会和国家应有的尊重。

司法腐败强化了地方主义，现有司法制度将地方的行政权力与司法权力混同在一起，司法系统资源和人事管理体现在地方组织框架中，导致司法系统的决定充满了地方保护色彩，跨区、跨省之间的案件彼此充满了对立、矛盾和司法博弈，各方都在寻求对自己有利的资源以对抗另一方，导致国家司法资源大量浪费和地方保护主义盛行，实际形成了投资障碍和地方分割，阻碍了市场经济的自然流动。

如果司法体系不能维护普遍正义，不能保障基本人身和财产安全，社会将失去吸引力，以民族精神对抗发达国家的软实力攻击将更为困难。发展中国家资产流失、人才流失的重要原因在于社会精英对社会缺乏安全感，包括俄罗斯、北非的突尼斯、埃及等国家，即便是当权者也对财产采取转移的保护措施，因为有产者不相信社会能够保障人身财产安全；而西方软实力则体现在能够提供严格的司法保护机制，同时，西方国家清楚发展中国家包括腐败的各种收入流入到发达国家意味着什么。

认清民主反腐的不同效果

对于腐败如何防止并惩治呢？是否只有通过西方民主的模式才能根治腐败呢？

应当承认，民主监督在某种程度上是惩治腐败的有效手段，通过权力制衡、舆论监督，在西方国家起到了防止腐败的作用；发展中国家可以借鉴经过实践证明在防止腐败上发挥作用的良好模式。

但是，并非如西方民主崇拜者所认为的那样，只要实行民主体制，腐败便能够杜绝，社会公正便能实现。民主制度也表现为各种不同的形态，尽管对于以选举方式产生领导人的制度都可以称为民主，但根据民主在社会生活中的具体作用、政策执行力度等可分为强民主和弱民主。那些社会与法治能够统一良性运转、各种制度有效运行、国家能够实现立法目标的体制可以称之为强民主，是运行有效的民主；但是，很多发展中国家实行西方民主制度，社会处于分裂状态，法制管理混乱，司法机构本身软弱贪腐，民众与顶层意识形态对立冲突，国家制度无法有效运行，这种民主可以称之为弱民主或者劣民主、坏民主。弱民主无法根治腐败的发生，甚至较威权国家腐败更加昌行。比如印度、蒙古、战后阿富汗、战后伊拉克、20 世纪八九十年代南美部分国家，这些国家虽称为民主国家，但腐败成为社会文化的重要组成部分，导致国家经济发展极为混乱且落后。对于那些希望中国通过民主化防止腐败的人士来说，他们如何知道并保证，在实现了所谓的西方民主化后，中国不会出现一个弱民主的社会反而使腐败更加猖獗了呢?

这些西方民主派会指出，所有的威权体制都不能避免和防止腐败，只有民主才能根治腐败。这种观点同样过于绝对，历史表明，民主制度下同样存在腐败，而威权统治下也能够达到政治清明。英国和美国，都曾经存在过严重的腐败现象。在 18 世纪下半叶英国国王乔治三世统治时期，国王收买了下议院议员；在 19 世纪格兰特任总统时期及之后的几十年，美国裙带之风日盛，被称为镀金时代的社会钱权交易盛行，强盗资本家垄断势力横行。①

新加坡和中国香港成为世界上清明指数最高的地区之一，但中国香港在 1974 年以前是一个腐败遍地的社会，虽无民主选举，但中国香港依靠雷厉风行的法治根治了腐败。新加坡的李光耀从当时东南亚各国的腐败环境中提出建设一个清廉、公正的政府，并且在实践中实现了他的目标。政治决心在反腐过程中起到了决定作用，这需要社会文化、政府具体的管理方法、追究违法的制度和国家领导等多方面的综合努力，在铲除腐败的土壤的同时，确立起打击腐败的长效机制。

① 参见高波：《走出腐败高发期：大国兴亡的三个样本》，110～120 页，北京，新华出版社，2012。

西方与发展中国家的反腐结果大相径庭

腐败分子在不同国家面临的社会压力也极为不同，除了法治环境不同外，腐败行为的后果也存在巨大差别。由此，社会腐败行为的普遍性也存在差异。在发展中国家与发达国家腐败分子所处的社会环境不同，反腐也存在着不同的后果：在发达国家，比如在美国，腐败官员对腐败行为产生的收益无法隐藏，他能将腐败收入转移到什么地方呢？他们会转移到中国、俄罗斯、印度吗？腐败官员会移民到这些国家吗？显然几乎不可能。但是，在发展中国家的腐败官员，却有发达国家作为转移腐败成果的退路，他们能够轻易地将腐败资产转换为发达国家的资产，同时本人成为移民而规避本国法律的制裁。显然发达国家相比发展中国家，同样的腐败官员，出路要少得多，违法成本也要高得多；发展中国家的腐败官员可以通过背叛国家、背叛民族而获得更多的生存机会，对于这些极端自私的人，腐败反而成为追求在发达国家生活的手段。从这点来看，腐败对两者的激励机制完全不同，这也是发展中国家腐败程度更高的一个原因吧。

以美国为代表的发达国家对于发展中国家的民主制度或是威权体制喜欢津津乐道，品头论足，但一旦发展中国家实现了它们所宣扬的民主制度后，对于在软弱民主体制下滋生的广泛腐败便不再有任何兴趣去干预了，发达国家也很少投入资本和精力要求发展中国家惩治腐败。虽然发达国家的意识形态并不赞同腐败，但似乎只有威权体制是他们意识形态的敌人，腐败是因为与威权体制相伴生而受到抨击的，弱民主体制下腐败带来的广泛贫穷、社会不公和贫富悬殊从来没有成为美欧真正的关注焦点，这从另一个方面表明了西方国家普世价值的现实性和功利性。更何况在发展中国家，腐败变相成为发达国家软实力获取实实在在的财富战果后，表面上的嘲讽和挖苦已经是西方国家的最好表现了。

美国公司在中国收购企业的时候，往往要求进行反腐败调查，其收购对象应当承诺没有违反美国联邦反腐败法律，并对相关资产事项进行说明。这一制度看似严格，却不过是掩人耳目的作秀，我们没有看到西方对大量外流资产进行过认真的反腐败调查，但资产照样流出国外。这些财富如同招商引资中的投资一样流入发达国家，既不用以任何实物资产作为对价，又没有任何真实付出，就获得其他国家人民辛苦劳动创造的巨额财富。对此西方国家心知肚明，这是假腐败官员之手对发展中国家进行的变相掠夺。

西方国家可以说，这是因为发展中国家内部制度不健全导致的，怎么能够将责任推给西方国家呢？一方面，对这种转移严查当然是发展中国家政府义不容辞的责任；但另一方面，西方法律制度之宽松是顺利转移资产的重要条件。当西方国家通过制裁、通过禁运、通过金融网络等等方式对世界交易了如指掌、能够阻止恐怖组织的资金运转、破坏其敌对国家的经济运行的时候，片面地将腐败分子的财产转移视为发展中国家单方面原因，是虚伪地推卸责任。归根结底，这是对发达国家有利的行为模式，尽管它违反道义、破坏人民的权利，但只要它在现实中带来利益，发达国家没有动力去阻止财富的转移。

对于发展中国家社会来说，按照盲目的西方民主支持者所主张的道路进行社会变革，有可能画虎不成反类犬。中国如果流落成弱民主、弱社会状况，那么，腐败不仅反不了，而且会成为侵蚀社会和分裂国家的重要因素。在这方面，俄罗斯的历史提供了珍贵的教训。在20世纪90年代初期，社会在民主化的名义下并没有杜绝腐败，反而直接为强盗打开大门，在这个时候，西方国家对俄罗斯的状况提出什么帮助了吗？美国谴责腐败了吗？整个国家的财富被寡头和外国资本瓜分，民众落入赤贫地步，社会崩溃，西方国家却失去了那种反对共产主义意识形态的斗志，欣欣然成为腐败体制的受益者，他们就像是灌输、引导富家子弟要具有自由思想，但没有教他们如何做到独立和自由一样，一旦这些孩子脱离监督成为财富掌管者，自由支配继承来的财富时，就会暴露出他们是不学无术的纨绔子弟的真相，他们挥霍无度，肆意妄为，而西方国家却成为这种垮掉者的朋友，从这种败家子身上吸吮了丰足利益。现在，普京总统举起了民族主义的旗帜，要求反腐、要求官员对国外账户予以清理申报，打击了寡头利益链，这是对国家利益切中利害的措施。所以，那些看似根本解决问题的民主方法，现实却缺乏通向彼岸的桥梁。这个桥梁需要设计、规划、建设，是艰巨复杂的过程，操之过急，不但到不了彼岸，反而可能落入深渊。而这个桥梁，就是法治和信仰。

惩治腐败是建立民族自信的重要举措

在当前中国政治领域，没有比惩治腐败和建立完善的司法体系更为重要的了，在世界联系如此紧密、国家之间竞争如此激烈的时代，如果没有公正的社会，没有提供正义的政府，国家就无法在复杂的环境中保持长久竞争力。惩治腐败，首先要对腐败行为做到真正的打击和清除；其次，必须从更为宏观的角度建立公正的社会；最后，稳定发展、建设健康社会是根除腐败的最终解决途径。

关于腐败治理存在各种神话，主要有：（1）政府越小，腐败越少；（2）政党越多，腐败越少；（3）反腐败靠制度，不靠运动；（4）大德防贪，高薪养廉；（5）贪源在官，清流在民。[①] 这些神话主要来源在于西方社会表现出的具体特征，让人们认为这些特征决定了反腐败的实际效果。虽然特征与真实原因之间存在着密切联系，但是只有深入探究背后的原因，才能避免盲目地按照表面特征去进行社会改良。治理腐败，在发展社会中关键要建设一个健全公平的社会、建设一个强有力的政府，健全社会的人民与政府共同建立完善制度才能根治腐败顽疾。对于仍在发展的社会和正在改进的制度环境而言，那种认为以“系统崩盘”方式治理腐败的方法是一剂错药，可能引发更大的社会问题。社会作为一部庞大机器，完全停摆后的修理可能产生“比现存制度下更深的罪恶之渊”。西奥多·罗斯福作为进步主义领军人物，对于当时美国普遍存在的腐败、堕落和社会不公，在不断推动社会进步的同时，也对社会中那些鼓吹各种主义的人发出警告：

“那些鼓吹动荡和不满情绪的人，那些对整个现存制度持否定态度的狂热的煽动家，那些或是出于居心叵测或是昏头昏脑而行为乖戾的人，那些只鼓吹破坏而不提出任何建设性建议的人，或者是那些提出的替代性意见比现存罪恶还糟的人——所有这些人都是真正的改革的最危险的敌人。如果他们得势的话，他们将把人民引向比现存制度下更深的罪恶之渊。”[②]

这样的评论对中国现实是多么地恰如其分！看看中国社会的所谓公知、精英，他们对社会的谴责、对一切政府行为的嘲弄、对西方的崇拜，不正是西奥多·罗斯福在100多年前警告的那种思潮吗？不要想当然认为进步主义运动时期美国民主制度就是如何完善，那是充满意识形态分歧的时代，在世界范围内，分歧的结果是俄国接受了共产主义思想而发生了革命，美国及时改良避免了社会矛盾进一步深化。中国社会的腐败问题也许有多种解决方式，但是，在这个社会中的个人，

① 参见高波：《走出腐败高发期：大国兴亡的三个样本》，405～424页，北京，新华出版社，2012。

② 同上，425页。

应当争取寻求对社会保护最好的渐进改良途径，在不破坏经济整体发展的前提下，稳步破坏腐败的社会基础。而能够说服社会服从稳步改革步骤的责任者，无疑需要社会顶层力量的智慧、勇气和决心。

社会改良之所以是治理腐败的最好方式，是因为它对经济和社会继续发展的影响最小，人民福祉能够得以保障。革命无疑对社会具有巨大的破坏力，它必将在社会剧烈变革中重新构建社会结构，而在社会重组的过程中，人们的精力在于重新定位或者保护既得利益，这种消极的社会形态将影响社会的存续和经济发展。

经济和社会发展对于国家和民族有着重要意义，它甚至可以消除部分腐败造成的消极后果。英国和美国在进入工业化革命以后都一度发生了严重的腐败问题，但是，社会发展速度超过了腐败产生社会问题的速度，社会经济发展提供了一定空间容纳了腐败所产生的问题，进而为治理腐败提供了余地。高波准确地指出，“19 世纪以来，‘盎格鲁—撒克逊’国家之所以能够蹒跚走出腐败高发期，其根本原因不仅在于权力的分立、政党的竞争乃至舆论的开禁等政制层面，而是在由传统国家向现代‘财政—军事国家’转型的过程中，依靠两次工业革命的经济容量和发展活力‘对冲’了因腐败引发的社会利益冲突和严重的矛盾对立，特别是为实施收入调控、税制改革、贫困救助、社会保障等‘社会主义化’救济措施赢得了政治运作空间。简言之，英美两国走出腐败高发期靠的是改良式社会调控，而不是革命式政治运动。因此，我们看到英美两国既在 18～19 世纪人们对腐败的特殊宽容度中收获了国家成长的特定‘腐败红利’，又为自己赢得了在 20 世纪的某种国际道德优势和舆论强势。”①

中国治理腐败面临着同样问题，即是社会经济发展水平超过腐败的发展程度，还是腐败的发展程度超过社会经济发展水平？如果是前者，通过社会各项制度的完善，通过渐进式的改良，腐败不会成为社会发展的最终障碍；但如果是后者，腐败成为社会的恶性肿瘤，它将侵蚀社会经济发展的成果并将导致社会解体。

走向复兴是中国的伟大梦想，为实现梦想，当前一个重要任务就是遏制腐败。为此，不能仅从反腐败角度来考虑问题，而应当从社会治理体系的整体角度建立保护社会、促进公平的政治环境，同时破坏产生腐败的权力与利益的捆绑基础。

建设健康、公平的社会应当成为中国主流意识形态的一部分，成为爱国主义

---

① 高波：《走出腐败高发期：大国兴亡的三个样本》，433 页，北京，新华出版社，2012。

的必要条件，在思想上提高社会总体认识水平是较惩治更为有效的方法，信仰成为社会的主流灵魂，腐朽之气就无法生存。结合思想认识的提高，在发展经济的同时，社会必须得到保卫，贫富悬殊应受到国家的抑制，保障公民基本住房、医疗与教育的权利应与发展水平相平衡，公正的社会培养具有良知的国民，在人民对社会发展的共识普遍提高的时候，腐败的空间将受到最大挤压。

同时，只要高层表现出惩治腐败的决心，在当今信息时代，威权政府也能够进行有效的监督，尤其是大数据时代的来临，在一切信息与网络连通、通过数据传输的时代，所有资金往来、利益关系、交易真实性都成为可追溯信息，这对于腐败将是严重的阻碍。大众监督、信息扩散和汇集、交易透明化，它们是暗箱操作的天然敌人。

第十八章
中国司法建设为当务之急

司法，国之大事，是社会品格的刻刀。

司法，是国家的大事，关系到每个人的生命、财产、继承、合同、设立和经营企业等方方面面，司法所体现的状态是决定社会品格的重要源泉。如果从司法行为中无法获得诚信、正直、公平和正义，那么，就没有什么力量能够防止社会走向堕落。司法不公，社会上层就可以贪赃枉法，企业就可以拖欠员工薪酬、污染环境，普通阶层就会刁钻无赖，违法者相信奉行与他们相同的处世哲学的人大有人在，世界本没有什么公正可言，司法系统同样能够受到他们的影响。社会没有普遍的公正，贪腐现象普遍存在，那么，社会中各个环节的个人责任心就会受到影响和削弱，管理药品者会让假药通过审核（例如前药监局局长郑筱萸）、管理规划者会让违章、违法建筑通过审批，管理工程质量者会让“豆腐渣”工程通过验收，管理食品者会无视众多有毒食品的上市流通，在这些问题影响整个社会自信心的时候，更多的人觉得任何事情似乎都可以通过收买、通融而蒙混过关。

在法制无法有效管理的情况下，社会将发生逆向选择，越是违法之人就越能够如鱼得水，社会导向将向违法、违背社会公德方向倾斜，从而让更多信法、守法的企业和个人走向反面。社会的最终状态将是强者暴戾、弱者无惧的普遍对抗状态，没有法治的维护和保障，社会稳定就无法预期。现在种种群体性事件、恶性暴力事件、各种抗法事件、冤假错案的揭露，都在挑战人们的道德底线和社会认知。如果说中国民主进程在威权主义的治理下可以逐步实施的话，那么法治建设已经到了刻不容缓的改革时刻。

司法——社会公正的最后防线

国家经济发展和民心凝聚的重要前提是，社会应具有普遍的正义和公正，同时，人身财产安全能得到足够的、切实的、稳妥的、永久的保障。提供这两方面的公共产品不仅是政府职责，更是在发生争议和冲突时作为社会最终裁判者的司法系统的责任。

发展社会的一个重要任务就是保证合法的人身财产权利不会受到恶意伤害，尤其是来自于政府或执法机关的伤害。失去安全感的社会没有吸引力，虽然中国经济迅速发展，但种种极端侵犯人身和财产权利的事件仍时有发生，这极大动摇了对社会稳定的信心。山西省政府能够通过一纸通知将浙江企业投资在山西的煤矿变相收归国有，金额达500亿元；在薄熙来打黑期间重庆的众多民企被扣上黑社会的帽子，其财产也被没收殆尽；这些使用公权力明目张胆地为部门利益、地方利益、私人利益进行的没收行为，违反了最基本的人间正义。更为重要的是，在类似案件中，是某个地区的整个司法体系在制造伪证、在枉法裁判、在做假案，面对这些部门做出的决定，受害人往往上诉无门，不得不忍受权力的掠夺。这种对法治的践踏不能简单归结为个人错误的原因，而是说明体制缺乏防范枉法裁判的机制。在西方司法体系内，有没有冤假错案呢？肯定是有的，错误在所难免，是人都会犯错误，但是却不可能发展到公检法成系统地制造冤假错案。一个体系为个别人的目的枉法裁判，这个体系本身就失去了正义和公平的标准。没有相对独立的司法体系和完善的司法制度，恶性膨胀的权力将无视正义和良知肆无忌惮地侵犯人身和财产权利。

司法是社会公正的最后一道保护机制，社会无论如何混乱，民众心目中的司法公正尚在，正义能够得到伸张，社会就不会失去稳定，它是寻求救济的最后一个渠道。所以，在人类历史中，司法几乎总是拥有崇高的特殊地位，它代表着公平、正义、智慧。同时，司法不仅仅代表着结果正义，它还具有程序性的证明意义，即它不仅提供正义，而且是以公开的、看得见的透明方式提供了正义，它让社会检验其过程和结果，给予社会普遍的公正价值观。它处理的法律关系具有复杂的特殊性，容易引起外界干扰，这更需要司法公开地解决争议，所以，在程序正义与结果正义之间存在着互通的桥梁，程序性措施与实体性结果具有互为表里的密切联系，没有程序正义的结果，正义就不具备公正的威信。

当前司法组织构架之缺憾

中国司法组织结构为了防止案件审理的偏差，增加了很多制约机制，但过多与案件审理无关的人员介入大大提高了案件受干预的可能。庞大的组织结构影响了案件的审理效率，在组织内部的人事管理对法官形成了无形压力，在相关人员的干涉下无法做到不偏不倚；在各级政府中一般兼任政法委书记的公安局长，在政法系统却在同级法院院长的位置之上；检察院检察长可以旁听审判委员会的案件讨论；公检法三者高度重合的工作关系难以保证案件审理不受到影响。各机构相互制约从制度角度来看是为了防止权力机构过于专权，出发点虽然是好的，却是以另一种错误的方式去防止错误。司法的一个重要原则是亲为，任何人没有具体接触到证据，没有了解整个事件的来龙去脉，没有自身的感知，就无法全面理解案件内部错综复杂的关系；各个机构领导面临如此众多的案件，当然无法做到真正了解每个案件，只能听凭下属的汇报和建议。这造成了中国司法体系中特有的审者不判、判者不审的状况。

同时，效率的降低又以增加人手为补充，结果导致人员编制膨胀，司法人员的待遇普遍不高。而他们又是生活在现实中有着七情六欲的个体，在家庭、孩子、父母、亲友面前，他们需要社会生活中起码的体面和尊严，终生职业性质决定了依靠工资无法获得丰厚的薪酬，而社会压力现实地体现在孩子上学、家居生活、父母看病等等方面。更何况，在市场经济社会中，他们面对各种重大经济利益关系，所接触的社会层面又往往具有相当的经济实力，这更增加了他们心态的不平衡。在社会环境的压力下，要求如此众多的司法人员保持职业操守既不现实，也不明智。在此司法环境下，任何一点理由都能够成为案件结果颠倒的理由。世事复杂，在司法活动中遇到的案件情况千差万别，来龙去脉千丝万缕，很少有一方完全有理或者完全无理，在盘根错节的事实和法律关系中，抓住一点不计其余会成为很多裁决的充分理由。

司法活动的复杂性为司法腐败提供了可能性，而司法机构的组织框架和职业薪酬特点提供了必要性，可能性与必要性都具备的情况下，司法腐败成为普遍现象就不足为怪了。虽然国家提倡道德教育，提倡为社会和人民服务的价值观不无益处，但是，对于事关人的生命、财产、公司重大利益的案件，面对各方的压力和诱惑，仅仅通过教育、提倡完善职业操守是远远不够的。

即便是司法人员能够出于法律和良心断案，但是由于现有体制下对优秀司法人才选拔途径的限制，他们所做出的结论往往也是各说各话，参差不齐，缺乏法律所应有的一致性和统一性。究其原因，司法阶层尚未形成完整体系的法律思想和实务做法是一个重要因素，国家虽然颁布了众多法律，但仍难以统一司法人员的认识。

为什么民主权利可以逐步落实，而体现自由权利保障的法治却必须予以保证呢？在上文我们论述，在没有自由权利保障时民主激进改革会导致对少数人权利的侵犯，除了这个原因以外，民主权利与自由权利还存在着一个重要的差别，即民主改革的目的是争取尚未拥有的一些权利，而自由权利的目标是确保现在已经得到的东西。对于尚未拥有而无法得到的东西，与已经得到但却被人从手中夺走的东西，在心理上所产生的效果完全不同，人们不论采取如何激烈的手段，一定会坚决保护已经拥有的，反抗任何对已经得到之物的剥夺。期望的失落与现实损失在人们心理中本来就具有不同的偏好。如果司法不能提供这种保障，则人们将不惜对抗法律。在这种情况下，对自由权利的破坏将造成社会主体之间激烈的冲突。这意味着稳定是不能在缺乏司法公正的环境中得以维持的。

司法权威由点及面

司法体系本身具有丰富内涵，它可以作为争取政治权利的载体，甚至可以成为审查立法的力量平衡工具，但这些政治性作用在当前中国还不切实际。在司法体系普遍缺乏威信的情况下，首要目标应当是树立司法权威，其途径是通过建立完善的司法体系来保障公民正常的人身和财产权利，对于经济生活中的各种责任进行权威有说服力的判断和裁决。完善司法体系包括人员的选拔、组织的构建、财政的支撑、权力的范围等等，这些问题本身涉及司法公正的有效性，没有基础性制度支持，在权利层面高谈阔论是脱离实际的幻想。

在法治建设问题上，中国应该走什么样的道路？有人可能抱有急切的心情，希望法治对权利保护形成遍地开花的状态，将所有权利在一个平台上同时获得同样的保护，比如将政党组织自由、游行示威自由、出版自由等政治权利与财产权保护等置于同等保障的地位。实事求是地评价，这种理想状态不切合实际。首先，目前的中国与历史中任何时期相比，自由权利具有相当的进步。社会中除了执政党划定的红线之外，任何社会议题都可以讨论；即便是敏感问题，很多人也在正式场合讨论。其次，当前最主要的自由权利应该是创业自由、人身安全得到妥善保护和财产不受非法剥夺。最后，社会需要正当的批评和监督，需要社会主体的积极参与和发挥主观能动性，但是，这一正面的作用必须与那种否定一切、破坏一切的负面鼓动和宣传区别开来。社会的稳定和发展的渐进性是国家和民族发展的前提，也是人民的核心利益。

最重要的是，自由需要法治的保护，但自由权利却过于精妙锋利，如果不小心，就会伤害自由本身。在成熟的法治系统的保护和界定下，自由权利才能伸展自如又不跨界越线。法律是一部极为复杂的机器，法律规定与现实之间存在不完全吻合之处，而这种不相符需要司法体系的甄别和判断。在各种权利要求得到保护的时候，社会中一定同时存在利用这种保护机制，追求偏激或者不正当权利要求的情况，而对此进行判断和甄别需要雄厚的理论基础、贯穿历史的洞察力、清晰的远见、细致入微的判断力，这些对法官素质的要求与组织体系结合起来，才能形成稳定的、具有高度权威的裁决。当前中国司法体系尚不具备这些条件，而且在整个社会内部也缺少足够的人才去做这项工作。暂且不论对政治权利的判断，在现实司法案例中，即便是简单的伤人、盗窃、正当防卫、遗产纠纷、合同争议等等案件的审理结果，就有很多与普通人的正义观相违背，更不要说在全国范围内司法系统中充斥着众多矛盾的判例和司法意见。

有的人会说，政治权利要求的正不正当正是司法系统应该给予答案、予以解答的问题啊，为什么不能对所有权利给予同等保护呢？因为中国法治基础还没有搭建牢固，司法体系还无法对上层权利给予清晰的答案，如果迫切地对此进行争论，则无异于在一个不具备基础的地基上急切地建设高楼大厦。

所以，与其漫天讨论与普通民众和日常经济生活还暂且无关的各种权利，不如脚踏实地地做好几项与人们切身相关权利的维护。如果能在普通的、与基本人身财产权相关的权利保护中，所涉及的司法部门在实体上和程序上做到符合法治精神的执法，那么，这套系统将同样会保护未来所有的政治经济权利。一个组织体系的特点是，在某件专业事项上能够得到整个组织的贯彻和严格执行，那么该体系在其他方面的执行力也将得到同样效果，组织的性格在各个组成部分之间是相通的，正如一个跳高运动员取得很好的成绩，那么他的身体应该比较强健一样。当前的首要任务是建立起完善的体系，而不是在体系尚存在各种问题的情况下，就用它来做所有的事情。

在商业管理中有一句话，叫作“坚持把简单的事情做好就不简单”，这是针对个人的工作和企业而言的，实际上针对一个体系、一个国家又何尝不是有效的呢？国家能够将人身保护好、将合法财产保障好，那么司法体系本身就是比较完善的体系。完成这样的任务简单吗？实际上是非常不简单的，它需要富有责任心的执法机构的尽责尽力，它需要程序上的互相监督和保障，它需要对证据来源的甄别和判断，它需要无视任何权力部门的干涉，它需要对各种权利权衡判断，它需要对具体情况中相互矛盾的规定进行有说服力且在国家范围内统一的阐述。一根针归属清楚的体系不会在一幢房的归属上糊涂，能够避免日常冲突的社会不会有黑社会的生存空间。中国当前的迫切任务是建立社会基本法治秩序，其前提就是完善司法体系，使基本人身和财产权利得到切实保障。

司法保护权利，权利促进民主

如果民主和自由权利要求像流水一样自然的话，那么法治如同建造水渠，没有确定流向的散漫流水将淹没有价值的东西，建设具有方向性的水渠，借势疏导到对社会有利的目标上去，是法治的任务，这个渠道就是对于各种权利提供的基本保障。自然界里无法控制水量和时间，但是，在有计划有目标的社会中，人们可以有步骤分阶段地建设和引导法治、民主和自由之间的关系。

在亚洲四小龙的发展过程中，中国台湾实行戒严法令38年，韩国朴正熙执政时期军管统治，香港、新加坡在相当长的时期内靠威权管理，这些社会在其时都称不上民主社会，民主权利极少，经济发展并没有激发整个社会对政治权利的迫切要求，但这些社会为私人财产和人身安全提供了司法保证，人们不会在政府和司法机构层面受到违法的、不公的人身伤害以及财产侵占和没收，这为保证稳定的经济发展环境提供了条件，社会中坚阶层能够在其中稳定地创业、生产、经营。经济上提供了稳定的发展空间，他们就不会提心吊胆地时刻准备移民、准备逃离；他们对事业的追求会放眼于长远，不会主要体现为短期行为，这种行为模式使社会发展呈现为良性而稳定的状态。中国发展道路并非需要像中国台湾和韩国一样进行社会管制，而且在当今社会也无法实现那种管制，但是，强调保护人身财产权利、在统一的权力下规划社会发展仍是中国目前最重要的社会任务。像与此同时的菲律宾和印尼之类国家，领导人以暗杀、鼓动抢劫等手段制造社会混乱，通过破坏法治维护个人权力，使国家落入了失败者的行列。凡是失败国家，不一定是非民主国家，但一定是法治缺失的国家；民主带给国家和社会的未必是稳定的发展，但法治能给予社会以公平和稳定的进步。

有人认为没有民主就没有法治，似乎法治是民主的儿子，这是另一种偏颇观点。法治在民主制度下得以实现，前提是运转良好的民主制度提供了法治正常运作的社会环境；法治也可以在威权制度下得以进步，前提条件是执政者出于公心追求法治社会，并培养尊重司法的环境。

民主和法治之间的一个共同点在于，两者都是针对责任划分而设计的制度：民主是对政治经济等方向性的政策及执行确定定期责任的制度。涉及执政者具体政策和执行效果的因素过于复杂，无法针对每项具体行为划分责任，民主制度提供了选举方式，对无法承担具体责任的领导人采取替换方法让他们承担责任；而法治是对具体个别的事例进行责任划分，它通过一整套制度性规则对刑事、民事、商事、行政等具体行为进行个别审查，对个体产生责任后果的结论，所以，它的结论对于个体来讲是切身实在的，对于社会具有普遍示范效应。

建立法治社会，是中国当今最重要的一项政治使命，远比那些西方民主化宣传重要得多。法治社会，是给予一个国家阳光的社会，是给予国民诚实、自信、平和、冷静品格的社会，是逐步培养起信仰的社会。在不能保障基本人身安全、财产安全的社会里，一切美好理想都会被现实击碎。没有法治，就无法给予民众稳定预期，无法提供安全保障，无法使其放心创业、投资，无法提供创新、相信知识的环境，总之，无法保障自由权利。法治，是社会稳定的基本保证，是社会资本继续投资壮大的前提，是人心平和、安静的催化剂。

司法改革需要基础性制度设计

中国司法体制改革已经酝酿许久了，但却迟迟不能展开，一个重要原因是现有利益格局已成为固化状态，具有决策力量的高层能否有效推动，成为司法体制改革能否成功的关键。司法体制改革的意义为国人所认识并达成共识，是进行改革所必需的思想准备和顺利改革的前提。

通过不断出现的各种社会案件，司法改革呼声越来越高，但是，体制内不少官员提出维护当前司法体制的系列理论，仍然是那些已在实践中证明缺乏现实性的陈词滥调，它们将世界司法文明贬斥为神秘主义，脱离群众，而面面俱到的理由却缺乏切实有效的衡量标准，最终仍然以泛泛的专业化与大众化、民主化相结合为理由，群众路线与国情成为阻碍司法改革的借口。

中国在30多年的改革过程中，从法律空白到拥有众多相关法律、法规，确实取得了一定的成绩。但就法治体系的建立而言，中国社会法治状况要远远落后于经济发展状况，这与执政党发展历史密切相关。将法律作为一种工具，而非追求构建尊重法治的社会状态，是执政者对法治忽视的一个重要原因。当法律作为工具使用的时候，如何便宜使用成为目标，而不是它的公平正义具有至高价值。另一方面，轻视法治源于一种根深蒂固的观念，即认为法律制定以及司法活动是仅需分辨善恶好坏的简单事情，而非专业技能，所以，任何政治过关、品性正当的人都可以胜任。于是，长期以来中国司法缺乏专业化方向。

法治社会是需要逐步培养的，它不可能在一朝一夕之间建立，不能够通过社会运动的方式实现。不要以为只要思想重视，现实便能发生改变。法治社会需要人才的长期培养、司法实践逐步的统一、司法制度的完善、社会各方面的普遍尊重。当今中国从司法机构设立、司法执法人员选拔，到程序严格监督、案件的审理公开等，几乎在所有方面都与现代化法治要求存在很大的距离。法官不是从社会中有阅历、有智慧、有声望的专业人士中选拔，而是从学校毕业经过司法考试后简单实习就可以独立办案；案件规范性不统一，各地对相同案件可以做出不同的判决结果；法院与行政部门之间并不分离，法院行政后勤需要地方政府的支持和规划，这为地方官员干涉司法提供了方便渠道；审判和执行不能分离，影响了执行效率。

在商界，有一个理论是一流的企业做标准，二流的企业做品牌，三流的企业做产品，因为做标准等于掌握了游戏规则的制定权，所以它占有绝对优势。而国家政权制定法律，本身就是制定标准的过程，这个过程已经将执政者的思想体系全面考虑在其中了。既然制定了标准，那么，司法严格按照法律精神执行本身就是执政者最大的利益诉求，破坏规则，是对国家体制的破坏。所以，从国家对司法的要求来看，应以严格司法作为对执政者的最好保护。但在司法实践中却不然，执政者不但掌握了国家法律制定权，同时还希望通过个案保障最终决定权，将法律的统一要求、专业标准置之度外，这是对国家政权、对社会信任、对社会风气严重的破坏，更是对自身地位的最大伤害。

司法的系统性和专业性远远超出建国一代革命者对此的认识，尤其在市场经济条件下，复杂社会要求在经织纬密的法律关系中梳理出理论依据，需要专业人士多年的实践训练，对精髓提炼不是以对善恶的爱恨、政治可靠度等自然理性所能理解得了的。正如外科医生做手术一样，即便是局部手术，也需要对身体状况有全面透彻的了解，需要各方面配合才能实行。在绝大多数国家的历史中，司法审判需要富有智慧且明辨善断。当 17 世纪初的英国国王詹姆士一世一时兴起，也想到法庭审案的时候，法官柯克阻止了他，并劝说道："不错，上帝的确赋予陛下极其丰富的知识和无与伦比的天赋；但是，陛下对于英格兰王国的法律并不精通。法官要处理的案件动辄涉及臣民的生命、继承、动产或不动产，只有自然理性是不可能处理好的，更需要人工理性。法律是一门艺术，在一个人能够获得对它的认识之前，需要长期的学习和实践。"这是在英国历史中保证司法独立的一段著名评论，尤其是柯克法官指出，司法审判是需要长期的学习和实践才能掌握的一门艺术，道出了司法活动的复杂性和艰巨性。司法人员的专业素质极为重要，他不是简单地通过道德观念就可以对事实予以判断，也不是在缺乏社会经验和人性洞察力的情况下就能够做出判断的。

在中国，司法活动非专业化和司法机构组织形式，都为干预司法和法官提供了较大的空间。在法治国家，所有法官都是从拥有职业操守良好记录的律师队伍中选拔的，而我国法官基本从毕业分配起就成为终生职业，缺乏社会实践的历练，缺乏对社会复杂性的洞察力，缺乏对商业社会的敏感度，却能够通过书本知识审理事关公民生命、健康、财产等重大案件。如果说一个外科大夫不经过长期实习就敢于通过书本知识给病人动手术，人们一定会认为这是笑话，但为什么在审理往往比手术还要重要得多的案件时，却让没有社会经验的人来充当裁判者呢？

针对司法体制改革，学者们提出了充分的理由和建议，但呼吁了十多年却进展有限，虽然有关部门发表过《中国司法改革》白皮书，但改革方向性还是没有明确，尤其是关系基础制度的司法组织结构和人员选拔等并没有从根本上触及。对于下一步改革，关键在于国家是否认识到司法改革的重要意义，决策者是否能够从整个政治体制改革的高度、从国家长治久安的高度、从弘扬公正、公平等正义理想的高度对此予以坚定如铁的改革。在顶层设计中，司法改革应该是政治体制改革的重中之重。政治体制改革，从司法体制改革开始最为恰当，因为它对于社会公正、公平的要求最为迫切，它对具体权利的影响最为广泛，它对思想意识形态的作用最为明显，它对社会稳定并在未来进行全方位的改革关系最为重大，它的改革难度和改革阻力又是最小，以公心谋国家发展的执政者还有什么理由拒绝将司法改革尽快纳入正轨呢？

2013 年 11 月 12 日结束的中国共产党十八大三中全会的公告中已经提出完善并确保审判机关和检察机关依法独立公正地行使审判权、检察权，这是执政党对法治建设认识的深化，但如何实现这些目标，仍然需要社会和专业机构发挥集体智慧，共同将法治推向社会、民族和国家的共识。

结　语

人类本性中存在追求捷径的倾向，这种倾向一方面激发创造性思维，但另一方面，又导致习惯于对复杂事物进行简单直观的归纳和理解。人们不断寻找能够解决所有问题的灵丹妙药，从减肥药到智慧丸，从人生选择到国家制度，这种简单化思路一直存在。在国家政策和国际关系方面，将全球化和普世价值作为解决现有社会政治经济问题的方法，是这种人性弱点的又一次生动体现。

追求简单性思维在哲学上体现为形而上学的认识方法，其特点是将理论生硬地应用于实践，而没有全面考虑现实的具体条件和情况。更为重要的是，在彼时彼地以成功方法所塑造的社会，凭借自身的强大和自信推广其当下所主张的意识形态，认为这套理论和实践普之于四海而皆准。在这种强大和繁荣的社会面前，在发展中国家内部动员起普遍的迷信和崇拜情绪，很多人对此并没有深刻地分析和研究，却以为掌握了社会和历史发展的真理。在所谓“普遍真理”的旗帜下，按此逻辑运行却造成了发展中国家的社会分裂和财富流失。

西方社会所宣扬的普世价值和全球化一方面为发展中国家的发展思路提供了借鉴，但在更为广阔的逻辑关系上，却为西方自身利益服务。从经济上的全球化到政治价值观上的民主自由，西方国家以貌似合理的逻辑从发展中国家盗取了巨额财富。如果普世价值仅仅是盗取财富的遮羞布，那么宣扬它的西方国家不过是高明的伪君子。在西方货币金融霸权和所谓的民主自由制度下，西方的经济政策和社会制度脱离了其理念基础，外部化为发展中国家的社会经济成本。100 多年前，马克思指出，“资本主义来到世间，从头到脚，每个毛孔都滴着血和肮脏的东西。”现在这些“血和肮脏的东西”被冲刷到发展中国家的社会中，西方社会却反而能标榜自身的纯洁和神圣，似乎自身已成为一切制度的榜样，是历史终结的典范。

在西方经济制度中，市场经济表面上是一脉相承的，各种流派的主流思想建立在普遍的市场制度之上。历史上马克思、列宁对资本主义的批判，随着 20 多年前苏联、东欧的崩溃而失去了对大众的吸引力，西方以市场理论引导世界迈入了全球化的大潮之中，更以其社会所具有的民主自由制度傲立于国际舞台之上，成为咄咄逼人的人权捍卫者和国际秩序的守护者。如果普世价值想表达的是：社会成员应当遵守人类起码的诚实道义并信守公平交换的市场原则，那么西方国家的行为与此背道而驰。最近几十年，西方国家所主导建立的货币金融体系本身是对人类基本道义彻底地破坏。对市场制度表面上的延续掩盖了实质上的彻底变化，这种变化虽在西方生活感受并不明显，但却击碎了包括西方经济理论所共同确立的社会基础，实际上破坏了市场经济的基础。货币是市场经济中最重要的流通媒介，当货币成为某种虚幻之物时，以其进行商品交换如何能够体现市场的规律？列宁在 20 世纪初就对金融资本进行过严厉批判，但是，从西方货币变换为主权货币而又成为世界货币之时起，金融资本的舞台比 20 世纪初拥有了更为广阔的天地。以美国为代表的西方国家本身凭借货币金融霸权在世界范围内获取了巨额的不义之财，却仍然以普世价值宣扬自身制度的合理性，这是彻头彻尾的欺骗。虚伪的人之所以能够欺骗世人，在于此中逻辑过于宏大和复杂，多数人对此并不具备专业知识和理解能力。

货币是现代社会中最重要的公共社会产品之一。在人类文明史中，多数时间自然货币占统治地位，它是人们通过劳动创造出来具有物理属性的实物，所以它具有量的限度，无法由公共权力部门凭空创造出来；但在当代当货币成为政府人为创造的产物后，在刺激经济发展的同时，它已经成为可以随意志调控的对象，这样的公共产品决定了它必然服从社会意志，而此社会意志并非具有普世性，它是国家、民族、阶级以及利益集团综合作用的混合体。

虽然世界在迅速地全球化、自由化，各国社会之间联系日益紧密，但是，全球化以及西方的民主自由等普世价值从来没有脱离国家和民族利益的根系，相反，它们以更新的面貌、以更为符合自身利益的逻辑向世界传播。在作为神经系统的思想意识形态向发展中国家蔓延生长的过程中，货币金融体系伴随着神经细胞的繁殖生长出遍布世界的血液循环系统，神经在哪里指挥，血管就在那里生成吐纳的新循环，那里的器官虽然也发育生长，但整体大循环的心脏核心领域却得到了最充分的滋养。正如同小指头问题与心脏问题不可能具有同等重要的地位一样，在全球化金融体系内部，各国的经济利益，无论是国家、民族、阶级还是集团利益，也同样服从西方发达国家的利益。在这样的体系下，不与它连接融合就得不到发展，而认为只要与它连接融合，就能获得与核心利益集团同等重要的地位，这也不过是幻想。

在这样的体系里，我们需要的不仅仅是民族文化、民族服饰、民族饮食等特色，更需要的是独立的民族意志。当然，这种民族意志绝非二战时期德国纳粹和日本军国主义那种以侵略、掠夺其他国家为宗旨的民族思想。以他国人民承受苦难而公开掠夺的民族意志与世界发展潮流背道而驰，而且终将损害自身利益。中国所需要的民族意志，不是对非法利益的觊觎，而是对国家合理利益的维护，对不合理要求的拒绝，对国家财富的保全，对既得合法利益的保护。在当前的货币金融体系下，在西方普世价值的强势渲染下，如果没有对国家利益的认可和维护，国家和民族利益将成为西方核心集团的牺牲品。这样的民族意志不是与其他国家对抗、冲突的对立思想，不是视其他国家与民族为敌人的负面心态，而是在平等、公平原则上建立的平和、开放、进取的积极态度。同时，在普及发展中国家的民族主义的过程中，民族国家内部的法治进步、自由保障必须得到加强，虽然建立这种制度远非一日之功，但是，社会能否为其成员提供可信赖的安全保障是其具有凝聚力的起码要求。

分析社会政治经济问题需要两种方法，即历史的实证和逻辑的分析，历史给予逻辑具体的教育意义，逻辑为历史抽象出结论。当然，历史内容过于丰富，对于如何提取主线，仁者见仁，智者见智。我们认为，在主线清晰的情况下对于其他方面应当具有包容性，不偏执、不极端，对所批判的理论同样持学习和借鉴态度。正是因为历史的丰富性，各种理论形成其独立的脉络体系。但是，基本历史事实表明，宏观发展服从于主流逻辑。所以，我们对伪善人的揭露，并非完全否定他们所宣扬的价值，只是说明这些表面价值在整体逻辑中发生了异化，它们发生作用的结果却成为自己价值观的对立物，对这样价值观的崇拜，不仅不能抵达目的地，反而可能伤害自身。

通过对历史的观察，我们看到，西方国家发展初期强烈的民族主义实践与其现在所宣扬的全球化和普世价值之间存在巨大鸿沟。英国对欧洲、印度以及美洲殖民地的保护主义、美国经历第二次英美战争确立的保护主义持续近一个世纪，这些史实勾画出另一幅国家发展的现实逻辑。回顾历史让人感慨，随着国家地位的变化，其奉行的价值体系也必然随之变化。西方价值体系不仅在当下国际现实中是双重标准，在历史的纵向维度上也是前后冲突的。存在纵横两个维度的双重矛盾的价值体系却被装扮为普世价值体系，在当前世界中，随着对此问题的认识越来越深刻，必然将引发西方价值观的认识危机。

在逻辑关系上，货币形态变化导致西方经济学体系受到损害，那些供求关系、价值规律、边际效用等市场经济规律在可以无限释放的西方储备货币面前失去了衡量标准，凯恩斯主义和货币主义解决问题的手段成为单向维持庞大社会成本的货币行为，而货币手段成为利益集团或者国家人为操控危机、转移财富最简单、最便捷又最有欺骗性的法宝，财富不再是狭义劳动创造的同义词，而是广义创新——包括五花八门的金融产品——的代名词，在这样的环境下，巧妙运作是远比踏实努力更为重要的获取财富的手段。另一方面，西方全球化仅仅是对西方资本而言获取发展中国家实体财富的自由化，是对于发展中国家资源、公用事业、金融体系和国民财富的自由化，而西方在自身优势领域的保护上，不论以国家安全还是产业政策等为借口，实际上奉行的却是严格的保护主义。换句话说，西方国家维护自身货币在发展中国家横行的自由，似乎这种自由没有代表西方资本的意志，不会引发对发展中国家的危害；但它们却阻断了发展中国家在西方本土使用西方货币的自由，理由是这种自由代表了发展中国家“危险的意志”，所以将会危害它们的“安全”——这是何等矛盾的逻辑！

这种矛盾的逻辑为西方社会输送了巨额财富，虽然金融制度仍然在促进科技进步，但全球知识技术的复合爆炸式增长并未为西方社会提供保证当下生活水平的社会财富。在西方货币金融霸权输送财富的暗流上面，搭建了西方民主制度的华丽桥梁。西方大力证明民主制度对其社会经济发展的促进作用，并不惜使用武力、开动宣传机器对发展中国家的政治进程进行干预和矫正，在这方面，西方实际上同样对自身发展逻辑进行了扭曲。在漫长历史中，西方社会逐步建立完善法治体系，这是其民主得以顺利推进的社会前提，在没有这样历史和传统的国家，社会民主进程充满了暴力和波折，但这些条件和历史被有意无意地忽略掉了，简单的投票选举制度成为是否民主的唯一重要标牌。

按照西方普世价值建立起民主制度的发展中国家，在缺乏法治条件下的民主结果却是使社会成为矛盾激化和无法妥协的舞台，代表西方的精英阶层与受到全球化影响而更显贫困的平民阶层无法调和妥协，财富在不稳定的社会状况下像潮水一样涌进涌出，而社会并未获得稳定和发展。无论是部分东南亚国家、“阿拉伯之春”的中东北非，还是20世纪末民主化的俄罗斯，民主样本展示的是原子化的分裂社会，甚至宗教极端主义成为民主选举的胜利者。在类似埃及民主进程的波折现实面前，西方对民主的标准只能是双重的，通过民主口号结合其战略利益来看，这种标准又是伪善的。

在传播西方价值观的文化大潮中，西方通过发展中国家的社会精英对西方发展历史又重新进行了包装，在资本主义残酷发展史中发生的雇用童工、恶劣的生活条件、贫富悬殊、工伤责任、罢工、对劳动阶级的镇压等历史事实被屏蔽掩盖，代之以洛克菲勒的慈善、卡耐基的公用事业、摩根的社会责任感等等宣扬资本慈善、发展社会福利和承担公共义务的例子。同时，当代社会中巴菲特、比尔·盖茨等捐献财产的例子更为资本善意提供了佐证。对此，发展中国家的意识形态无能为力，因为此时它推行市场经济，在其发展阶段中出现的问题与西方国家19世纪和20世纪初期的社会问题有着高度相似性，也存在种种资本盘剥的实例，批判西方资本主义历史中的丑恶现象无异于表达对现实社会的不满；另一方面，发展中国家的社会同样希望当下资本能够发挥社会慈善和公义作用，所以，对西方资本发展中“善”的论证成为主流，反而社会精英将反抗西方“恶”的史实描绘为历史歧路，似乎追求民族独立、反抗西方殖民化政策而产生的社会主义运动错失了历史机遇，发展中国家在探索发展中的重大错误被追溯为历史的根本错误。通过这种历史发掘、对比和重新辩证，发展中国家的民族自信和自豪感受到了极大冲击，却强化了对于西方价值观和历史的崇拜和迷信。

弱民主下的社会既无法建立法治保障下的自由，在现代也难以建立符合民族利益且具有强力执行能力的政府，在经济层面反而实现了一种无约束无保障的自由，这为本国精英资本和西方资本自由流通提供了社会环境，结果社会财富随时可以流转到更为稳定和有保障的西方国家，进而从普世价值精神层面落实到财富真实流转的物质层面，两者实现了宏观逻辑的对接。

当然，发展中国家也存在严重的社会问题，这也为传播西方普世价值提供了一定的社会环境。腐败普遍、贫富悬殊、社会保障缺乏等等问题，让发展中国家的很多人相信，只要实现了民主，这些问题都会迎刃而解。但事实是，民主的结果如果缺乏法治条件配合，往往对于社会会产生更为负面的作用，整个社会缺乏遵守规则、尊重法治的意识形态传统，单单希望通过消灭威权而获得社会发展的幼稚想法会带来更大的混乱。而培育法治建设，却是需要社会长期在细节上逐步开始并慢慢得到文化认同的。所以，无可否认，对于发展中国家而言，顶层设计和社会精英对国家政策方向的取舍具有更为重要的意义。

基于上述历史和逻辑，西方将普世价值作为战略武器向世界传播，收获的却是全球财富汇集的胜利果实。发展中国家在不同的发展阶段，必然需要结合国情进行独立思考和确立目标。中国稳定发展了 30 多年，且取得了举世瞩目的成就，正是因为政策符合基本国情，但未来如何发展，面对当前社会中的种种思潮，政府确实应当给予明确的方向和步骤。

历史和逻辑的总结应当存在如下几点常识：首先，在历史发展中，市场经济是具有有效率地创造财富的根本经济体制，这点从 30 多年中国的进步中得到了最好证明；其次，发展中国家要想摆脱边缘状态，成为与世界先进经济体平等的经济主体，在经济技术落后的情况下，施行适当的保护措施是必需的，这点为英、美、德等发达国家的发展历史所证实；第三，金融体系作为连接虚拟经济的管道，在不平等货币地位的现实面前，应当予以适当阻断，防止强势主权货币对国民财富的劫掠，防止因金融问题产生社会动荡；第四，法治应当走在民主的前面，没有法治保障的民主终究容易成为多数人的暴政，法国历史、埃及革命提供了生动的例子，而理想民主制度都是建立在法治社会已经基本完善的基础之上；第五，发展中国家特殊历史阶段尤其需要国家和社会培养爱国主义氛围，没有国民的爱国意志，财富在自由名义下就无法回馈于其成长的社会，发展过程中产生的贫富差距就无法凝聚为团结的力量，一盘散沙的社会不会成长为和谐稳定的繁荣之地。

这样的逻辑应当在发展中国家的社会中得以认识、理解和广泛传播。本书希望在分析西方货币金融霸权的基础上，展示其普世价值对发展中国家和发达国家的不同作用和影响。为能够更清晰地理解本书的内容，作者建议读者将本书结合英国经济学家张夏准的《资本主义的真相》和《富国的伪善》，以及中国人民大学出版社出版的黄树东先生的《大国兴衰》等著作共同阅读，相信对西方国家发展历史将会有更为深刻的理解。

更为意想不到的是，乌克兰局势突然发生了重大变化，本应成为联结欧洲和俄罗斯之间桥梁的乌克兰反而被东西方的势力撕裂到了内战的边缘。西方媒体和政府对于反对派违反已达成的协议推翻亚努科维奇，对美国国务卿助理纽兰干涉抗议活动、安排人事、排挤欧盟，对引发前政府与示威者矛盾激化的暴力事件的疑点、对基辅独立广场受人资助的抗议等等视而不见，而是一再指责俄罗斯煽动东部亲俄分子颠覆乌克兰，在这些指责的背后，西方提供的仅仅是语言上的断定和描述中的定性，却拿不出任何有力的证据来。而乌克兰临时政府对东部地区的动武态度却得到西方的宽容，以至于俄罗斯驻联合国代表对美国副总统拜登要求道："或许，他现在就该拿起话筒，给图尔奇诺夫（乌克兰代总统）打电话，就像他以前曾多次致电亚努科维奇总统一样。或许，他不妨将对亚努科维奇先生说过的话再讲一遍？有新闻稿为证，他当时说，'看在上帝的面上，不要使用武力，将贵国的军队从基辅市中心撤走'"，若非如此，"美国就是在鼓励落实动用军队的犯罪性指令"。[①]

美国等西方国家在乌克兰问题上"彻底地失去了分寸感"，无论在乌克兰还是在西方，都缺少像基辛格这样的政治大师。基辛格指出，乌克兰应当成为桥梁而非双方斗争的前哨战场。而在这场地缘政治斗争中，金融权力已经显示出它的部分威力了，俄罗斯在 2014 年第一季度外汇流失的数量已经接近于 2013 年全年，达到 506 亿美元，不仅如此，美国的智库还在鼓动政府采取措施发动金融制裁。以经济力量实现政治目标，这是政治史上屡试不爽的方法。回头看看，如果没有在意识形态上的完全一致，或者对于发展中国家来说，没有意识形态上的完全臣服，经济上希望能够实现天下一家、普天自由的状态，而政治上希望保持独立，这不过是幻想。

① 俄新社联合国 4 月 14 日电，载《参考消息》，2014－04－15。

后　记

正在本书封稿的过程中，美国针对叙利亚政府使用化学武器的指责在两方面受到抵制，一方面是强硬的俄罗斯总统普京坚决反对对叙利亚动武，另一方面是奥巴马总统轻松一闪将精英们裹挟的动武意愿推给美国议会决定。同时，新闻披露解密的美国档案显示，在两伊战争期间美国对伊拉克使用化学武器的情况完全清楚，但并没有出面制止。奥巴马也许是美国总统中不愿轻启战端的典型，但他在多大程度上能够抵制住军工与媒体的联合裹挟，对巴沙尔的缓和之计还能延续多久，这在目前还是未知数。美国既然在2011年前就裁判巴沙尔必须下台，这样的霸权国家会不会在此国际事务中让脸面丢分？所以，对叙动武是大概率事件。

同时，国际油价仍然在高位波动毫无疑问，如果世界石油消费量不下降的话，对美元的需求将不断提升。战争总是在一些方面对投入方带来更大的利益。

在漠视国际事务大是大非问题的同时，国内部分公共知识精英却在探讨微博大V的花边新闻应不应该上电视媒体，以及宣扬“邓小平去意识形态化为其未竟事业”。

现实社会中，部分公共知识分子一方面彻底忽视世界政治经济大逻辑，另一方面又无限放大一些具体事件的逻辑，并将其引申为社会问题。他们一边说要去意识形态化，一边又大力宣扬西方意识形态，不能说他们的出发点都是恶意的，但是，人们往往成为有限知识和视野的服从者。例如在微信圈中有一个很热的帖子，转述某杂志采访一位年过百岁的汉学泰斗。有趣的是，他虽然是汉学泰斗，可这似乎并不妨碍他以无知去证明普世价值的合理性。通篇文稿到处都是人家怎么说，孙女学到了什么，例如，对于二战的爆发，他也要按照西方说法修正历史，指出二战是纳粹德国和苏联同时发动的，似乎慕尼黑和谈、德国侵略捷克、莫斯科主动与法国联合却遭到拒绝、西方祸水东引都不是历史事实一样。对这样的“学界知名人士”的采访，除了以其名气和混乱逻辑扰乱思想以外，没有任何实际意义。

通过本书的分析，我们看到，西方社会经济、政治逻辑在历史中发生着重大变化，资本主义生产方式并非诞生于民主，也不会以民主成为历史的终结者。在西方货币金融霸权的不断演化过程中，普世价值观念既是它的推动者，也是它的受益者，同时也是跟随变化的服从者，不存在永恒普世的价值。以为在西方社会资本主义初期少数人所弘扬的价值观将贯穿历史长河，并将永远保持其特点的观点既不符合事实，也对发展中国家的发展产生错误引导。历史基础条件的变化必然引起在它之上所建立的任何结构发生根本变化。变化，是理解西方货币金融霸权的核心。

同样，发展中国家也必须建立起符合社会变化的意识形态体系。以为西方没有意识形态，所以中国也不应有意识形态的观点是片面地理解社会思想的作用。西方如果没有法治、民主的意识形态，没有国家统一的社会共识，就无法取得今天这样的成就。关键是，在资本势力、社会思想都在追随西方发达经济体的环境下，如何建立起符合发展中国家国情的意识形态？不可能存在这种情况，个人具有信仰，而社会却没有信仰，或者社会信仰分裂到无法团结发展的地步，而社会仍能够正常平稳发展。主体思想分裂的社会将走向衰落或者混乱。

在一次由民营企业家启明星辰公司董事长王佳主讲的讲座上，有一位提问者问道，为什么说“文化大革命”之前社会如此混乱，但中国仍然发展出了原子弹、氢弹，并将卫星送上了天呢？王佳女士回答道，即便在那个年代，包括从国外回来的老一代人也充满了爱国情怀，否则，在当时经济条件下他们是无法完成这种壮举的，所以，社会信仰对于一个国家至为重要。是的，即便在那样的时代，爱国主义也能爆发出如此的能量，中国也正是因为存在着一代代将民族和国家大义作为人生理想和奋斗目标的志士，才没有沉沦于随波逐流，成为历史的被动接受者。

在历史地看待西方货币金融霸权、民主制度的演变过程时，对于中国的发展，也应当具有历史的视角和逻辑，变化的关系将重新确立价值观和是非观。中国社会的发展已经无法停滞不前，已经无法脱离世界整体环境和普遍联系，但是，那种急功近利地热切宣扬普世价值的做法，希望中国转眼之间彻底改变的想法，对发展中的社会具有巨大危害性，其危害性不亚于保守、停滞的思想。

在改革发展过程中，中国需要在建设社会公正、维护国家核心利益、保障社会的基本权利、消除腐败利益中切实推行良政的权力，这种权力更需要集中，更需要社会顶层的统一意志，更需要得到中坚阶层的支持和认同。

世界历史中不乏平稳改革的实例，彼得大帝改革、英国逐步民主化、俾斯麦社会化改革、土耳其凯末尔改革、日本明治维新改革，这些改革，都使当事国发生了翻天覆地的变化和进步。

历史机遇转瞬即逝，中国能够有 30 多年的良性发展，已是难得的历史机遇。所谓机遇，其中就存在着机会、偶然、幸运的因素；历史还会不会继续给予中国这样长期的机遇，国际上还会不会有 30 多年让中国顺利发展的时机，这些都难以把握。历史给予中国顶层重大的历史机遇，同时也赋予了它重大的历史责任与挑战，能不能完成历史赋予的使命，这是所有中国人所关注的，这样的使命，不能通过放任自流而自我实现。尤其在当今复杂的世界环境下，西方国家通过金融霸权、通过民主自由等软实力诱导、通过其强大军事力量的威慑、通过在国际上对其他国家的分化利诱，使中国面临着特别动荡、时刻变化的国际局势，国内与国外同时面临着挑战。

中国从民族整体上认识当前挑战，理解国家对社会发展的意义，在社会改革中凝聚民族的向心力，将个人发展与国家发展有机结合起来，是实现国家长久持续发展的重要思想条件。

图书在版编目（CIP）数据

富国的逻辑/于是今著．—北京：中国人民大学出版社，2014.4
ISBN 978-7-300-18967-3

Ⅰ.①富… Ⅱ.①于… Ⅲ.①发达国家—对外金融关系—研究 Ⅳ.①F831.6

中国版本图书馆 CIP 数据核字（2014）第 034183 号

富国的逻辑
于是今 著
Fuguo de Luoji

出版发行	中国人民大学出版社		
社　　址	北京中关村大街 31 号	**邮政编码**	100080
电　　话	010－62511242（总编室）		010－62511770（质管部）
	010－82501766（邮购部）		010－62514148（门市部）
	010－62515195（发行公司）		010－62515275（盗版举报）
网　　址	http://www.crup.com.cn		
经　　销	新华书店		
印　　刷	天津中印联印务有限公司		
规　　格	180 mm×250 mm　16 开本	**版　　次**	2014 年 6 月第 1 版
印　　张	17.5 插页 1	**印　　次**	2023 年 3 月第 2 次印刷
字　　数	270 000	**定　　价**	61.00 元